믿음의

본질

일러두기

- 이 책은 《믿음의 본질》(2008)의 전면 개정판입니다.
- 이 책에서는 개역개정판 성경을 인용하였습니다.
- 성경을 인용할 때, 절의 전체를 인용한 경우에는 큰따옴표(" ")로,
  절의 일부를 인용한 경우에는 작은따옴표(' ')로 표기하였습니다.
- 본문에 《 》로 표기된 것은 도서를, 〈 〉로 표기된 것은 도서 외 작품을 가리킵니다.

믿음의 본질

2019년 5월 31일 초판 1쇄 발행
2024년 12월 31일 초판 6쇄 발행

지은이 박영선
펴낸이 최태준
펴낸곳 무근검
주소 서울특별시 송파구 올림픽로 4길 17 A동 301호
홈페이지 lampbooks.com **전화** 02-420-3155 **팩스** 02-419-8997
등록 2014. 2. 21. 제2014-000020호
ISBN 979-11-87506-27-0 (03230)

이 도서의 국립중앙도서관 출판시도서목록(CIP)은
서지정보유통지원시스템 홈페이지(http://seoji.nl.go.kr)와
국가자료공동목록시스템(http://www.nl.fo.kr/kolisnet)에서 이용하실 수 있습니다.
(CIP제어번호 : CIP2019017781)

박영선 지음

믿음의 본질

무근검

III. 믿음은 어떻게 자라는가 _____

IV. 좋은 믿음이란 무엇인가 _____

하나님의 믿음

하나님은 한 인생을 믿음으로 여십니다. '연다'는 말은 말 그대로 문을 열고 창을 열고 새로운 지평을 열고 새 세계를 연다 할 때의 그 뜻입니다. 하나님은 온 우주를 열어 펼치신 것처럼 우리 인생을 믿음으로 여십니다.

성경에서 만나는 믿음의 영웅들, 선지자들, 사도들이 살아간 삶은 어쩌면 현실감 없는 먼 옛날의 이야기로만 다가오는지도 모르겠습니다. 그들은 고달프기만 한 우리 인생과 아무런 상관이 없어 보입니다. 그러나 하나님이 오늘날에도 특별히 이들의 삶을 들어 보이심은 우리로 우리 인생과 우리 인생을 지으신 하나님을 알게 하고 배우게 하시기 위함입니다.

가만히 주위를 둘러보면 지금도 우리의 인생 중에는 요셉처럼 어둡다 하는 인생이 있고, 모세처럼 할 일 없어 하는 인생도 있고, 욥의 경우처럼 환난과 역경 속에서 좌절하는 인생도 있고, 하박국처럼 부조리한 세상에 대하여 분노하는 인생도 있습니다. 그리고 바울처럼 내가 아는 하나님은 이래야 한다는 생각에 사로잡힌 인생도 있습니다. 또 멀리서 찾을 것 없이 내 인생을 들여다보기만 해도 때로는 요셉과 같은, 때로는 모세와 같은, 때로는 하박국 같은, 내가 있습니다.

이 '못난' 인생들을 하나님이 돌려놓으시는 것입니다. 이 닫혀 있고 눌려 있는 인생들을 하나님이 믿음으로 열어놓으십니다. 흔히 세상이 말하는 인생유전이나 인생역전이 아닙니다. 우리에게는 주가 계십니다. 내가 말하면 들으시고 내가 물으면 알게 하시는 주님이 살아 계십니다. '귀로 듣기만 하였사오나 이제는 눈으로 주를 뵈옵나이다'라고 한 욥의 고백에 담긴 떨림과 울림을 어찌 필설로 형용할 수 있겠습니까? 이처럼 무수한 인생이 증인이 되어 좌로나 우로나 치우치지 않고 하나님의 하나님 되심을 증거하고 있습니다. "내가 무슨 말을 더 하리요 기드온, 바락, 삼손, 입다, 다윗 및 사무엘과 선지자들의 일을 말하려면 내게 시간이 부족하리로다"(히 11:32).

이 책은 2017년에 개정 출간된 《하나님의 열심》, 그 연장선 위에 있습니다. '믿음'은 저의 평생에 걸친 과제입니다. 부족하나마 설교자로서 믿음을 증거할 수 있도록 허락하신 하나님께 감사드립니다.

박영선

I

믿음이란 ——— 무엇인가

1

믿음은 바라는 것들의 실상이요 보이지 않는 것들의 증거니 선진들이 이로써 증거를 얻었느니라 믿음으로 모든 세계가 하나님의 말씀으로 지어진 줄을 우리가 아나니 보이는 것은 나타난 것으로 말미암아 된 것이 아니니라 (히 11:1-3)

저는 믿는 가정에서 태어나 모태신앙 가운데서 자라났습니다. 어린 시절을 추억해 보면 교회 안에서 컸으니 그 언저리에 항상 교회나 신앙의 문제가 놓여 있었습니다. 중간에 믿으신 분들은 구원의 순간을 체험하셨을 테니 믿기 전과 믿은 후의 구별이 분명하겠습니다만 저같이 모태신앙 가운데서 자라난 사람들에게는 대체로 그런 구별이 뚜렷하지 않습니다. 옛날부터 신앙인으로 있었다는 기억밖에 없습니다. 그런데 고등학교 1학년쯤부터 심각하게 믿음에 관하여, 기독교 신앙에 대하여 의문이 생기기 시작했습니다. 아마도 제 평생에 가장 크게 관심을 가지고 집중적으로 생각하며 연구한 주제가 있다면 그것은 바로 '믿음'일 것입니다.

믿음에 관한 저의 의문점은 대표적으로 이런 것이었습니다. 아브라함은 백 세에 얻은 아들을 하나님이 바치라고 하시자 바쳤습니다. 그래서 우리는 쉽게 아브라함의 믿음을 본받자고 말합니다. 누가 그런 믿음을 갖고 싶지 않겠습니까? 하지만 과연 그런 믿음이 어떻게 해서 생기는가 하는 문제가 무척 궁금했습니다. 그것이 하늘로부터 뚝 떨어지는 선물인가, 아니면 어떤 방법으로 연습하고 노력해서 얻는 것인가 하는 의문이 생겼습니다. 더 나아가서 믿음은 어느 부분까지는 선물이고 어느 부분부터는 책임이냐 하는 것도 저에게 큰 숙제였습니다.

그런데 저는 《하나님의 열심》이라는 책을 쓸 때 아브라함의 믿

11

음이 어떤 것인지 풀어내면서 한 고비를 넘겼습니다. 믿음의 어떤 부분이 선물이며, 어떤 부분이 책임인가 하는 것들에 대해서도 하나님이 깨우침을 주셔서 이 설교를 하게 되었습니다. 저로서는 이 믿음의 본질에 대한 설교를 한다는 것에 상당한 감회가 있고 '책임을 다해야 한다'는 마음이 있습니다.

먼저 말씀드리고 싶은 것은 '믿음이란 무엇인가' 하는 문제입니다. 그리고 이 주제에 이어 차례차례 '믿음은 어떻게 생기는가, 믿음은 어떻게 자라나는가, 좋은 믿음은 어떤 것인가, 잘못된 믿음은 어떤 것인가' 하는 주제들을 짚어 볼 것입니다.

인격과 인격의 관계

《기독교대백과사전》을 보면, 믿음의 정의를 이렇게 내리고 있습니다. "믿음은 어떤 사물에 대한 신념과 어떤 사람에 대한 신뢰를 가리키는 말이다. 신학에서 믿음이란 인간이 절대자 또는 초월자를 이해하는 것을 나타내는 표현이다. 믿음은 새로운 지식을 발견하는 것과는 대조적으로 계시에 응답하는 것이다." 즉 믿음 혹은 신앙은 사물에 관한 것 또는 사실에 관한 것이 아닌 하나님에 대한 것입니다. 하나님이 자신을 나타내시고 그 하나님에 대하여 우리가 어떤 반응을 보이는 것입니다. 믿음이란 하나님에 대한 우리의 반응입니다. 다시 말해 믿음이란 하나님에 대한 신뢰입니다.

기독교대백과사전을 계속 인용해 보겠습니다. "성경에 있어서 신앙의 대상은 하나님이시고, 이 최고의 인격화는 하나님께서 한 인간의 생명으로 자신을 계시하셨으며 따라서 우리 주 예수 그리스도의 아버지로 불리어지는 신약의 선언에서 이루어져 있다. 이 것에 의하면 신앙이란 일차적으로 신념이기보다는 신뢰이며 추상적인 지식이기보다는 인격적인 관계의 문제이다." 다시 말해서 성경에서 말하는 믿음이란 인격에 대한 신뢰라는 것입니다. 기독교 신앙에서 믿음이란 사실에 관한 것이기보다는 인격에 대한 신뢰입니다. 이 인격에 대한 신뢰는 우리에게 자신을 나타내 보이신 하나님에 대한 신앙적인 반응을 말합니다.

그래서 믿음은 인격과 인격의 관계에서만 발생합니다. 인격과 기계 사이에서는 믿음이 생기지 않습니다. 우리가 기계를 믿는다고 말합니까? 그렇지 않지요. 이 기계가 어디에 쓰이고 어떤 기능을 가졌는지에 대해서는 알지만 그것이 고장이 났다고 해서 열심히 빌면 그 기계가 스스로 자신을 고칠 줄 압니까. 고장이 나면 고쳐야 하지 고장 난 기계를 설득하지는 않습니다. 그러나 믿음이란 인격과 인격 사이의 관계에서 발생하는 것이기 때문에 상대방에게 기대하고 그를 설득하고 신뢰하는 것입니다. 따라서 상대를 내가 조작하거나 조정해야 할 대상으로 보지 않고 그의 의지와 결정에 대하여 무엇인가 기대해도 좋을 인격적 대상으로 대하는 것입니다.

그래서 우리는 믿음이라는 것을 이야기할 때, 우리가 열심을 내어 하늘 보좌를 흔든다는 식의 표현을 쓸 수가 있습니다. '비록 내가 무엇인가를 얻어 낼 자격은 없지만 내가 이 소원을 하나님 앞에 아뢰고 떼를 쓰고 울면 하나님이 감동하셔서, 감동을 안 하시면 불쌍히 여기셔서 혹은 귀찮아서라도 해주실 것이다.' 이렇게 기대하는 것은 하나님이 인격자이시기 때문입니다. 기계를 향해서, 기계적인 대상에 대해서는 그렇게 할 수 없지 않습니까. 믿음이란 인격과 인격 사이에서만 성립이 가능한 관계라는 것입니다. 이것이 제일 중요합니다. 믿음에 관한 설명을 하는 내내 꼭 기억해야 합니다.

성경에서 믿음에 관한 설명이 선명히 드러나 있는 곳을 찾으려면 우리는 언제나 히브리서 11장을 찾습니다. 히브리서는 곤경에 처한 성도들을 위로하기 위하여 쓴 책입니다. 그중에서 11장은 성도가 책임져야 할 믿음의 몫에 대하여 말씀합니다. '예수 그리스도를 믿는 신앙에서는 예수님을 믿는 자가 자신의 신앙 때문에 고난을 감수해야 한다, 고난을 감수할 몫이 있다, 책임이 있다.' 이런 방향으로 믿음을 설명하고 있습니다. 즉 인격과 인격 사이에서는 어느 한 쪽이 일방적으로 모든 것을 책임지는 것이 아닙니다. 서로 주고받는 것입니다. 하나님은 온 천하 만물의 주인으로서 우리를 사랑하사 그 아들을 아끼지 아니하시고 십자가에 매어 다신 분입니다. 이처럼 하나님은 우리를 위하여 능력이나 이해관계를 떠나서 그분이 하셔야 했던 부분이 있었지만, 그가 부르신 자들은 그 상대방 인격 앞에 자신의 인격을 동원해서 져야 할 책임이 있는 것입니다.

그래서 예수 그리스도를 믿고 하나님의 자녀라는 고귀한 자리로 부름을 받으면, 우리는 이 큰 영광의 은혜를 근거로 하여 하나님 앞에 내어 놓아야 할 책임들을 감수하는 것입니다. 히브리서 11장은 이러한 믿음이 어떤 것인가를 보여 줍니다. '여기 이 구약의 인물들이 다 어떻게 하나님 앞에서 하나님의 자녀로 부름 받은 자의 책임을 감수했는가 보라! 저들이 어떻게 이 세상에서 현실적인 고난을 극복하고 하나님 편에 서서 모든 고난을 감수했는가 보라!' 히브리서 11장은 믿음을 객관적으로 설명하지 않고 고난에 처한 성도들에게 하나님의 자녀 된 자가 드러내야 할 책임으로서의 믿음을 권유하고 있습니다. 믿음은 인격과 인격의 관계이기 때문에 책임이 요구되는 것입니다. 믿음에 관한 이해를 돕기 위해 본문 3절을 보겠습니다.

믿음으로 모든 세계가 하나님의 말씀으로 지어진 줄을 우리가 아나니 보이는 것은 나타난 것으로 말미암아 된 것이 아니니라 (히 11:3)

하나님이 세상을 말씀으로 창조했다고 강조합니다. 말씀으로 창조했다는 것은 이미 있었던 물건을 가지고 무슨 작품을 만든 것이 아니라는 것입니다. 물건이 먼저 있었고 하나님이 등장해서 그 물건을 가지고 무엇을 만들었다는 것이 아니라 없는 데서 있게 했다, 다시 말해 말씀으로 창조했다는 것입니다. 무에서 유를 창조했다고 한 표현에는 하나님이 말씀으로 천지를 창조했다는 사실과 함께 이 창조주가 인격자라는 뜻이 담겨 있습니다.

말이란 어느 인격을 향해 무엇인가를 설명하기 위한 수단 내지 방법이 아닙니까? 자동문으로 예를 들어 보겠습니다. 누군가 문 앞에 서면 문은 자동으로 열리게 됩니다. 인격자가 아닌 물건을 앞에 갖다 놓거나 강아지가 와 서도 문은 그냥 열립니다. 그렇다고 그 물건이나 강아지가 자동문과의 관계에서 인격자가 됩니까? 그렇지 않습니다. 거기에는 인격 대 인격의 관계가 없습니다. 하나님께서 세상을 말씀으로 만들었다는 것은 그런 식의 것을 말하는 것이 아닙니다. 말씀이라는 것은 인격자에게 하는 하나의 의사소통입니다. 그리고 이런 발언을 한 이는 인격자라는 것입니다. 말씀으로 천지를 창조했다는 것은 하나님이 어떤 분이냐에 관한 것입니다.

우리는 보통 하나님을 어떤 법칙이나 인격이 없는 개념이나 질서나 힘 등으로 생각할 때가 많습니다. 특히 성령론을 논할 때 그렇습니다. 성령 하나님이 인격적 존재라는 것을 자꾸 놓치고 사물화하거나 어떤 힘이나 원칙으로 삼아 성령 하나님을 조작하여 성령의 은사를 받아내려고 합니다. 우리가 하나님을 그렇게 생각하게 되면 하나님께서 말씀으로 천지를 창조했다는 말이 품는 뜻을 놓칠 수밖에 없습니다.

하나님의 의지 안에서

히브리서 11장 1절은 믿음이 무엇인지를 정의하고 있습니다.

16

우리에게 믿음은 자기가 소원하고 기대하는 것에 대한 자기 암시입니다. '될 줄로 믿습니다. 되기를 바랍니다. 됐으면 좋겠습니다.' 이렇게 믿음을 동원하여 자기한테 암시를 겁니다. 이런 것은 믿음이라고 하지 않습니다. 1절 말씀은 모든 결과가 인격자이신 하나님의 뜻과 의지에 따라 이루어진다는 것을 말씀하고 있습니다.

내가 좋은 집을 갖기를 원하고 좋은 건강을 갖기를 원할 때 우리는 그것이 나타나야 확인할 수 있습니다. 그것이 사실이라는 것을 확인하려면 어떤 결과가 드러나야 합니다. 그러나 우리 기독교 신앙에서 믿음이란 하나님을 향하여 가지게 되는 것이기 때문에, 우리가 확인할 수 있는 현재의 어떤 결과와는 직접 상관이 없습니다. 하나님이 나를 향하여 은혜 베풀기를 원하시고 나를 사랑하시고 내 뜻을 기꺼이 받으시고 또한 전능하신 하나님임을 확인할 때, 하나님이 '그래 됐다'라고 하시면 되는 것입니다. 시간과 장소는 훗날이 될지 몰라도 하나님이 그렇게 하겠다고 하시면 그것으로 그만입니다. 이 말을 이해하시겠습니까? 말씀으로 세상을 창조하신 이, 전능하신 하나님, 의로우신 하나님, 자비로우신 하나님이 작정하시고 의도하시면 그것이 결과이기 때문입니다.

우리가 어떤 사실에 대해서 확인하려고 할 때는 결과가 일어나면 가장 확실하게 확인할 수 있습니다. 그러나 그 전에라도 하나님이 어떤 하나님인가를 알고 하나님이 무엇을 하시려는가를 알았다

17

면, 이미 된 것을 그 속에서 보는 것입니다. 믿음으로 본다는 것은 믿음이라는 안경으로 보는 것을 말하지 않습니다. 하나님이 어떤 분이시며 무엇을 하기 원하시며 어떻게 하시려고 하는가를 알게 함으로써 그 결과들을 하나님 안에서 다 보는 것입니다.

찬송하리로다 하나님 곧 우리 주 예수 그리스도의 아버지께서 그리스도 안에서 하늘에 속한 모든 신령한 복을 우리에게 주시되 곧 창세 전에 그리스도 안에서 우리를 택하사 우리로 사랑 안에서 그 앞에 거룩하고 흠이 없게 하시려고 그 기쁘신 뜻대로 우리를 예정하사 예수 그리스도로 말미암아 자기의 아들들이 되게 하셨으니 이는 그가 사랑하시는 자 안에서 우리에게 거저 주시는 바 그의 은혜의 영광을 찬송하게 하려는 것이라 (엡 1:3-6)

구원은 언제 이루어집니까? 우리가 예수님을 믿은 날, 내가 예수님을 믿기로 한 날에 이루어집니다. 그러나 사도 바울은 우리가 예수님을 믿게 된 것은 예수님이 우리를 위하여 십자가를 지셨기 때문이라고 합니다. 그러면 예수님이 십자가에서 우리 대신 죽으신 날에 우리가 구원을 얻었습니까, 아니면 훗날 내가 개인의 자유의사로 '나 오늘부터 예수님을 믿겠습니다'라고 작정한 날에 구원을 얻습니까? 물론 내가 믿기로 작정한 날에 구원을 얻는 것입니다. 그러나 사도 바울이 하고 싶은 이야기는 그와 다릅니다. '네가 예수를 믿기로 작정한 것은 하나님이 그 아들을 보내어 우리 죄를 위하여 죽게 하시고 우리를 거듭나게 하사 하나님이 네 인생에 간섭하셔서 예수를 믿게 하신 것이다.' 은혜가 개입되어 있는 것을 볼 수 있습니다. 이 부분은 나중에, 구원에 관하여 믿음을 설명할 때 자세히 다루겠습니다.

그런데 예수님을 보내기로 하신 것은 하나님이 세상 돌아가는 것을 보면서 하신 것이 아니라 창세 전에 준비하신 것입니다. 복잡한 이야기입니다만 하나님이 우리를 구원하기 위하여 그 아들을 이미 준비하고 계셨습니다. 물론 인류의 조상 아담이 타락하지 않았다면 예수님이 십자가를 지실 필요가 없고, 다른 인도하심으로 완성이 됐을 것입니다. 우리가 타락한 탓에 십자가를 지셨지만 더 큰 하나님의 계획 속에서는 어느 쪽이든 예수 그리스도가 필요했다고 생각해 볼 수 있습니다. 선악과를 따 먹은 인류의 조상들이 생명나무를 따 먹을까봐 에덴동산에서 쫓겨난 것인데 학자들은 그 생명나무가 예수 그리스도를 상징한다고 보고 있습니다.

하나님은 우리가 구원을 얻을지 못 얻을지, 예수를 영접할지 안 할지 모르는 형편에서 예수님을 보내신 것이 아닙니다. 예수님을 보내신 하나님의 의지와 계획이 예수님을 믿도록 우리 인생과 우리 영혼에 간섭하신 것이라고 바울은 믿고 있습니다. 그래서 구원을 창세 전으로 끌고 갑니다. 모든 결과는 결국 어디에 있었느냐, 하나님이 무엇을 의도하시고 무엇을 뜻하셨느냐에 있었던 것입니다. 이런 사실을 근거로 바울은 이 구원을 창세 전으로 끌고 간 것입니다.

찬송하리로다 하나님 곧 우리 주 예수 그리스도의 아버지께서 그리스도 안에서 하늘에 속한 모든 신령한 복으로 우리에게 복 주시되 곧 창세 전에 그리스도 안에서 우리를 택하사 우리로 사랑 안에서 그 앞에 거룩하고 흠에 없게 하시려고 그 기쁘신 뜻대로 우리를 예정하사 예수 그리스도로 말미암아 자기 아들들이 되게 하셨으니 (엡 1:3-5)

하나님이 그 계획의 뜻과 목적을 세우신 것은 창세 전입니다. 하나님이 계획하시면 하나님은 식언치 아니하시고 변개치 아니하시고 영원한 분이시니 그 뜻이 바뀔 리가 없고, 하나님의 뜻을 방해할 힘이 없습니다. 하나님을 꺾을 힘이 어디에 있습니까? 하나님의 속성으로나 하나님의 능력으로나 그분이 작정하신 것이 곧 결과라는 것입니다. 그 결과가 몇 천 년 혹 몇 만 년이 흘러 일어났는지는 몰라도 그 세우신 분이 그 뜻을 가지면 그것이 곧 결과입니다. '믿음은 바라는 것들의 실상이요 보이지 않는 것들의 증거'라는 것입니다. 이 모든 결과를 우리는 하나님에게서 봅니다. 하나님 안에 우리의 소원에 대한 답과 우리에게 일어나야 할 모든 복과 하나님이 이루시려는 모든 거룩함과 의로움의 완성이 있습니다.

그래서 하나님을 믿는 자, 그의 백성이 된 자는 이미 그 안에서 다 보게 됩니다. 바라는 것들과 보이지 않는 모든 것들을 그분에게서 보게 됩니다. 그분이 다 하실 것입니다. 우리는 이렇게 사실 확인이 아닌 인격 확인을 하는 것입니다. '믿음은 바라는 것들의 실상이요 보이지 않는 것들의 증거'라는 말씀이 그런 뜻입니다. 사실과 결과의 확인을 말하는 것이 아니고 인격 안에서의 확인을 말하고 있습니다. 그것이 믿음입니다. 믿음이란 하나님을 제외시켜 놓고 나 혼자 갖는 열심이거나 소원이거나, 본인만이 무슨 비법으로 갖고 있는 종교적인 주술 행위가 아닌 것입니다.

우리는 욥기에서 이 사실을 확인할 수 있습니다. 욥기 42장을 보면 욥의 신앙이 이전과는 아주 다른 특징을 띱니다.

욥이 여호와께 대답하여 이르되 주께서는 못 하실 일이 없사오며 무슨 계획이든지 못 이루실 것이 없는 줄 아오니 무지한 말로 이치를 가리는 자가 누구니이까 나는 깨닫지도 못한 일을 말하였고 스스로 알 수도 없고 헤아리기도 어려운 일을 말하였나이다 내가 말하겠사오니 주는 들으시고 내가 주께 묻겠사오니 주여 내게 알게 하옵소서 내가 주께 대하여 귀로 듣기만 하였사오나 이제는 눈으로 주를 뵈옵나이다 그러므로 내가 스스로 거두어들이고 티끌과 재 가운데에서 회개하나이다 (욥 42:1-6)

욥은 처음에 하나님께 어떻게 따져 묻습니까? '하나님, 도대체 내가 뭘 잘못했다고 이런 고난이 온 것입니까? 그것을 한번 따져봐야 겠습니다.' 욥이 이렇게 시작하지 않았습니까. 그런데 하나님이 마침내 나타나셔서 어떻게 말씀하십니까? '욥아, 너는 대장부처럼 허리를 동이고 내가 묻는 말에 대답해라. 네가 내 우박창고를 봤느냐. 네가 낚시로 악어를 낚을 수 있느냐.' 이렇게 계속 이상한 말씀만 한참 하십니다. 이에 욥이 '아이고, 하나님! 내가 까무러칩니다. 내가 주께 대하여 귀로 듣기만 하였는데 이제는 눈으로 주를 뵈옵나이다'라고 고백합니다.

욥은 이전에 하나님을 어떻게 생각하고 있었습니까? 그는 하나님을 질서나 법이나 힘이나 무정한 법칙으로 알고 있었습니다. 하나님을 인격자로 여기지 않았던 것입니다. '내가 선하게 살고 죄를 안 지으면 화를 당할 리가 없다' 하는 식으로밖에 하나님을 알지 못했습니다. 그의 신앙은 하나님과의 인격적인 관계나 인격적 신뢰가 아니었습니다. 그것은 잘잘못을 가려주는 기준이나 권위였던 것입니다.

그러니 욥은 이렇게 말할 수밖에 없었습니다. '내가 뭘 잘못했습니까?' 이 말에 대하여 하나님이 등장하셔서 하신 말씀이 무엇입니까? '나는 무정한 법이나 개념이 아니다. 나는 의지를 가지고 선과 의를 이루기 위하여 자연과 모든 생물에 인격적으로 개입하는 하나님이다.' 이러한 하나님이라는 것을 자연을 들어서 설명하십니다. '네 인생에 있어서 나는 심판관이나 무정한 법칙이 아니라 너를 복되게 하기 위하여 네 인격과 네 인생에 개입하는 아버지요 인도자요 복 주시는 하나님이다!' 그래서 욥이 까무러칩니다. '아이고, 하나님! 제가 그걸 몰랐습니다. 저는 하나님이 그런 분이실 줄 미처 몰랐습니다. 전에는 귀로 듣기만 했습니다. 이제는 눈으로 봅니다. 하나님이 누구신지 이제야 알겠습니다. 맞습니다. 하나님! 하나님은 모든 생물에게 복을 주시며, 그 존재와 인생에 개입하셔서 의와 선과 복과 영광을 이루시는 분이십니다.' 이것이 욥기가 우리에게 말하는 결말입니다.

이제 믿음이 무엇인지 아시겠습니까. 믿음이라는 것을 어떤 능력이나 마술 같은 것으로 알면 안 됩니다. 우리의 모든 믿음은 하나님께로 가는 것이요, 하나님과 묶이는 것입니다. 그 믿음을 가지고 하나님과 호흡하고 대화하고 밀고 당겨야 합니다. 우리의 모든 믿음의 방향과 목적과 내용과 크기와 힘은 다, 하나님과의 관계에 관한 것입니다. 하나님을 얼마나 아느냐, 하나님과 얼마나 깊은 영적 교류가 있느냐 하는 것입니다. 영적 교류라는 것은 어떤 신비로움으로 도피하는 것이 아닙니다. 우리의 전 인격에 걸친 하나님에 대한 이해와 항복 그리고 그분을 닮는 데서 영적 교류가 드러나는 것입니다. 욥기의 결론을 기억하시고 여러분의 믿음에 이러한 항복이 있어서 더욱 풍성하고 복된 삶을 누리시기 바랍니다.

23

하나님 아버지 은혜를 감사합니다. 하나님은 우리의 모든 것입니다. 우리의 생각이시요 우리의 감정이시요 우리의 의지이시며 우리의 선과 의와 거룩함과 영광과 완성과 자랑과 보상이십니다. 하나님을 빼놓은 열심 탓에 스스로를 속이지 말게 하시고, 우리가 믿음의 열심과 간절함과 소원을 가지며 언제나 그것이 늘 하나님께 찾아가며 하나님 안으로 들어가며 하나님의 생각으로 찾아 들어가며 정당한 믿음의 달려감과 내용이 되게 하여 주옵소서. 예수님의 이름으로 기도합니다. 아멘.

요점과 확인

1. 믿음은 인격적 관계이므로 선물과 책임의 요소를 갖는다. 믿음은 그 기원이 하나님께 있으므로 선물이요 선물로서 주시는 믿음은 우리에게 책임을 요구한다.

2. 믿음이란 하나님의 의지 안에서 결과를 보는 것이다. 믿음이란 하나님을 향하여 갖게 되는 것이므로 우리가 확인할 수 있는 현재의 어떤 결과와 직접 상관이 있는 것이 아니다. 믿음이란 그분의 인격을 확인하는 것이다.

3. 믿음은 어떤 결과를 얻기 위한 종교적 도구가 아니다. 하나님은 질서나 법칙이나 힘이 아니라 인격자이시다. 따라서 우리가 믿음을 종교적 열심이나 자기 소원을 이루는 방법이나 주문으로 생각한다면 그것은 그릇된 것이다.

4. 이 장을 읽기 전까지 당신은 믿음을 무엇이라고 생각했는가?

2

믿음으로 아벨은 가인보다 더 나은 제사를 하나님께 드림으로 의로운 자라 하시는 증거를 얻었으니 하나님이 그 예물에 대하여 증언하심이라 그가 죽었으나 그 믿음으로써 지금도 말하느니라 믿음으로 에녹은 죽음을 보지 않고 옮겨졌으니 하나님이 그를 옮기심으로 다시 보이지 아니하였느니라 그는 옮겨지기 전에 하나님을 기쁘시게 하는 자라 하는 증거를 받았느니라 믿음이 없이는 하나님을 기쁘시게 하지 못하나니 하나님께 나아가는 자는 반드시 그가 계신 것과 또한 그가 자기를 찾는 자들에게 상 주시는 이심을 믿어야 할지니라 … (히 11:4–7)

앞 장에서 우리는 믿음에 대하여 이렇게 생각했습니다. '믿음은 방법이나 주문이 아니다. 어떤 결과를 얻어내는 종교적, 초월적, 신비적 도구가 아니다. 믿음은 인격과 인격 사이의 관계에 관한 것이다. 그래서 그 인격 간에는 이해와 신뢰와 만족이 있다.' 하나님이 마치 기계 조작을 하듯이 우리를 대하시는 분이 아니라고 말입니다.

세상적인 보상을 받지 못함

믿음에 대하여 살피면서 히브리서 11장을 본문으로 택하는 데에는 이유가 있습니다. 히브리서 11장을 보통 믿음장으로 부르지만 그 장은 믿음에 관한 전반적인 설명을 하고 있지는 않습니다. 히브리서는 고난을 당하고 있는 초대교회의 성도들에게 예수를 믿는 성도들이 세상의 모든 반대와 핍박에도 불구하고 신앙의 짐을 져야 할 책임이 있다는 측면에서 믿음을 이야기합니다. 그 일차적 목적은 믿음 자체의 본질이나 전체적인 내용을 설명하는 데 있지 않습니다. 따라서 이렇게 요구하는 배후에는 이미 믿음이 무엇인가 하는 내용을 전제하고 있기 때문에, 그 부분을 추적해서 믿음의 본질을 설명하려고 합니다.

본문 말씀을 보면 아벨, 에녹, 노아가 등장하고, 6절에 "믿음이 없이는 하나님을 기쁘시게 하지 못하나니 하나님께 나아가는 자는 반드시 그가 계신 것과 또한 그가 자기를 찾는 자들에게 상 주시는 이심을 믿어야 할지니라"라고 하는 믿음에 관한 중요한 내용이 나옵니다. 아벨의 이야기는 가인과 구별되어 등장합니다. 아벨의 제사는 하나님이 받았고 가인의 제사는 받지 않았습니다. 아벨의 제사가 받아들여진 이유는 믿음으로 드린 제사였기 때문입니다. 그런데 우리는 주로 아벨은 자기가 기르는 양 새끼를 바쳤고 가인은 추수한 곡식을 바쳤다는 것 때문에, 다시 말해 피 있는 제사를 드렸기 때문에 하나님이 받은 줄로 알고 있습니다. 이처럼 우리는 구속, 구원에 관한 것과 연결해서 성경을 무리하게 해석하기 일쑤입니다. 그러나 학자들의 공통된 주장은 제물 자체의 차이라는 이유보다는 제물을 드린 사람에게 초점을 맞추고 있습니다.

아담이 그의 아내 하와와 동침하매 하와가 임신하여 가인을 낳고 이르되 내가 여호와로 말미암아 득남하였다 하니라 그가 또 가인의 아우 아벨을 낳았는데 아벨은 양 치는 자였고 가인은 농사하는 자였더라 세월이 지난 후에 가인은 땅의 소산으로 제물을 삼아 여호와께 드렸고 아벨은 자기도 양의 첫 새끼와 그 기름으로 드렸더니 여호와께서 아벨과 그의 제물은 받으셨으나 가인과 그의 제물은 받지 아니하신지라 (창 4:1-5)

이처럼 '여호와께서 아벨과 그의 제물은 받으셨으나 가인과 그의 제물은 받지 아니하신지라'고 기록되어 있습니다. 이 구절을 자세히 보면 초점이 제물에 있기보다는 제사를 드린 사람에게 있음을

28

알 수 있습니다.

히브리서에는 하나님이 그 예물에 대하여 증언하셨다고 되어 있습니다. 그래서 하나님이 이런 예물을 바치라고 말씀한 것이 아닐까 하는 추측과 함께, 그 예물을 드린 자가 하나님이 받으시기에 합당한 자였음으로 그 예물이 받아들여진 것이 아닌가 하는 추측이 가능하게 됩니다. 그러나 후자가 성경이 의도하는 바와 더 맞지 않나 싶습니다. 아벨 사건에서 그의 예물이 받아들여진 것은 아벨이 하나님 앞에 받아들여졌기 때문이고, 그 예물에 대해서 하나님이 증언하셨다는 것은 그 예물이 제사 방법의 문제와 관련된 것이 아니라 제사를 드린 아벨이 받아들여졌기 때문에 그 예물이 효력이 있었다는 것으로 봐야 맞습니다.

그런데 아벨은 하나님 앞에 제사가 받아들여지지만 죽임을 당합니다. 반면에 에녹은 하나님과 동행하였으며 이 땅에서 죽음도 면합니다. 노아는 '보이지 않는 일에 경고'를 받고 하나님의 말씀에 따라 순종하여 방주를 준비합니다. 히브리서 11장에서 하고 싶은 말씀은, 현실적인 결과나 증거가 실제로 저들에게 전혀 보이지 않았어도 하나님이 요구하시는 대로 믿음을 따라 하나님 편에 서서 믿음을 지켰다는 것입니다. 그런 믿음의 행위가 가능했던 근본적인 믿음의 본질에 대한 이해를 그들은 가지고 있었습니다. 즉 믿음을 가진 자들이라도 그 믿음으로 인해서 세상적인 것을 보상으로 받지 못한다는 사실입니다.

아벨은 하나님 앞에 받아들여진 존재였고 그런 예물을 바친 자

29

이지만 하나님께 받아들여지지 않은 자의 손에 죽고 맙니다. 그런데 에녹은 죽음을 보지 않고 올라갔습니다. 그것은 보상의 이야기가 아닙니다. 아벨의 이야기와 에녹의 이야기를 합치면 이 문제는 세상적인 것과 관계없는 이야기가 됩니다. 에녹이 믿음을 가져서 세상의 험한 꼴을 보지 않았다고 하면 아벨에서 걸립니다. 아벨은 믿음을 가진 까닭에 오히려 억울하게 죽었습니다. 다시 말해 그것은 그가 믿음을 지킴으로 핍박을 받고 불이익을 당했다 할지라도 꼭 불이익이 아니라는 것입니다. 세상이 이 문제에 대해서 영향력이 없는 것은 '그가 죽었으나 그 믿음으로써 지금도 말하느니라'(히 11:4)에 나타나 있습니다. 하나님의 통치와 발언권 내에서는 아벨이 대접을 받습니다. 죽었다는 것이 여기서는 문제가 안 됩니다. 하나님의 사람들에 대해서 세상이 어떤 보상을 해주거나 방해한 것을 두고 전혀 문제를 삼지 않더라는 말입니다. 여기에 초점이 있습니다.

노아 문제도 그렇습니다. 노아는 장차 올 일에 대해서 하나님으로부터 미래에 대한 내용을 듣고 경고를 받습니다. 그러나 지금 눈에 보이는 어떤 결과는 나타나지 않습니다. 세상이 망할 것 같은 징조가 없는데도 그 일을 믿습니다. 본문 3절과 연결시켜 보면 알 수 있습니다. "믿음으로 모든 세계가 하나님의 말씀으로 지어진 줄을 우리가 아나니 보이는 것은 나타난 것으로 말미암아 된 것이 아니니라." 하나님께서 우리를 간섭하사 우리에게 알게 하고 주시려는 것은 세상적인 것을 원인이나 보상이나 어떤 증거로 삼지 않습니다. 이 믿음이라는 영역에서는 하나님만이 원인이시며 결과이시며 증거라는 것입니다. 그래서 본문 6절에 "믿음이 없이는 하나님을 기쁘시게 못하나니 하나님께 나아가는 자는 반드시 그가 계신 것과 또한 그가 자기를 찾는 자들에게 상주시는 이심을 믿어야 할지니라"는 말씀이 나옵니다. 세상은 자연 법칙에 의해서 움직이지 않습니다. 하나님에 의해서 움직입니다. 하나님이 인격자라는 이야기입니다.

그래서 아벨과 에녹을 비교해볼 때, 아벨이 믿음 때문에 죽임을 당한 것이나 에녹이 믿음 덕분에 죽음을 면하고 천국에 갔다는 것이 무엇을 말해 줍니까? 세상이 우리에게 무언가를 했다 해서 어떤 영향을 미칠 수 없다는 것이 초점입니다. 믿음 자체를 설명하는 데 있어서 히브리서가 하고 싶은 이야기는, 물론 저들이 어떻게 믿음 하나로 세상을 견뎌냈느냐, 극복했느냐를 쓰려고 한 것이지만 믿음 안에 있는 자, 하나님의 자녀가 되어 그의 통치와 복 주심과 대접하심 속에 있는 자들에게는 세상이 아무런 영향력도 미칠 수 없다는 이야기입니다. 이것이 바로 저들에게 힘을 발휘하게 한 믿음의 근본 원리입니다. 그 예로써 노아의 믿음이 등장합니다. 세상에는 대홍수가 일어날 아무런 증거도 없었지만 그는 어떻게 미래의 대홍수를 준비합니까? 오직 하나님께서 그렇게 하시겠다는 이야기를 듣고 준비했다는 답이 나오는 것입니다.

이것이 우리를 어디로 끌고 갑니까? 세상이나 혹은 자연의 법칙이 통치권을 갖고 있는 것도 아니고 그 원인도 아니고 보상도 아닙니다. 세상 모든 존재에 대하여 원인이요 결과요 통치권자는 하나님뿐이시며, 하나님이 사람들에게 발언하시고 설명하사 준비시키시며 그들로 믿게 하십니다. 단추를 눌러서 아벨을 하나님의 마음에 들도록 움직이거나 전기를 꽂아서 에녹을 하나님과 동행하게 하는 것이 아닙니다. 온 우주 만물을 다스리는 하나님이 저들의 마음을 항복시켜 저들로 믿음을 갖게 한다는 것입니다.

조금 다른 이야기입니다만, 기독교를 다른 모든 종교와 비교하여 볼 때 가장 독특한 특징으로서 '계시'를 듭니다. 보통 일반인들은 종교가 갖는 특징 혹은 종교를 내세우는 증거를 초월에 둡니다. 어느 시대나 사회도 혹은 가장 미개하거나 가장 지성적인 집단에도 종교가 있고 그 종교들은 다 초월로 인해서 종교라는 대접을 받습니다. 초월이 없으면 사람들은 종교로 인정하지 않습니다. 종종 예수 믿는 사람들도 자신도 모르게 우리만이 유일하다거나 또는 가장 높은 초월성을 갖고 있다고 하여 거기에 기대는 일이 많습니다. 그러나 기독교는 초월을 앞세우지 않고 계시를 앞세웁니다. 계시를 앞세운다는 것은 하나님이 우리에게 당신을 나타내어 설명하신다는 것입니다.

다른 종교에서는 신이 설명되지 않습니다. 다른 종교에서 신은 힘, 초월만 갖고 있을 뿐이며 저들이 말하는 믿음이라는 것은 그 초월자의 힘을 빌려 쓰는 데 필요한 것뿐입니다. 그리고 그것을 가르쳐 주는 것이 주문이나 부적입니다. 그래서 그 주문은 왜 그런 효력이 있는지, 그 주문을 외우면 왜 그 초월자가 응답하는지에 대한 설명이 없습니다. 신에 대한 설명이 없습니다. 그가 힘을 가졌고, 내가 이 세상적인 것에 대하여 갖는 소원을 이루기 위해 그 힘을 끌어들이는 방법만 알면 됩니다. 그것이 무속 신앙에서는 치성입니다. 치성을 드리면 신이 감동한다고 믿는 것입니다. 그러나 성경은 그렇게 가르치지 않습니다.

하나님은 끊임없이 자신을 설명하십니다. 왜 하나님이 우리에게 자신을 나타내시고 설명하시느냐 하면 우리를 기계나 로봇으로 대하지 않기 때문입니다. 예를 들어 전기가 나갔을 때 전기에게 이렇게 말하는 사람이 있습니까? '너 정신이 있냐, 없냐. 한참 예배 보는데 지금 나가면 어떻게 하겠다는 거냐.' 그렇게 말하는 사람은 아무도 없습니다. 어디에 이상이 있는지 살펴보고 고치면 됩니다. 전기를 향해서는 성질을 내지도 않고 빌지도 않습니다.

그러나 하나님은 우리를 찾아 오셔서 설명하시며 안타까워하십니다. 감정까지 도입하고 계십니다. 우리가 자녀를 키울 때 이렇게도 말합니다. "내가 너한테 빈다. 제발 엄마를 봐서라도 공부 좀 해다오." 왜 그렇게 합니까? 자식이 기계가 아니기 때문입니다. 기계 같으면 말이 필요 없습니다. 단지 매뉴얼을 보고 고치기만 하면 됩니다. 우리는 부모이지만 자식이 우리 마음대로 되지 않으니까 끝

33

까지 설명하고 설득해서 그를 납득시켜 항복하게 만드는 것 아닙니까. 하나님도 그렇습니다. 하나님이 자신을 인간에게 설명하시며 우리의 복을 위하여 무언가를 요구하고 계십니다. 말하자면 빌고 계신 것입니다.

인격에다 대고 발언하심

이것은 우리가 인격자라는 것을 뜻합니다. 우리가 인격자가 아니라면 믿음이라는 것이 존재할 수 없습니다. 신앙에 관한 열심 때문에 목사님들은 종종 이렇게 기도합니다. '하나님 아버지, 오늘도 이 부족한 종이 주의 말씀을 들고 단에 섰습니다. 부디 이 종은 감추시고 하나님의 뜻과 하나님의 영광만 나타내셔서 모든 듣는 영혼들이 하나님의 말씀 앞에 감동하게 해주십시오. 이 종은 감추시고 다만 주의 막대기로 써주십시오.' 그 기도의 의도는 알겠습니다만 설교는 그렇게 하는 것이 아닙니다. 설교라는 것은 듣는 청중과 동시대를 살며 동일한 환경에 있는 설교자가 말씀을 들고 서서 열심히 하나님 편을 드는 것이어야 합니다. 그래야 우리가 항복하게 됩니다. 만약 천사가 내려와서 설교하면 '아니, 천사가 세상이 어떤지 알아? 도대체 콩나물이 얼마인지 알아?' 할 것입니다. 천사의 말은 납득이 안 되고 항복이 안 됩니다. 그러나 같은 시대와 같은 환경 속에 사는 사람이 그렇게 하면 납득이 갑니다. 하나님께서 그것을 요구하십니다. 그래서 사람 가운데서 증거자를 세우시는 것입니다.

우리는 좋은 신앙을 갖기 위해서 이렇게 기도합니다. '하나님, 다시는 제가 죄를 짓지 않게 해 주십시오. 제가 나쁜 생각을 하거든 머리에 쥐가 나게 해주십시오. 나쁜 데를 가려고 하면 지진이 나서 못 가게 해주십시오.' 이렇게 과격하진 않더라고 그와 비슷하게 기도할 때가 있습니다. 그런데 실제로 신앙생활을 해보면 그리로 가고 있지만 하나님은 그것을 가로막지 않으십니다.

제가 아는 가까운 친구 중 하나가 술을 못 끊고 있습니다. 그래서 그가 하는 기도는 밤낮 이랬습니다. '하나님, 오늘 퇴근할 때까지 제발 술친구가 전화하지 못하게 해주십시오. 그 친구가 전화할 때는 계속 통화중이거나 혹 연결되더라도 화장실에 가 있게 해주십시오.' 그런데 전화가 직통으로 옵니다. '뭐해? 오늘 끝나고 한 잔 하는 거야.' 이런 전화가 오면 속으로 말합니다. 하나님, 내가 '그래'라고 하려고 하면 제발 혓바닥이 꼬이게 해주십시오. 그런데 '응' 하고 대답이 나가는 것입니다. 그래서 이제 이렇게 기도합니다. '그 친구가 올 무렵에 우리 부장이 날 야근시켜서 못 나가게 해주십시오. 혹시 그런 일이 없거든 집에서 빨리 들어오라는 전화나 오게 해주십시오.' 그런데 그날따라 '여보, 나 지금 친정에 와 있는데 당신 오늘 저녁 먹고 들어와.'

이제 하는 수 없이 친구는 약속 장소로 가게 됩니다. 그렇게 가면서 또 기도합니다. '그리로 가는 버스 회사에 파업이 일어나서 버스가 오지 못하게 해주십시오.' 그런데 버스 세 대가 나란히 옵니

35

다. 술집에 들어가면서도 계속 기도합니다. '들어가자마자 자리가 하나도 없게 해 주십시오. 그렇게 되어서 그냥 돌아가게 해 주십시오.' 그런데 들어갔더니 텅텅 비고 독상입니다. 그러면 또 이렇게 기도합니다. '안주만 먹고 버티게 해주십시오.' 그런데 다음 날 깨어보니까 자기도 모르는 길바닥에 대자로 누워 있는 것입니다. 이럴 때 뭐라고 화를 냅니까. '하나님, 제가 그토록 기도했지 않습니까. 몇 단계나 하나님보고 도와달라고 했는데 어떻게 그냥 내버려두십니까.' 그런데 하나님은 그냥 내버려두십니다. 우리가 스스로 책임지고 극복하고 이기기를 바라시지, 우리를 절대 조종하지 않으십니다. 놀랍습니다.

이사야 1장에 가보면 하나님이 이스라엘 백성에게도 이렇게 찾아오십니다. 참으로 놀라운 기록입니다.

하늘이여 들으라 땅이여 귀를 기울이라 여호와께서 말씀하시기를 내가 자식을 양육하였거늘 그들이 나를 거역하였도다 소는 그 임자를 알고 나귀는 그 주인의 구유를 알건마는 이스라엘은 알지 못하고 나의 백성은 깨닫지 못하는도다 하셨도다 슬프다 범죄한 나라요 허물 진 백성이요 행악의 종자요 행위가 부패한 자식이로다 그들이 여호와를 버리며 이스라엘의 거룩하신 이를 만홀히 여겨 멀리하고 물러갔도다 너희가 어찌하여 매를 더 맞으려고 패역을 거듭하느냐 온 머리는 병들었고 온 마음은 피곤하였으며 발바닥에서 머리까지 성한 곳이 없이 상한 것과 터진 것과 새로 맞은 흔적뿐이거늘 그것

을 짜며 싸매며 기름으로 부드럽게 함을 받지 못하였도다 (사 1:2-6)

제가 어렸을 때 부모님이 저한테 욕하다 답답하면 밖에 나가서 이렇게 고함을 치셨습니다. '우리 자식 말 안 듣는 것 좀 보시오. 저걸 내가 왜 피난 올 때 데리고 왔는지 몰라.' 그렇게 온 동네를 향해 고함치셨는데 혹시 여러분은 이런 경험 없으십니까? 저에게는 형이 있는데 피난 때 같이 내려오지 못했습니다. 형은 평양에 폭격이 심해서 시골 할아버지 댁에 피해 가 있는 바람에 못 내려오고 저는 너무 어려서 부모님 곁에 있다가 1.4후퇴 때 업혀서 내려왔습니다. 그래서 저희 부모님이 제가 마음에 들지 않을 때마다 그 이야기를 하십니다. '네 형하고 바꿔 갖고 내려오는 건데…' 나중에 제가 목사가 되겠다고 하니까 저희 아버님이 이렇게 화내셨습니다. '야, 난 이북으로 돌아간다.' 이 말은 이북 사람들이 최고로 화났을 때 쓰는 말입니다. 저희 어머니는 동네 나가서 '여러분, 다 나오시오. 우리 아들놈이 이랬수다' 하고 큰소리를 치고 성질을 내셨습니다.

그런데 지금 하나님이 그러시는 것 같지 않습니까. 길을 막고 화를 내시면서 '여러분, 이스라엘을 보십시오. 이럴 수가 있습니까!' 하시는 것 같지 않습니까. 이게 무엇입니까. 인격자만이 자신의 진심을 감정으로 드러내는 것 아닙니까. 우리 교회 로비에 있는 자판기에 가서 돈을 넣고 버튼을 눌렀는데 커피가 안 나오면 손으로 한 대 탁 치든지 동전 불량을 확인하든지 합니다. 자판기에 대고 감정을 드러내어 뭔가 설명하지 않습니다. 예수님이 예루살렘을 보고

1부 | 믿음이란 무엇인가

어떻게 말씀하셨습니까? '예루살렘아, 예루살렘아, 내가 너희를 모으기 위해서 내 종들을 보내고 너희에게 얼마나 말했느냐.' 이렇게 슬픔과 애통하는 표현을 하십니다. 그것은 인격끼리만 통하는 표현입니다. 성경은 무슨 주문이나 부적으로 되어 있는 게 아닙니다.

제가 젊었을 때 개척하기 전 이야기입니다. 부인들은 열심히 예수를 믿는데, 남편들이 영 믿지를 않아서 저에게 남편들을 모아서 성경 공부 모임을 부탁한 적이 있습니다. 참 어렵게 부부가 함께 와서 모였습니다. 모여 앉은 순서대로 먼저 성경을 몇 절씩 돌아가면서 읽었습니다. 그런데 어떤 분이 자기 순서가 되어도 도무지 읽지를 않는 것입니다. 그래서 읽으라고 재촉을 하니까 한참 고민을 하더니 드디어 읽기 시작했습니다. 그때는 가로로 된 성경은 없고 세로로 된 성경만 있었는데 그것을 가로로 읽으셨습니다. '서민느하날가게니비⋯' 이 분은 성경이 주문 같은 것이라고 생각한 것입니다.

우리도 사실 성경이 어떤 이야기일 것이라고 생각 안 하지 않습니까. 우리도 성경 읽고 자기 마음대로 생각하지 않습니까. 성경 묵상하시는 분들은 주의해서 성경을 봐야 합니다. 성경이 발언하는 것을 듣지 않고 자기가 감격할 말만 찾으려고 합니다. 그러기 때문에 하나님이 말씀하시는 것을 듣지 못합니다. 이는 성경 읽는 법을 모르기 때문에 일어나는 현상입니다. 그것은 하나님이 왜 우리에게 성경을 주셨는가에 대한 이해가 부족한 것입니다. 하나님은 우리의 이해를 돕기 위하여 성질을 내시기도 하고 답답해하시기도 하고 안타까워하시기도 합니다. 이것은 우리를 조종하려는 것이 아니라 알아듣게 하려고 설명하고 납득시키는 행위입니다. 이것이 믿음을 일으키게 하는 근본 원인, 근본 원리입니다. 성경에서 하나님은 우리의 인격에다 대고 발언하십니다. 우리의 지성과 감정과 의지에 대고 발언하시지 우리를 조종하시지 않습니다. 이 말을 명심해야 합니다.

하나님의 설득 과정

그러므로 믿음이 좋다는 것이, 조종당하기를 원하고 하나님이 조종하기 쉬운 어떤 기계가 되길 원하는 것이라고 생각한다면 하나님을 전혀 모르는 것입니다. 종교적인 일에 헌신적이며 진심과 열심을 내는 것을 가지고 쉽게 '신앙이 좋다'고 판정을 내릴 수 없습니다. 하지만 그런 신앙이 인격적 관계 속에서 하나님의 마음과 뜻에 동참한 행위라면 그것은 아주 좋은 신앙입니다. 그러나 이런 인격적 관계를 떠나서 기계적 접촉을 원하는 것으로 그의 신앙 행위가 자행되고 있다면 그것은 정말 '꽝'입니다. 신명기 4장을 보십시오. 이런 표현들을 기억하고 있어야 합니다.

네가 있기 전 하나님이 사람을 세상에 창조하신 날부터 지금까지 지나간 날을 상고하여 보라 하늘 이 끝에서 저 끝까지 이런 큰 일이 있었느냐 이런 일을 들은 적이 있었느냐 어떤 국민이 불 가운데에

39

서 말씀하시는 하나님의 음성을 너처럼 듣고 생존하였느냐 어떤 신이 와서 시험과 이적과 기사와 전쟁과 강한 손과 편 팔과 크게 두려운 일로 한 민족을 다른 민족에게서 인도하여 낸 일이 있느냐 이는 다 너희의 하나님 여호와께서 애굽에서 너희를 위하여 너희의 목전에서 행하신 일이라 이것을 네게 나타내심은 여호와는 하나님이시요 그 외에는 다른 신이 없음을 네게 알게 하려 하심이니라 여호와께서 너를 교훈하시려고 하늘에서부터 그의 음성을 네게 듣게 하시며 땅에서는 그의 큰 불을 네게 보이시고 네가 불 가운데서 나오는 그의 말씀을 듣게 하셨느니라 여호와께서 네 조상들을 사랑하신 고로 그 후손인 너를 택하시고 큰 권능으로 친히 인도하여 애굽에서 나오게 하시며 너보다 강대한 여러 민족을 네 앞에서 쫓아내고 너를 그들의 땅으로 인도하여 들여서 그것을 네게 기업으로 주려 하심이 오늘과 같으니라 그런즉 너는 오늘 위로 하늘에나 아래로 땅에 오직 여호와는 하나님이시요 다른 신이 없는 줄을 알아 명심하고 오늘 내가 네게 명령하는 여호와의 규례와 명령을 지키라 너와 네 후손이 복을 받아 네 하나님 여호와께서 네게 주시는 땅에서 한없이 오래 살리라 (신 4:32-40)

하나님이 이스라엘 백성에게 하나님 앞에 순종하라고 하시는 그 증거와 근거를 제시하십니다. 하나님이 어떤 분인가, 그들이 항복할만한 대상인가 하는 것을 이스라엘 백성에게 출애굽 사건과 40년 광야 생활을 통하여 자신을 설명하십니다. 하나님이 어떻게 온 천하 만물의 주인이시며, 이스라엘 백성을 사랑하시며, 그의 열조 때부터 약속하셔서 오늘이 있게 하셨으며, 그가 어떻게 약속을 지킨 신실한 분이며, 그가 하신 약속을 지킬 힘이 있는 분인가를 모든 역사와 각각의 생애를 통하여 확인시켜 주십니다. 그리고서 순종하라고 요구하신 것입니다.

믿음은 여기서만 발생할 수 있고 존재할 수 있습니다. 하나님이 우리에게 오셔서 당신을 나타내시고 우리를 설득하심으로써 우리로 하여금 항복하게 하는 과정 없이 믿음은 생겨나지 않습니다. 그런 확인 속에서 믿음이 생깁니다. 그런 의미에서 믿음은 주문이 아닙니다. 믿음이라는 이름으로 자신을 묶어 버리는, 다른 생각과 선택을 포기하고 스스로 옭아매는 것 같은 행위가 아닙니다. 모든 것을 비교하고 확인하게 해서 이렇게 고백하게 만듭니다. '하나님, 당신만이 하나님이십니다. 당신만이 저의 사랑과 경배를 받으시기에 합당하십니다.' 이렇게 받아내는 곳에 믿음이 존재하는 법입니다.

부모가 외출을 하면서 사과 네 개를 주고서 두 형제에게 공평하게 나눠 먹으라고 했습니다. 형이 동생한테 이렇게 말합니다. '너, 하나 먹을래, 아니면 안 먹을래?' 그래서 동생이 하나를 먹겠다고 선택합니다. 나중에 부모가 돌아오니까 동생이 울면서 항의합니다. '엄마, 형이 자기는 세 개 먹고 나는 하나만 줬어.' 엄마가 형에게 묻습니다. '너, 왜 공평하게 안 했니.' 그러자 형은 선택권을 줬다고 말합니다. '너, 하나 먹을래. 안 먹을래.' 신앙에서 인격적이라는 것은 이런 식이 아닙니다.

41

하나님은 우리가 이상하게 여길 만큼 내버려두십니다. 우리가 그냥 맹탕으로 갖고 있는 열심을 내도 그냥 놔두십니다. 앞에서 예를 든 바와 같이 '저는 죄 짓기 싫습니다. 하나님만 위해서 살겠습니다'라고 하는데도 하나님은 들어주지 않습니다. 하나님이 우리에게 주시는 선택권은 이런 식의 것이 아닙니다. '너, 하나님 말 들을래. 아니면 매 맞고 죽을래.' 우리에게 이런 식으로 선택권을 주시지 않습니다. 그 대신 이렇게 하십니다. '너, 내 말 들을래. 세상 말 들을래.' 우리가 세상을 따라가면 당장은 좋아 보이고 당장은 신나 보이게끔 하나님은 내버려두십니다. 긴 싸움을 통해서 마침내 세상의 그 무엇도 싫습니다, 저는 하나님을 택하겠습니다. 이런 고백을 우리한테 받아내십니다. 그 고백이 바로 믿음입니다. 하나님은 우리가 그런 자리에 이르도록 기다리시고 여백을 주어서 우리로 하여금 해보고 돌아오게 하십니다. 성경이 말하는 믿음은 이런 것입니다.

우리가 어떤 의미에서 신앙인 같기도 하고 어떤 면에서는 아닌 것 같기도 한 생각의 실마리를 여기서 하나 풀 수 있습니다. 하나님은 우리를 더 깊은 신앙으로 더 온전한 신앙으로 인도하고자 하십니다. 그 말은 우리가 어떤 부분에서 아직 훈련되지 않고 아직 완성되지 않은 어떤 부족함을 갖고 있다는 뜻입니다. 그것 때문에 너무 당황하지 마십시오. 그것이 기도 한 번 해서 고쳐질 일이라고 기대해서는 안 됩니다. 이 문제는 나중에 가서 다루도록 하겠습니다.

하나님 아버지, 은혜를 감사합니다. 하나님은 온 천하 만물의 주인
이시며 우리의 창조주이십니다. 우리를 물건으로 만들지 아니하시
고 기계로 만들지 아니하시고 로봇으로 만들지 아니하시고 하나님
의 형상을 따라 만드셨습니다. 그래서 우리에게 복 주시고 우리를
위대하게 하시며 찾아오셔서 우리를 설득하십니다. 하나님이 우리
를 대등한 믿음의 대상으로 취급하고 있다는 사실을 깨닫고 참으
로 이 문제로 주 앞에 감사하며 감격하게 하십니다. 이제 주께서 요
구하는 하나님의 사람으로 자신을 만들어 완성시키는 책임을 기쁨
과 큰 감격 속에서 감수하게 하시옵소서. 예수님의 이름으로 기도
합니다. 아멘.

요점과 확인

1. 믿음은 세상에서 보상을 받는 것과 아무 상관이 없다. 히브리서
   11장에 등장하는 믿음의 사람들은 그런 보상을 받지 못했어도
   하나님 편에 서는 것으로서 자신의 믿음을 드러내었다.

2. 믿음은 하나님의 설득에 따른 우리의 항복이다. 하나님은 끊임
   없이 자신을 설명하신다. 이렇게 자신을 드러내어 우리를 설득
   하고 항복하게 하심으로써 우리는 믿음을 갖게 된다. 이것이 기
   독교가 다른 종교들과 달리 갖는 특이한 점이다.

3. 믿음은 인격적 관계에서 성립된다. 하나님은 인격자이시므로
   우리를 기계로 대하시지 않고 인격자로 대하신다. 따라서 믿음
   이란 우리가 조종당하기를 원하고 조종하기 쉬운 기계처럼 되
   는 것을 뜻하지 않는다.

4. 우리는 좋은 신앙을 갖기 위해 하나님께 기도할 수 있다. 이때 당
   신이 범하기 쉬운 가장 저급한 자세는 무엇이라고 생각하는가?

3

하나님의 행위

믿음으로 아브라함은 부르심을 받았을 때에 순종하여 장래의 유업으로 받을 땅에 나아갈새 갈 바를 알지 못하고 나아갔으며 믿음으로 그가 이방의 땅에 있는 것 같이 약속의 땅에 거류하여 동일한 약속을 유업으로 함께 받은 이삭 및 야곱과 더불어 장막에 거하였으니 이는 그가 하나님이 계획하시고 지으실 터가 있는 성을 바랐음이라 믿음으로 사라 자신도 나이가 많아 단산하였으나 잉태할 수 있는 힘을 얻었으니 이는 약속하신 이를 미쁘신 줄 알았음이라 (히 11:8-11)

아브라함은 성경에서 믿음에 관한 한 가장 좋은 모델로서 제시되고 있습니다. 그러나 아브라함이 가진 믿음이 무엇인지를 파악하는 데는 약간 어려움이 있습니다. 본문 8절 말씀에 보면 "믿음으로 아브라함은 부르심을 받았을 때에 순종하여 장래의 유업으로 받을 땅에 나아갈새 갈 바를 알지 못하고 나아갔으며"라고 기록합니다. 이 구절에서 특별히 '믿음으로'를 강조하고 있습니다. 그리고 아브라함이 본토 친척 아비 집을 떠나는 그 때에 이미 믿음을 가진 사람으로 묘사되어 있습니다. 그래서 우리는 일반적으로 그가 하나님의 부름을 받았을 때 믿음으로 순응하고 믿음으로 결단을 내린, 믿음의 책임을 진 자로 생각해 왔습니다.

그러나 아브라함이 본토 친척 아비 집을 떠날 때에 이미 믿음의 사람이었는가에 대한 문제는 그렇게 단순하지 않습니다. 대다수의 사람들과 많은 학자들은 이때 이미 아브라함이 믿음을 가진 것으로 인정을 합니다만 소수는 그렇게 생각하지 않습니다. 물론 저도 그 소수에 속한 사람입니다. 제가 쓴 책, 《하나님의 열심》에서 아브라함이 본토 친척 아비 집을 떠날 때는 믿음을 가진 것 같지 않고, 그 후에 하나님의 인도하심 속에서 그의 믿음이 자라난 것으로 보인다고 말씀드렸습니다.

그러면 어떤 이유에서 히브리서가 '믿음으로 아브라함은 부르심을 받았을 때에 순종했다'라고 기록하고 있느냐는 것입니다. 앞에서 말씀드린 바지만 히브리서 11장이 믿음을 설명하는 데 있어서 꼭 좋은 설명을 담은 장은 아니라고 했습니다. 히브리서 11장을 '믿음장'이라고 부르고는 있지만, 믿음 전반에 걸친 설명을 하지는 않습니다. 그것은 성도들이 지켜야 할 책임을 강조하는 측면에서 믿음을 말하고 있습니다.

그래서 히브리서 11장에 등장하는 믿음의 위인들에 대한 기록의 관점은 모두 회고적입니다. 다시 말해 그들의 생애를 결과적으로 본 후 되짚어보는 묘사로 되어 있습니다. 이를테면 위인이나 성공한 사람을 보면 그들의 모든 과거가 다 이유가 있고 그럴듯하게 묘사되는데 히브리서 11장도 형식적으로는 그렇게 되어 있습니다. 히브리서 11장은 이미 믿음으로 성공한 이들, 하나님의 사람으로 승리하여 위인의 반열에 선 사람들을 기록하고 있습니다. 그들에게 있었던 모든 일들이 목적에 맞게 새롭게 묘사되었다는 것입니다. 일종의 목적론적 기술을 채택하고 있습니다. 그래서 이 기록만 놓고 믿음을 이야기하기에는 조금 무리가 있다고 봅니다.

하나님의 믿음

왜 그런 것입니까? 흔히 생각하듯 믿음을 무조건 우리의 책임으로 말하는 경우가 많다는 것입니다. 우리의 이런 잘못된 오해가 무엇인지 생각해 보려고 합니다. 그렇게 하려면 믿음의 조상 아브라함의 생애 속에서 믿음이 어떻게 생겨났는지를 살펴봐야 합니다. 그것에 대하여 성경이 무엇을 가르치고 있는가를 좀 더 폭넓게 이해해야 합니다. 그렇게 함으로써 '믿음으로 아브라함은 부르심을 받았을 때에 순종했다'라는 그 뜻이 제대로 밝혀질 것입니다. 사람들은 믿음을 말할 때 무조건 초반부터 우리의 책임을 등장시킵니다. 그래서 우리에게 모든 짐을 지우는 식의 설명으로 끝나는 경우가 많습니다. 믿음을 이런 식으로 설명하면 믿음에 대한 전체적인 이해를 하지 못합니다.

아브라함이 믿음으로 의롭다함을 얻는 것은 창세기 15장에 등장합니다. 그렇지만 '믿음으로 아브라함은 부르심을 받았을 때에 순종하여 장래의 유업으로 받을 땅에 나아갈새'(히 11:8)라고 표현한 히브리서의 기록은 창세기 12장의 사건과 관련이 있습니다. 스데반의 설교에 의하면, 하란에 있기 전 메소포타미아 곧 갈대아 우르에 있을 때, 하나님이 나타나셔서 '네 본토 친척 아비 집을 떠나라'라고 되어 있습니다. 그런데 아브라함이 믿음으로 의롭다함을 받은 것은 그 후 한참 지나서 있었던 일입니다. 그것이 창세기 15장에 기록되어 있습니다.

그런데 히브리서 저자가 왜 아브라함을 창세기 12장의 사건과 관련시켜 '믿음으로'라는 말을 덧붙인 것입니까? 왜 하나님이 아브라함을 불러내신 사건에서부터 믿음이라는 단어로 아브라함을 채색한 것입니까? 이것은 아브라함을 부르는 이 일에 있어서 하나님이 먼저 시작하셨다는 것을 말하는 것으로 보입니다. 하나님이 원인이라는 것입니다. 이 점이 우리가 놓쳐서는 안 될 가장 중요한 초점입니다. 성경이 아브라함을 믿음의 조상이라고 언급하지만, 갈 바를 알지 못하고 간 아브라함의 반응보다 아브라함을 불러 많은 민족의 아비가 되게 하실 하나님의 의지와 계획이 우선했습니다. 여기에 초점이 있습니다.

그렇지만 우리는 아브라함을 믿음의 조상이라고 할 때 아브라함이 하나님의 부르심에 순종했다는 사실에다 믿음의 초점을 놓고 있습니다. 그러나 성경이 하고 싶은 이야기는 하나님이 아브라함을 불러 모든 민족의 아비가 되게 했다, 모든 민족의 복의 근원이 되게 했다는 사실에 있습니다. 그것은 나중에 하나님이 이스라엘을 부를 때, 이스라엘 백성에게 누누이 한 이야기에도 다시 울려 퍼집니다. '내가 너희를 내 백성으로 삼은 것은 너희가 다른 민족보다 우수하거나 수가 더 많아서가 아니라 내가 너희 조상하고 한 약속과 또 내가 너희를 사랑했기 때문에 부른 것이니라.' 아브라함의 반응에만 믿음의 전 요소가 들어 있는 것이 아닙니다. 아브라함을 불러내신 하나님의 계획과 의지에 믿음의 요소가 더 있다는 것을 놓치지 않아야 합니다.

그러므로 아브라함의 반응, 아브라함의 결단, 아브라함의 책임, 이런 것들만 믿음의 요소로 보지 않아야 합니다. 아브라함이 하나님의 부르심을 받아나갈 때 그 결과가 어떻게 될지 모르고 부르심에 순종한 것에만 믿음의 요소가 있다는 식으로 생각할 것이 아닙니다. 이 별 볼일 없는 사람을 부른 하나님의 부름도 믿음과 상관이

49

있습니다. 말하자면 그것이 믿음의 부름이었다는 것을 알아야 합니다. '아브라함이 갈 바를 알지 못하고 나온 것은 이해관계를 떠난 반응이다'라는 것이 초점입니다. 하나님이 우수한 사람을 부른 것이 아닙니다. 하나님이 자기 백성으로 부른 아브라함이 그 아비 집을 떠나고 본토 친척집을 떠나야 했던 것은 그곳이 하나님을 믿는 고장이 아니요, 그 부모가 하나님을 아는 부모가 아니었기 때문입니다. 그래서 하나님이 아브라함을 끌어낸 것입니다. 이것은 여호수아의 기록에서 살필 수 있습니다.

여호수아가 이스라엘 모든 지파를 세겜에 모으고 이스라엘 장로들과 그들의 수령들과 재판장들과 관리들을 부르매 그들이 하나님 앞에 나와 선지라 여호수아가 모든 백성에게 이르되 이스라엘의 하나님 여호와께서 이같이 말씀하시기를 옛적에 너희의 조상들 곧 아브라함의 아버지, 나홀의 아버지 데라가 강 저쪽에 거주하여 다른 신들을 섬겼으나 내가 너희의 조상 아브라함을 강 저쪽에서 이끌어 내어 가나안 온 땅에 두루 행하게 하고 (수 24:1-3)

아브라함의 아버지 데라가 다른 신을 섬겼습니다. 그런데 '옛적에 너희의 조상들 곧 아브라함의 아버지, 나홀의 아버지 데라가 강 저쪽에 거주하여 다른 신들을 섬겼으나'라는 2절에서 '조상들'이라는 표현은 어떤 사람들을 말합니까? 이 조상들이라는 말은 나홀과 함께 아브라함도 지칭한 것이라고 학자들은 봅니다. 나홀의 아버지 데라만 이방신을 섬긴 것이 아니라 나홀과 함께 아브라함도 하나님을 모르고 다른 신들을 섬겼다는 것입니다. 아브라함은 아니라고 해도 데라는 다른 신을 섬긴 것이고, 그곳은 다른 신을 섬기는 지역이었습니다. 그렇다면 아브라함을 거기서 나오게 한 것은 믿음이라는 기준으로 볼 때 아브라함이 유력한 집안의 자식이 아니었다는 것입니다. 현실적으로 이야기하자면 별 볼일 없는 사람을 불러내서 하나님이 이 열국의 아비가 되게 하고 모든 민족의 복의 근원이 되게 하셨다는 것입니다.

아브라함은 하나님의 부름에 이해관계를 떠나서 어떻게 될지 현실적으로 확인할 아무런 증거도 갖지 못했습니다. 그런데 하나님의 부름에 응해서 그가 믿음의 조상이 되었다고 우리는 생각합니다. 그렇지 않습니다. 하나님 쪽에 초점을 맞추어 보면 아브라함은 별 볼일 없는 사람입니다. 그런데 하나님이 그를 불러서 그런 유력한 자가 되게, 즉 믿음의 조상으로 만들고 열국의 아비가 되게 하셨습니다. 하나님은 아브라함에게 어떤 조건을 내걸고 그것을 근거로 해서 부른 것이 아닙니다. 말하자면 이것은 하나님의 믿음의 행위인 것입니다.

우리는 자꾸 믿음에 있어 우리 쪽의 책임만 강조하지만 이미 말씀드린 바와 같이 '믿음은 두 인격 사이에서만 존재하는 고급한 관계의 표현'입니다. 하나님이 아브라함을 부른 것도 믿음의 행위입니다. 하나님이 우리를 믿는다고 하면 이해가 안 되겠지만 우리도 자식한테 이런 말을 쓰지 않습니까.

'너, 이젠 잘 할 거지. 다음부터 딴 짓 안하고 공부 열심히 할 거지. 나, 너 믿는다.' 이 말은 그렇게 될 줄로 믿는다는 것이 아닙니다. 부모가 자식에게 인격적 차원에서 신뢰를 보낸다는 표현입니다. 우리는 종교적으로 어떤 편견에 사로잡혀 있어서, 믿는다는 말을 할 때 믿음을 하나의 책임으로 생각하기 쉽습니다. 자신이 얻으려는 것을 얻기 위한 방법으로 생각합니다. 그래서 약한 쪽에 있는 자가 기대고 순종하고 예쁘게 보여야 하는 행위로만 자꾸 생각합니다. 그러나 믿음이란 그런 것이 아닙니다.

히브리서 11장에서 '믿음으로 아브라함은 부르심을 받았을 때에 순종'했다고 하는 것은 아브라함의 이야기가 아니라 하나님의 이야기입니다. 하나님이 아브라함을 부른 것은 이해관계 가운데서 발생한 것도 아니요 기계적인 관계 속에서 일어난 것도 아닙니다. 하나님이 아브라함에 대한 어떤 의지와 계획을 갖고서 인격적 대접을 하시는 가운데 그에게 찾아온 것입니다. 하나님이 아브라함과의 관계를 시작하신 행위가 더 먼저라는 것입니다. 성경에서는 이것도 '믿음'이라고 합니다.

그렇다면 아브라함이 본토 친척 아비 집을 떠날 때 보였다고 하는 '믿음'은 어떤 것입니까? 그것은 아브라함의 믿음이 아닙니다. 우리가 보통 생각하는 식으로 '아브라함이 그때 이미 믿음을 가지고 하나님의 부르심에 순응했다'라고 이야기할 수 없습니다. 그러면 왜 성경은 그때 이미 아브라함이 믿음을 가진 것처럼 표현한 것입니까?

이 문제를 푸는 데 있어서 창세기 15장은 아주 중요합니다. 창세기 12장에서 14장까지 보면, 아브라함은 하나님의 부르심을 받고 비로소 하란에서 가나안에 들어오고, 기근이 나서 애굽으로 피난을 갑니다. 거기서 부인을 빼앗길까봐 누이라고 속였고 부인을 바로에게 빼앗겼다가 하나님이 경고해서 다시 찾습니다. 그가 애굽에서 돌아와서 롯과 헤어지는 사건이 있고, 또 가나안 땅에 전쟁이 일어나서 다섯 왕의 연합군과 네 왕의 동맹군 사이에 벌어진 전쟁에 휘말리기도 합니다. 롯이 속한 소돔과 고모라가 패배하여 그가 포로로 잡혀간 것을 아브라함이 가서 꺼내옵니다. 이처럼 하나님이 그와 함께 하심으로써 그에게 당신을 설명하십니다. 하나님이 그를 보호하시고 힘 주시고 인도하시고 형통하게 하시고 승리하게 하십니다. 이것을 경험하고 나서 비로소 아브라함은 하나님을 믿게 됩니다. 아브라함의 믿음이 그때 거론됩니다. 그리고 이를 그의 의로 여겨 주십니다. 창세기 15장이 그것을 보여줍니다. 이처럼 아브라함이 비로소 하나님에 대하여 이해하고 믿게 된 것입니다.

구원은 하나님의 믿음의 행위

그렇다면 '아브라함은 믿음을 가지고 본토 친척 아비 집을 떠났다, 하나님의 부르심에 순종했다'고 표현한 히브리서 11장은 어떻게 이해해야 합니까? 거기에는 이런 이유가 있습니다. 로마서 1장 17

53

절을 보면, "복음에는 하나님의 의가 나타나서 믿음으로 믿음에 이르게 하나니 기록된 바 오직 의인은 믿음으로 말미암아 살리라 함과 같으니라"라고 기록되어 있습니다. 믿음은 어떻게 생기는가, 믿음은 어떻게 자라나는가 하는 문제를 생각할 때 이 구절이 아주 중요한 근거 구절이 됩니다. '복음에는 하나님의 의가 나타나서 믿음으로 믿음에 이르게' 한답니다. 헬라어 본문을 직역하자면 '믿음은 믿음으로부터 나온다'라고 되어 있습니다. 여기서 우리는 '도대체 복음에는 하나님의 의가 어떻게 나타나고, 어떻게 하여 믿음으로 믿음에 이르게 하는가'라는 질문을 하게 됩니다. 로마서 3장 21절 이하에 구원에 관한 설명이 나옵니다.

이제는 율법 외에 하나님의 한 의가 나타났으니 율법과 선지자들에게 증거를 받은 것이라 곧 예수 그리스도를 믿음으로 말미암아 모든 믿는 자에게 미치는 하나님의 의니 차별이 없느니라 모든 사람이 죄를 범하였으매 하나님의 영광에 이르지 못하더니 그리스도 예수 안에 있는 속량으로 말미암아 하나님의 은혜로 값 없이 의롭다 하심을 얻은 자 되었느니라 이 예수를 하나님이 그의 피로써 믿음으로 말미암는 화목제물로 세우셨으니 이는 하나님께서 길이 참으시는 중에 전에 지은 죄를 간과하심으로 자기의 의로우심을 나타내려 하심이니 곧 이 때에 자기의 의로우심을 나타내사 자기도 의로우시며 또한 예수 믿는 자를 의롭다 하려 하심이라 (롬 3:21-26)

여기 22절에 '예수 그리스도를 믿음으로 말미암아 모든 믿는 자에게 미치는 하나님의 의'라고 복음을 설명하고 있습니다. 우리는 예수를 믿음으로 구원을 얻습니다. 이 말이 어떤 분들에게는 굉장히 오해를 불러일으키고 있습니다. '예수를 믿으면 구원을 얻는다'라고 구원에 관하여 설명할 때 제일 중요한 단어는 무엇입니까? '예수'입니다. 믿는 것이 핵심이 아니라 예수가 핵심입니다. 여기서 믿음이란 자기 책임이나 자기 결단을 말하지 않습니다. 그것보다 '예수'가 먼저입니다. '예수 그리스도를 믿음으로 말미암아 모든 믿는 자에게 미치는 하나님의 의'라는 것이 구원인데 여기서 말하는 구원을 얻는 믿음이란 우리가 보통 이야기하는 신뢰나 누구 편을 드는 결단을 말하지 않습니다. 구원에서 말하는 믿음은 은혜이지 행위가 아닙니다.

너희는 그 은혜에 의하여 믿음으로 말미암아 구원을 받았으니 이것은 너희에게서 난 것이 아니요 하나님의 선물이라 행위에서 난 것이 아니니 이는 누구든지 자랑하지 못하게 함이라 (엡 2:8-9)

구원에 관한 믿음을 설명할 때 그 믿음은 신뢰나 결단이 아니라고 에베소서에 나와 있습니다. 믿음은 행위가 아닙니다. 그래서 자랑할 수 없습니다. 그렇다면 믿음의 동의어는 무엇이겠습니까? 은혜입니다. 믿음은 은혜이고 선물인 것입니다.

　예수를 믿으면 구원을 얻는다고 이야기할 때의 믿음은 인과율

(因果律)이 아닙니다. 원인과 결과의 법칙에 속하지 않습니다. 원인과 결과의 법칙에서 어떤 결과를 얻기 위해서는 원인을 자기가 갖고 있어야 합니다. 그래서 내가 원인을 제공해서 그 결과를 얻었을 때는 자랑할 수가 있습니다. 그러나 구원에 관해서는 자랑할 수 없습니다. 왜냐하면 은혜이고 선물이기 때문입니다. 구원은 내가 선택한 원인에 근거해서 이루어 내는 결과가 아닙니다. 하나님이 믿음이라는 법칙으로 우리에게 선물로 주신 것이므로 우리는 자랑할 수 없습니다. 그러므로 여기서 믿음이라는 것은 인과율이 아닙니다. 다시 말해 그것은 내가 어떤 원인을 심어 결과를 거두는 것이 아니라는 말씀입니다. 믿음은 선물입니다. 선물은 내가 돈 주고 산 것이 아니라 누가 그냥 준 것입니다. 은혜라는 것은 대접을 받을 이유가 없는데 받는 것입니다.

그래서 구원에 관한 설명에서 나오는 믿음은 하나님께서 우리를 구원하기 위하여 하나님이 예수 그리스도를 원인으로 삼으시고 그 결과인 구원을 우리에게 그냥 준 것을 말합니다. 이 믿음은 결단이나 선택, 책임 이런 것들이 아닙니다. 그래서 예수를 믿으면 구원을 얻는다는 성경의 표현에서 유일하고도 가장 중요한 초점은 '예수'이지 '믿음'이 아닙니다. 그 믿음을 내 선택이나 결단으로 받아들일 수 없습니다. 구원은 은혜로 얻는 것입니다. 우리가 어느 날 회개를 하고 예수를 믿기로 결정한 것은 다 구원을 얻었기 때문에 비로소 그렇게 할 수 있는 것입니다. '예수를 믿음으로 말미암아 모든 믿는 자에게 미치는 의'라고 설명한 이 '의'를 로마서 3장에서도 자랑할 수가 없다고 이야기하고, 에베소서에서도 자랑할 수 없다고 이야기합니다. 그것은 은혜로 받았기 때문입니다. 선물로 받았기 때문입니다.

이 '믿음'은 신뢰나 결정의 문제가 아닌데 왜 믿음이라는 단어를 쓴 것입니까? 그것은 행위가 아님을 나타내기 위한 것이기도 하지만 더더욱 중요한 이유는 예수님을 보내어 우리에게 베푸신 하나님의 사랑, 은혜, 용서라는 단어는 인격자끼리만 쓰는 것이기 때문입니다. 이것이 우리의 선택이나 결정에 관한 것이 아니면서도 예수를 믿으면 구원을 얻는다고 할 때 믿음이라는 말이 동원되는 이유입니다. 그래서 믿음이라는 단어를 쓰는 것입니다.

아브라함을 부르신 하나님 쪽에도 믿음이라는 단어가 쓰입니다. 아브라함을 불러내신 그 부름의 이유가 이해관계를 떠난 것이고 대등한 차원에서 한 인격을 대접하여 부르시는 행위이기 때문에 '믿음'이라는 단어가 쓰였습니다. 마찬가지로 구원도 우리가 무슨 일을 해서 얻는 것이 아니고, 무엇을 결정하고 선택하고 책임을 져서 얻는 것이 아닙니다. 그것은 다만 선물로 받는 것이지만 '예수를 믿으라'라고 이야기하셨습니다. 그것은 우리를 불쌍히 여기시고 은혜를 베푸시고 우리의 죄를 용서하시고 우리를 사랑하시어 예수 그리스도를 주시는 그 내용 속에서 일어나는 행위이기 때문에 그런 표현을 쓰는 것입니다. 그것은 믿음의 행위입니다. 인격의 대상이 아닌 것에는 은혜나 용서나 긍휼을 베풀지도 않고 감정을 개입시키지도 않습니다.

구원이란 하나님의 믿음의 행위입니다. 우리가 구원을 얻는 것에 대하여 우리의 믿음의 행위라고 이야기하면 금방 이해가 되지만 '구원을 베푸신 것이 하나님의 믿음의 행위다'라고 하면 아주 낯설 것입니다. '하나님이 뭐가 부족한 게 있으셔서…' 하는 생각이 듭니다. 믿음은 그런 단어입니다.

우리는 앞에서 믿음을 인격성에 관한 것이라고 했습니다. 그래서 아브라함을 부르는 사건에서나, 예수 그리스도로 말미암는 구원을 베푸시는 이 은혜에서나 모두 하나님이 우리를 인격자로 대하십니다. 다시 말해 우리를 하나님의 사랑과 믿음의 대상으로 인정하고 계십니다. 이 일은 모두 '믿음'이라는 단어로밖에는 설명할 수 없는 행위입니다. 이 말이 구원을 이야기할 때 쓰이는 이유입니다. 아브라함이 믿음의 조상이라는 별명을 얻은 이유입니다. 로마서 3장의 방식대로 이야기하자면, 예수 그리스도로 말미암아 우리를 구원하시는 하나님의 믿음의 행위가 결국 하나님이 누구이신가를 우리에게 보이시는 방식입니다. 이 일로 시작해서 우리의 책임 있는 또는 우리의 선택과 결단을 수반하는 믿음을 만들어 내십니다.

믿음이란 상대가 누군지 알며 누군지 경험하고 그에게 항복함으로써 만들어지는 것입니다. 그래서 로마서 1장에서 말한 대로 '믿음으로 믿음에 이르게 한다'는 말이 생겨나는 것입니다. 아브라함이 하나님의 부름과 인도함을 몇 십 년 동안 경험한 후에 창세기 15장에서 드디어 '나, 하나님 믿습니다!'라고 항복하게 됩니다. 믿음의 조상이라는 칭호가 정말 그에게 타당합니다.

구원이란 대단한 것입니다. 하나님이 우리를 대등하게 대접하셨기 때문입니다. 그 아들을 우리를 위하여 보내신 것 아닙니까. 우리가 값을 지불하고 물건을 살 때 물건이 대등한 가치를 지녀야 그 값을 지불하는 것 아닙니까. 지불하는 값이 얻으려는 물건보다 턱없이 비싸면 값을 지불하겠습니까. 하나님은 우리를 위하여 예수 그리스도의 피를 지불하셨습니다. 그것은 말하자면 독생자 예수 그리스도와 우리를 대등한 가치로 인정하신다는 뜻입니다. 참 놀랍습니다. 예수님은 성자 하나님이십니다. 그는 신이십니다. 우리는 피조물입니다. 그 무엇도 그 한계를 극복할 수 없습니다. 그처럼 하나님과 맞먹게 한다는 것은 말도 안 됩니다. 그러나 인격적 차원에서는 하나님이 우리를 그렇게 높게 대접하십니다. 만들 때부터 그렇게 만드셨습니다. 하나님의 형상을 따라 만든 것입니다. 생기를 불어넣어 우리를 생명이 되게 하셨습니다.

우리가 얼마나 고급한 하나님의 자녀인지를 알아야 합니다. 신앙의 모든 내용에 있어서 믿음은 모든 신앙 행위의 원리요 최고의 내용입니다. 이것이 믿음이라는 단어에 관한 아주 중요한 이해입니다. 그래서 신앙이 좋아진다는 것은 결국 나중에 보면 하나님을 닮아 가는 것입니다. 참 고급해지는 것입니다.

하나님 아버지, 은혜를 감사합니다. 하나님이 우리를 얼마나 크게
여기시는가, 우리를 어떻게 대접하시는가, 하나님이 우리에게 어떻
게 마음과 진심을 기울이시는가를 말씀을 통하여 하나씩 배워가면
서 우리는 기쁘기도 하고 두렵기도 합니다. 우리 같은 것들에게 쏟
으시는 하나님의 사랑과 열심과 능력이 너무나 크기 때문에 그렇
습니다. 그러나 이미 사도 바울을 통하여 에베소서에 그렇게 기록
해놨었습니다. 하나님이 우리를 위하여 어떤 능력을 동원하셨는가
를 우리보고 알기를 원한다고 하셨습니다. 성도의 기업의 풍성한,
하나님의 부르심의 소망의 대단함을 우리로 다 알게 하사 믿음의
사람이 되게 하시며 하나님이 우리를 이 귀한 믿음으로 묶으신 그
복을 깨닫게 하사 하나님의 자녀 된 기쁨을 모두가 누리게 하여 주
시옵소서. 예수님의 이름으로 기도합니다. 아멘.

요점과 확인

1. 하나님의 의지와 계획이 인간의 반응보다 우선한다. 하나님의 의지와 계획이 없이 독립적으로 인간의 반응으로서의 믿음이란 존재할 수 없다.

2. 아브라함을 부르신 것은 하나님의 믿음의 행위다. 믿음으로 아브라함은 부르심을 받았을 때 순종했다고 히브리서 11장은 기록한다. 이때 그 믿음이란 아브라함의 반응을 말하는 것이 아니라 아브라함을 불러내신 하나님의 믿음의 행위를 뜻한다.

3. 구원은 하나님의 믿음의 행위다. 구원이란 예수 그리스도를 원인으로 삼고 그 결과인 구원을 우리에게 그냥 주신 것이다. 따라서 구원은 하나님이 우리를 그의 사랑과 믿음의 대상으로 인정하사 행하신 행위인 것이다.

4. 당신은 초반부터 믿음의 책임을 요구하여 짐을 지우는 식으로 믿음을 설명하는 것에 대하여 어떻게 생각하는가? 그것을 좋은 방식이라고 믿는가?

61

4

하나님을 알아가는 것

… 그런즉 너는 알라 오직 네 하나님 여호와는 하나님이시요 신실하신 하나님이시라 그를 사랑하고 그의 계명을 지키는 자에게는 천 대까지 그의 언약을 이행하시며 인애를 베푸시되 그를 미워하는 자에게는 당장에 보응하여 멸하시나니 여호와는 자기를 미워하는 자에게 지체하지 아니하시고 당장에 그에게 보응하시느니라 그런즉 너는 오늘 내가 네게 명하는 명령과 규례와 법도를 지켜 행할지니라 (신 7:6-11)

우리는 믿음의 본질을 생각하고 있습니다. 기독교 신앙에서 믿음은 사실에 관한 확신이기보다 하나님에 대한 신뢰를 말하는 것입니다. 이 신뢰라는 것은 하나님이 어떠한 분이냐 하는 것을 인격적 차원에서 이해하는 것입니다. 성경에 기록된 하나님의 말씀들을 보면, 다시 말해 하나님이 자신을 설명하시며 나타내신 것을 보면 하나님이 우리에게 말씀하고 계심을 알 수 있습니다. 그것은 하나님이 우리에게 설명하시고 자신을 설득하시려는 것이지 우리를 조종한다거나 조작한다는 뜻이 아닙니다. 하나님이 우리를 인격자로 대접하시는 것을 성경에서 볼 수 있습니다. 그것은 하나님이 인격자이시기 때문입니다. 계시의 성격 자체가 그렇습니다.

우리는 이미 신명기 4장이나 이사야 1장에서 하나님이 슬퍼하시거나 기뻐하시거나 진노하심으로써 우리에게 자신을 설명하려 하신다는 것을 살펴보았습니다. 감정을 동원한다는 것은 벌써 설명하시는 당사자가 인격자요 또 그것을 받아야 하는 대상도 인격자라는 것을 전제합니다. 하나님은 우리의 이성에다 발언하시고 감정을 동원하시고 당신의 의지를 우리에게 드러내십니다. '여호와께서 다만 너희를 사랑하심으로 말미암아, 또는 너희의 조상들에게 하신 맹세를 지키려' 하셨다고 한 본문 8절에서도 그 점을 읽어 낼 수 있습니다.

특별히 구약성경에 보면, 하나님이 약속하시는 장면들과 맹세하시는 장면들이 자주 나옵니다. 아브라함을 불러내실 때도 아브라함에게 '내가 너로 큰 민족을 이루고 … 복이 될지라'라고 약속하십니다. 하나님이 약속하시고 당신의 이름을 걸고 맹세하시는 장면들이 아주 크게 부각되어 나타납니다. 약속을 한다든지 맹세를 한다는 것은 그렇게 하는 이가 자신의 신실함, 믿을만함을 상대방에게 전달하는 것이요 의지를 전달하는 표현입니다.

우리가 전인(全人)이라 할 때 그것은 인격을 지·정·의로 나눈 것입니다. 이렇게 지성과 감정과 의지로 나누는데, 우리는 신앙 문제에서 감동, 감정, 깨우침만 강조하고 있습니다. 훈련하고 책임지고 연습해야 한다는 의지적인 쪽에 약한 편입니다. 즉 신앙을 책임져야 할 부분, 신앙인이 된 인격자가 가지는 책임의 부분에서 간과되곤 합니다. 이렇게 된 데에는 하나님이 우리를 향하여 가지시는 뜻과 계획을 하나님이 어떻게 신실하게 그리고 열심을 내어 책임지고 이루시는가 하는 부분들에 대하여 별로 소개받지 못한 탓에 있다고 봅니다.

본문 9절에 "그런즉 너는 알라 오직 네 하나님 여호와는 하나님이시요 신실하신 하나님이시라"라고 말씀합니다. 하나님께서 이스라엘 백성에게 하나님이 어떤 분인가를 설명할 때, 하나님이 얼마나 높은가, 하나님이 어떻게 온 천하 만물의 주인이신가라고 하는 부분만 설명하지 않습니다. 하나님이 어떤 권한을 갖고 있는가보다는 하나님이 어떻게 자기 백성에 대해서 애정을 갖고 있으며 저들을 복된 곳으로 인도하고 그 일을 위하여 간섭하시는 분이며 그 간섭을 이루기 위하여 신실하고도 열심 있게 책임을 지키시는가 하는 것을 이스라엘 백성들에게 자꾸 설명하십니다.

이스라엘 백성은 40년 광야 생활을 마치고 가나안 앞에 설 수 있었습니다. 신명기는 '이스라엘 너희가 복 받을 짓을 해서가 아니라 하나님이 이스라엘 백성의 선조들에게 약속한 것을 지키기 위해서 여기까지 인도했다'라고 말합니다. 하나님의 신실하심과 하나님이 믿을만한 분이라는 것이 훨씬 강조됩니다. 그리고 하나님이 얼마나 대단한 능력을 갖고 있는가 하는 점은 그 뒤에 감춰져 있습니다.

그런데 우리는 이 하나님의 강한 힘, 권세, 지위 등을 어떻게든 이용해서 내 소원을 이루려는 데 써먹으려 합니다. 자기의 소원을 이루기 위하여 떼를 쓰는 방법으로 사용하곤 합니다. 하나님이 우리에게 무엇을 설명하고 무엇을 납득시키며 우리가 어떤 반응을 보일 것인가에 대해서는 거의 외면하고 있습니다. 그래서 우리의 믿음도 거의 주술이 되었습니다. 그러나 하나님이 우리에게 찾아오셔서 무엇을 가르치려고 하는가에 대한 이해가 필요합니다. 하나님이 그 일을 위하여 얼마나 진심과 성실함과 노력을 동원하고 있는지를 알아야 합니다. 이것을 알아야 하나님에 대한 믿음이 생깁니다. 하나님을 위해서라면 또는 하나님 편을 드는 것이라면 다른 것과는 도무지 바꿀 수 없다는 마음의 항복이 여기에서 나오게 됩니다. 이루어진 것을 보고 따지기 시작하면 그것은 이해관계일 뿐 믿음의 관계가 아닌 것입니다.

65

구약에 나타난 가장 굵은 신학적 주제는 '계약' 혹은 '언약'입니다. 하나님께서 아담과 약속하시고 계약을 맺으십니다. '너는 선악과를 따먹지 말라.' 이 말에는 '그러면 복을 받고 하나님의 자녀로 영생을 누릴 것이고 그렇지 않으면 벌을 받는다'라는 뜻이 포함되어 있습니다. 그러나 아담은 실패했습니다. 하나님은 노아와 약속하시고 아브라함과 약속하시고 이스라엘 백성과 약속하십니다. 이러한 하나님의 약속들을 구약의 가장 중요한 주제로 파악하고 그것을 계약 신학 혹은 언약 신학이라고 규정합니다. 그런데 이런 약속을 하신다는 것이 얼마나 인격적인 묘사냐 하는 것입니다.

약속이란 약속한 내용이 결과를 갖게 되겠지만 그 결과를 지금 보여줄 수 없는 상태에서 하게 됩니다. 내일 만나기로 약속을 하면 그 약속의 결과는 내일이 되어야 알 수 있습니다. 또 내가 너에게 뭘 사 주겠다 하면 그것을 사 주는 행위가 있어야 내가 가질 수 있습니다. 이처럼 약속이라는 것은 언제나 그 전에 하는 것입니다. 약속은 약속하는 당사자와 그 약속의 대상, 이 둘 사이에 실행되리라는 믿음이 전제되지 않으면 이루어질 수 없습니다.

하나님의 약속들을 보면, 하나님이 어떤 분인가, 하나님이 인간을 어떻게 대접하시며 하나님이 무엇을 앞세워 우리에게 당신을 이해시키려고 하는가 하는 것을 보게 됩니다. 대표적인 예로 창세기 15장을 보겠습니다.

이 후에 여호와의 말씀이 환상 중에 아브람에게 임하여 이르시되 아브람아 두려워하지 말라 나는 네 방패요 너의 지극히 큰 상급이 니라 아브람이 이르되 주 여호와여 무엇을 내게 주시려 하나이까 나는 자식이 없사오니 나의 상속자는 이 다메섹 사람 엘리에셀이니 이다 아브람이 또 이르되 주께서 내게 씨를 주지 아니하셨으니 내 집에서 길린 자가 내 상속자가 될 것이니이다 여호와의 말씀이 그 에게 임하여 이르시되 그 사람이 네 상속자가 아니라 네 몸에서 날 자가 네 상속자가 되리라 하시고 그를 이끌고 밖으로 나가 이르시 되 하늘을 우러러 뭇별을 셀 수 있나 보라 또 그에게 이르시되 네 자손이 이와 같으리라 아브람이 여호와를 믿으니 여호와께서 이를 그의 의로 여기시고 또 그에게 이르시되 나는 이 땅을 네게 주어 소 유를 삼게 하려고 너를 갈대아인의 우르에서 이끌어 낸 여호와니 라 그가 이르되 주 여호와여 내가 이 땅을 소유로 받을 것을 무엇으 로 알리이까 여호와께서 그에게 이르시되 나를 위하여 삼 년 된 암 소와 삼 년 된 암염소와 삼 년 된 숫양과 산비둘기와 집비둘기 새끼 를 가져올지니라 아브람이 그 모든 것을 가져다가 그 중간을 쪼개 고 그 쪼갠 것을 마주 대하여 놓고 그 새는 쪼개지 아니하였으며 솔 개가 그 사체 위에 내릴 때에는 아브람이 쫓았더라 해 질 때에 아브 람에게 깊은 잠이 임하고 큰 흑암과 두려움이 그에게 임하였더니 여호와께서 아브람에게 이르시되 너는 반드시 알라 네 자손이 이방 에서 객이 되어 그들을 섬기겠고 그들은 사백 년 동안 네 자손을 괴 롭히리니 그들이 섬기는 나라를 내가 징벌할지며 그 후에 네 자손이 큰 재물을 이끌고 나오리라 너는 장수하다가 평안히 조상에게로 돌아가 장사될 것이요 네 자손은 사대 만에 이 땅으로 돌아오리니 이는 아모리 족속의 죄악이 아직 가득 차지 아니함이니라 하시더니 해가 져서 어두울 때에 연기 나는 화로가 보이며 타는 횃불이 쪼갠 고기 사이로 지나더라 (창 15:1~17)

하나님께서 아브라함에게 오셔서 하신 약속은 '네 자손이 하늘의 별과 같으리라'라고 하신 것입니다. 그러자 아브라함이 '그렇게 될 줄을 내가 무엇으로 알 수 있습니까?'라고 묻습니다. 다시 하나님께서 이러저러한 제물들을 반으로 쪼개놓으라고 하십니다. 그다음에 캄캄한 어두움이 내리고 하나님께서 홀로 그 사이를 지나가십니다. 연기 나는 화로가 보이며 타는 횃불이 쪼갠 고기 사이로 지나갔습니다. 그것은 하나님이 지나가시는 것을 상징하고 있습니다. 옛날 고대 근동 사회에서는 맹세의 습관으로 이런 것이 있었습니다. 계약을 맺은 쌍방 간에 계약을 위반한 자는 이러저러한 벌을 받는다는 뜻으로 신 앞에 맹세하고 쪼개놓은 제물 사이로 계약 당사자 둘이 걸어가도록 되어 있었습니다. 그것은 계약을 어긴 자는 이렇게 갈라져도 좋다는 약속이었습니다.

그러니 타는 횃불이 쪼갠 고기 사이로 지나가는 것은 만약 하나님이 이 약속을 어기면 '내가 갈라져도 좋다'라고 말씀하는 의미가 됩니다. 사실 하나님은 이런 표현을 하실 필요가 없습니다. 더 흥미 있는 것은 이 약속을 아브라함과 했는데, 아브라함에게는 걸어가라고 하시지 않고 하나님 혼자 지나가십니다. 그러니 하나님의 일 방적인 약속입니다. 아브라함이 그렇게 해달라고 한 것이 아닙니다. 하나님이 하시든 말든 자유 아닙니까? 이 약속이 이루어지느냐 안 이루어지느냐라는 결과보다 훨씬 중요한 초점이 있습니다. 그 것은 약속을 하시고 그 약속을 이루시는 하나님이 도대체 어떤 분이냐 하는 점입니다. 물론 하나님이 그 약속한 것을 다 이루셔서 우리는 아브라함의 자손이 되었고 그 수가 정말 하늘의 별같이 됐습니다. 하지만 그 초점은 정말 그 약속을 이루셨구나 하는 것에 있지 않습니다.

믿음의 관계를 맺고자 하심

아브라함의 자손을 하늘의 별같이 바다의 모래같이 만드는 것보다 더 중시한 것이 있습니다. 이것을 약속하심으로 하나님이 어떤 분인가를 보여주실 결과보다 더 우선하고 더 중요한 것은 하나님이 의도하신 바입니다. 우리는 신앙행위 속에서도 신앙으로 얻는 결과를 더 중요하게 여길 뿐 신앙 자체의 가치는 모릅니다. 하박국 선지자가 '의인은 믿음으로 말미암아 살리라'라고 선언한 이유가 여기에 있습니다. 하나님께서 믿음의 관계로 찾아오시며 믿음의 대상으로 대접하시는 것 자체가 이미 복이고 거기에 짝할 것이 없다는 사실을 비로소 알게 된 것입니다. 그래서 펄펄 뛸 수 있습니다.

69

'난 하나님 한 분으로 족하다'라는 말이 나오게 됩니다.

모세가 하나님 앞에 올라가니 여호와께서 산에서 그를 불러 말씀하시되 너는 이같이 야곱의 집에 말하고 이스라엘 자손들에게 말하라 내가 애굽 사람에게 어떻게 행하였음과 내가 어떻게 독수리 날개로 너희를 업어 내게로 인도하였음을 너희가 보았느니라 세계가 다 내게 속하였나니 너희가 내 말을 잘 듣고 내 언약을 지키면 너희는 모든 민족 중에서 내 소유가 되겠고 너희가 내게 대하여 제사장 나라가 되며 거룩한 백성이 되리라 너는 이 말을 이스라엘 자손에게 전할지니라 (출 19:3-6)

'너희가 내 말을 들으면 너희는 내 백성이 되고 나는 너희 하나님이 될 것이요, 너희가 내 말을 듣지 않으면 나는 너희를 벌하겠다.' 이것은 구약에서 얼마든지 찾아볼 수 있는, 하나님이 이스라엘 백성을 향하여 하시는 발언입니다. '너희가 내 말을 듣고 내 명령을 따르면 너희는 내 백성이 되겠고 나는 너희의 하나님이 되리라.' 이 것은 복을 주는 조건으로 제시한 것이 아닙니다. 앞에서 본 대로 하나님은 아브라함에게 일방적으로 약속하시고 일방적으로 목적을 정하시고 계획을 세우시고 그것을 홀로 이루시는 분입니다. 그런데 왜 상대방에게 '너희가 이렇게 하면 너희는 내 백성이 되고 나는 너희 하나님이 되겠다'라고 이야기하십니까? 그것은 '너와 나 사이에서 내가 누구인지를 네가 알기 원한다'라는 목적이 있기 때문입니다. 그래서 조건 아닌 것이 조건인 것처럼 늘 들어오는 것입니다. 신명기 6장 21절을 보겠습니다.

너는 네 아들에게 이르기를 우리가 옛적에 애굽에서 바로의 종이 되었더니 여호와께서 권능의 손으로 우리를 애굽에서 인도하여 내셨나니 곧 여호와께서 우리의 목전에서 크고 두려운 이적과 기사를 애굽과 바로와 그의 온 집에 베푸시고 우리 조상들에게 맹세하신 땅을 우리에게 주어 들어가게 하시려고 우리를 거기서 인도하여 내시고 여호와께서 우리에게 이 모든 규례를 지키라 명령하셨으니 이는 우리가 우리 하나님 여호와를 경외하여 항상 복을 누리게 하기 위하심이며 또 여호와께서 우리를 오늘과 같이 살게 하려 하심이라 (신 6:21-24)

모세가 계속 이스라엘 백성에게 가르치는 것, 사실은 하나님이 이스라엘 백성에게 가르치신 것은 '하나님이 누구신가'라는 문제였습니다. '하나님께 예쁘게 보이면 복 받고 하나님께 밉게 보이면 벌 받는다. 하나님께 순종하면 복 받고 하나님을 배반하면 벌 받는다' 하는 점에 주요한 뜻이 있지 않습니다. 이 생사화복을 쥐고 계신 하나님이 그들을 찾아와서 '너희를 내 백성으로 삼으려고 한다. 믿음의 관계를 맺으려고 한다'에 초점이 있습니다.

　그러니까 하나님이 너희를 애굽에서 인도하여 여기까지 왔다고 하시는 말씀이나 하나님이 너희를 택한 것은 너희가 민족들 중에서 우수해서가 아니다, 하나님이 너희를 사랑하셨고 하나님이 너희 열조와 약속하셨기 때문이라는 신명기 7장의 본문 말씀이 다 무슨 뜻이겠습니까? 그것은 너희가 지금 받는 복과 여기까지 온 모든 것이 하나님의 신실하심과 능력에 기인한 것이라는 의미입니다. 하나님이 왜 이 이야기를 자꾸 하십니까? 그것은 하나님이 누구인가를 알라는 뜻입니다. 하나님이 얼마나 믿을만한 분인가, 하나님이 어떻게 은혜와 긍휼과 자비의 하나님이 되시는가, 우리의 못난 것을 극복하고 다 덮으시고 찾아오시는 하나님의 성실하심과 그 일에 책임지심을 보라는 것입니다.

조건이나 방법이 아닌 내용

우리는 '믿음' 하면 무슨 수단으로 생각합니다. 믿음이 무슨 버튼이어서 누르면 뭐가 나오는 것으로 생각합니다. 여기엔 하나님이 없습니다. 그래서 신앙이 엉망이 됩니다. 응답되면 할렐루야, 안되면 난리 칩니다. 그러나 하나님은 우리가 이해하지 못하고 발언하는 망언까지도 감수하고 찾아오십니다. 우리는 그 변함없는 손길을 바라봐야 합니다. 우리가 자녀를 키워봐서 잘 알지 않습니까. 자녀한테 '마귀할멈' 소리 한 번 안 들으면 엄마가 아닙니다. 자녀들이 바라는 대로만 키울 수 없습니다. 죽지 않을 만큼 매를 들어야 합니다. 자녀가 '계모인가 봐!' 하는 의구심까지 들 정도로 대해야 합니다. 그것을 포기하면 아이를 버리게 됩니다.

그것을 포기한다면 마치 의사가 치료할 때 환자가 아프다고 난리 치는 것을 듣지 않는 것과 같습니다. 화상 치료할 때 특히 그렇습니다. 화상을 입으면 피부가 쪼그라드는데 다친 부위를 전부 벗겨내서 피를 내야 됩니다. 피가 나야만 제대로 새 살이 나옵니다. 마취도 안하고 가죽을 벗겨내는데 얼마나 아프겠습니까. 환자는 사람 잡는다고 악을 쓰면서 막 욕합니다. 자기 고쳐주는 줄은 모릅니다. 그래서 의사가 '그럼 맘대로 해' 하고 내버려둔다면 환자는 화상 입은 쪼그라든 피부로 평생 그렇게 살아야 합니다. 그러면 나중에 후회할 것입니다. 참된 의사라면 환자의 비난을 아랑곳하지 말고 치료를 해야 합니다.

하나님도 우리에게 그렇게 하십니다. 그래서 우리가 하나님 앞에 항복하는 것입니다. '하나님은 과연 우리의 찬송과 경배와 감사와 항복을 받으시기에 합당하시나이다.' 이렇게 되는 것입니다. 이것이 믿음이고 믿음의 내용입니다. 높으시고 전능하신 하나님이 자비와 은혜와 긍휼과 사랑과 복 주심으로 나를 대접하시고 내게 간섭하시고 나를 놓지 아니하십니다. '그의 높으심과 그의 능력과 그의 안목의 수준까지 나를 높이 올리시려고 이렇게 하셨구나.' 이러한 항복이 터져 나오게 됩니다.

이스라엘아 네 하나님 여호와께서 네게 요구하시는 것이 무엇이냐 곧 네 하나님 여호와를 경외하여 그의 모든 도를 행하고 그를 사랑하며 마음을 다하고 뜻을 다하여 네 하나님 여호와를 섬기고 내가 오늘 네 행복을 위하여 네게 명하는 여호와의 명령과 규례를 지킬 것이 아니냐 하늘과 모든 하늘의 하늘과 땅과 그 위의 만물은 본래 네 하나님 여호와께 속한 것이로되 여호와께서 오직 네 조상들을 기뻐하시고 그들을 사랑하사 그들의 후손인 너희를 만민 중에서 택하셨음이 오늘과 같으니라 그러므로 너희는 마음에 할례를 행하고 다시는 목을 곧게 하지 말라 (신 10:12-16)

하나님이 우리에게 요구하는 것은 사랑입니다. '마음을 다하고 뜻을 다하여 하나님을 사랑하라'고 하십니다. 하나님은 사랑의 대상이 되기를 원하십니다. 하나님이 우리보고 노예가 되거나 군사가 되라고 하시지 않습니다. 하나님을 위하여 무슨 일을 하라고 하시지 않습니다. 하나님을 사랑하라고 하십니다. 하나님을 사랑하는 데에서부터 전도나 봉사도 나오는 것이지, 하나님은 우리를 어떤 기능으로 부르시지 않습니다. 인격으로 부르십니다. 우리의 항복을 원하십니다.

14절을 다시 보겠습니다. "하늘과 모든 하늘의 하늘과 땅과 그 위의 만물은 본래 네 하나님 여호와께 속한 것이로되." 하나님이 인간을 지으셨지만 우리를 사랑하시고 우리에게 사랑으로 보답하라고 요구하십니다. 이것이 믿음입니다. 믿음은 조건이나 방법이 아닌 내용입니다. '믿음이 없이는 기쁘시게 못한다'는 것은 그렇게 간단한 이야기가 아닙니다. 믿음이 없다는 것은 하나님을 알지 못하는 것이요, 하나님을 사랑하지 않는 것입니다. 믿음이 좋다는 것은 하나님을 아는 것입니다. 하나님이 우리를 어떻게 대접하며 하나님이 우리에게 어떻게 대접받기를 원하시는가를 아는 것입니다.

그래서 구원의 확신도 바로 이 하나님의 하나님 되심에 근거하고 있습니다. 로마서 8장 31절 이하를 보겠습니다.

그런즉 이 일에 대하여 우리가 무슨 말 하리요 만일 하나님이 우리를 위하시면 누가 우리를 대적하리요 자기 아들을 아끼지 아니하시고 우리 모든 사람을 위하여 내주신 이가 어찌 그 아들과 함께 모든 것을 우리에게 주시지 아니하겠느냐 누가 능히 하나님께서 택하신 자들을 고발하리요 의롭다 하신 이는 하나님이시니 누가 정죄하리요 죽으실 뿐 아니라 다시 살아나신 이는 그리스도 예수시니 그는 하나님 우편에 계신 자요 우리를 위하여 간구하시는 자시니라 (롬 8:31-34)

우리의 구원을 확신하는 문제에 있어서도 하나님의 신실하심이 등장합니다. 이를테면 내가 받은 구원이 영원하다는 것, 그 운명이 바뀌지 않는다는 것을 무엇으로 확인할 수 있습니까? 이 구원을 주신 하나님이 변덕을 부리지 않는 신실하신 하나님이시요 그가 목표하고 행하실 일을 결코 실패하지 아니할 능력의 하나님이라는 사실에서 확인이 가능합니다. "그런즉 이 일에 대하여 우리가 무슨 말 하리요 만일 하나님이 우리를 위하시면 누가 우리를 대적하리요."

하나님이 우리 편이면 누가 우리를 하나님의 손에서 빼앗을 수 있 단 말입니까! 이것이 우리가 갖는 구원의 확신입니다.

자기의 경험과 본인의 확신을 근거로 해서 구원을 확신하려고 하는 것은 좋은 방법이 아닙니다. 왜냐하면 우리는 어떤 날에는 신 앙으로 기고만장했다가 어떤 날에는 완전히 절망하기 때문입니다. '내가 정말 신자가 맞나?' 그런 생각이 들 만큼, 우리는 오락가락합 니다. 그렇게 신앙의 파고가 큰 편입니다. 우리가 우리의 구원을 확 신하는 것은 언제나 하나님의 신실하심과 영원하심과 그의 신실하 신 의지를 볼 때입니다.

우리는 하나님의 창조물이지만 하나님은 우리를 조종하지 않습 니다. 하나님은 우리에게 찾아오시며 말씀하시고 우리 때문에 슬 퍼하시며 또 기뻐하십니다. 우리에게 세우신 목적, 목표를 이루기 위하여 하나님은 애쓰시며 책임지시며 능력을 동원하고 계십니다. 그렇게 해서 우리에게 하나님은 어떤 분이며, 나에게 믿음을 요구 하는 하나님은 누구이신가, 그 믿음을 요구한다는 것이 무엇인가 를 확인시키는 것입니다. '이 하나님은 믿을만한 분이다. 이 하나님 을 나는 사랑하리라.' 이러한 믿음과 사랑의 근거가 되는 하나님이 어떤 분인가를 설명하고 있습니다.

그래서 믿음은 방법이 아니며 수단이 아니며 조건이 아닙니다. 신자에게 믿음은 내용입니다. 믿음은 하나님을 아는 것이요 하나 님을 사랑하는 것입니다. 믿음을 사랑과 앎에서 분리해서 사용하 면 믿음을 리모컨처럼 쓰고 있는 것입니다. 그것을 믿음이랍시고 앞세워 하나님 앞에서 떼를 쓴다면 믿음을 물건처럼 취급하는 것이 되고 맙니다. 그렇게 하면 하나님을 만날 틈은 없고 언제나 이해타산에 빠지기 급급합니다. 그런 것은 기독교 신앙이 아닙니다. 하나님은 당신을 우리에게 설명하시며 나타내 보이시며 진심과 열심을 가지고 찾아오시며 우리가 마음으로 항복하기를 원하십니다. 각자의 믿음을 이런 내용과 원리 하에서 정리하기 바랍니다.

_____ **기도**

하나님 아버지, 은혜를 감사합니다. 하나님이 우리에게 믿음과 사랑을 원하십니다. 하나님은 우리를 사랑하시기 때문입니다. 우리의 진심과 모든 것을 동원하여 하나님을 사랑하기로 합니다. 하나님을 더 많이 알게 하시고, 하나님께 항복하는 일을 방해하는 이 세상과 죄에서 우리를 구원하옵소서. 눈앞에 있는 이해타산 때문에 우리 하나님을 배반하는 일이 없게 하시고, 혹 유혹과 시험이 있거든 떨쳐 일어나게 하시고 극복하게 하옵소서. 하나님이 우리에게 행하신 모든 자비와 긍휼과 복 주심과 기다려주심에 대하여 하나님이 기뻐하실 믿음의 반응과 책임을 지는 자리까지 가게 하옵소서. 하나님, 우리가 이런 자리에 이르기까지 우리를 놓아두지 마시옵소서. 예수님의 이름으로 기도합니다. 아멘.

요점과 확인

1. 믿음은 하나님의 신실한 인격을 아는 것이다. 성경은 하나님의 신실하심과 하나님이 믿을 만한 분임을 훨씬 강조하고 있지, 그가 얼마나 큰 능력을 가지고 계시는가는 그 뒤에 감춰져 있다.

2. 하나님은 믿음의 관계를 맺고자 하신다. 우리는 하나님의 약속에 대하여 그 약속의 성취 곧 결과를 중시하기 쉽다. 그렇게 되면 믿음은 이해타산의 문제로 떨어지게 된다. 그러나 하나님은 우리와의 믿음의 관계를 더 중시 여기신다.

3. 믿음은 조건이나 수단이 아닌 내용이다. 그것은 하나님을 아는 것이요 하나님을 사랑하는 것이기 때문이다.

4. 우리의 믿음이 주술이 되었다는 말은 무슨 뜻인가?

5

구원의 내용

… 여호와의 말씀이 그에게 임하여 이르시되 그 사람이 네 상속자
가 아니라 네 몸에서 날 자가 네 상속자가 되리라 하시고 그를 이
끌고 밖으로 나가 이르시되 하늘을 우러러 뭇별을 셀 수 있나 보
라 또 그에게 이르시되 네 자손이 이와 같으리라 아브람이 여호와
를 믿으니 여호와께서 이를 그의 의로 여기시고 … **(창 15:1–7)**

우리는 믿음의 본질을 생각하고 있습니다. 믿음의 가장 중요한 본질은 '인격성'이라고 말씀드렸습니다. 우리는 대개 믿음을 방법이나 수단이나 또는 조건으로 알고 있지만 믿음은 그 자체가 내용이고 목적이고 본질입니다. 사실 성경을 살펴보면 믿음이 조건이나 수단이 되어 그 다음의 것을 얻어내는 쪽으로는 많이 사용되지 않고 있습니다.

본문도 그중 하나입니다. 이 본문은 믿음의 조상 아브라함이 의롭다함을 얻는 장면을 기록하고 있습니다. 아브라함이 여호와를 믿으니 여호와께서 이를 그의 의로 여기셨습니다. 그런데 표현이 아주 재미있습니다. 아브라함이 하나님을 믿어서 의를 얻은 것이 아니라 그 믿음을 의로 여기셨다고 기록하기 때문입니다. 믿음이 조건이 되어 의라는 결과를 얻은 것이 아니라 그 믿음을 내용으로 삼아 합격점을 줬다는 뜻입니다. 우리는 믿음 때문에, 믿음이 도약대가 되어서, 그 다음의 것을 얻거나 어느 목적지에 도달하거나 어떤 소원을 얻는다고 자꾸 생각합니다. 그러나 이 믿음 자체가 합격의 내용이라는 것입니다.

구원의 원인이 우리에게 없다

그렇지만 우리는 왜 그것을 의롭다고 표현하는지 생각해 볼 필요가 있습니다. 의에 관하여 말하고 있는 대표적인 성경 말씀을 봅시다.

이제는 율법 외에 하나님의 한 의가 나타났으니 율법과 선지자들에게 증거를 받은 것이라 곧 예수 그리스도를 믿음으로 말미암아 모든 믿는 자에게 미치는 하나님의 의니 차별이 없느니라 모든 사람이 죄를 범하였으매 하나님의 영광에 이르지 못하더니 그리스도 예수 안에 있는 속량으로 말미암아 하나님의 은혜로 값 없이 의롭다 하심을 얻은 자 되었느니라 이 예수를 하나님이 그의 피로써 믿음으로 말미암는 화목제물로 세우셨으니 이는 하나님께서 길이 참으시는 중에 전에 지은 죄를 간과하심으로 자기의 의로우심을 나타내려 하심이니 곧 이 때에 자기의 의로우심을 나타내사 자기도 의로우시며 또한 예수 믿는 자를 의롭다 하려 하심이라 (롬 3:21-26)

이 구절에서 구원을 논하는데 '구원을 받았다, 생명을 얻었다'라는 표현을 쓰지 않고 '의롭게 되었다'라는 표현을 씁니다. 그리고 이 '의롭게 되었다'라는 말은 하나님의 의가 나타났다는 표현과 함께 나옵니다. 하나님의 의가 나타났다는 말은 하나님의 의가 우리의 것이 되었다는 말입니다. 그래서 로마서 1장에서는 이런 정의부터 내립니다. "복음에는 하나님의 의가 나타나서 믿음으로 믿음에 이르게 하나니 기록된 바 오직 의인은 믿음으로 말미암아 살리라 함과 같으니라"(롬 1:17).

여러 번 말씀을 드렸지만 '예수를 믿으면 구원을 얻는다'라는 표현에는 믿음이 조건으로 등장하지 않습니다. 구원에 관하여 믿음을 등장시킬 때는 그 믿음은 조건이나 방법이 아니라 은혜라는 것입니다. 믿음은 행위와 반대되고, 믿음은 대가와 반대되며, 믿음은 자랑할 수 없는 것입니다. 여기서 행위는 행동거지를 이야기하는 것이 아니라 원인과 결과라는 법칙을 이야기하는 것입니다. 믿음이 행위가 아니라고 할 때는 원인과 결과의 법칙이 아님을 말합니다.

구원에서 믿음을 논할 때는, 특히 로마서 3, 4장이 그렇습니다만 전부 이 이야기입니다. '너희가 얻은 구원은 은혜라. 믿음으로 얻은 것이라'는 말씀입니다. 이때 말하는 믿음은 행위가 아닙니다. 행위란, 자기의 결과에 대하여 자기에게 조건이나 원인을 갖고 있는 경우를 말합니다. 자기에게 원인이 있어서 결과를 본 것이라면 자랑이 가능합니다. 그러나 은혜를 입은 자는 자랑할 수 없습니다. 그 결과의 원인이 자기에게 없기 때문입니다. 원인 없이 결과를 얻은 것을 우리는 보통 '은혜다, 선물이다'라고 말합니다. 구원에서는 그것을 믿음이라고 합니다. 은혜라고 해도 충분한데 믿음이라는 말을 동원합니다.

구원의 인격적 관계를 드러내는 표현

예수를 믿으면 구원을 얻는다고 하는 말에서 가장 중요한 단어는 예수입니다. 예수가 조건이 되어 우리가 구원을 얻은 것이고 예수로 말미암아 우리에게 구원이 허락된 것입니다. 내가 예수를 선택하거나 또는 영접하는 것이 조건이나 원인이 되어 구원을 받았다고 하는 설명은 성경에 없습니다. 구원에 관한 설명 중에 제일 잘된 표현을 보겠습니다.

너희는 그 은혜에 의하여 믿음으로 말미암아 구원을 받았으니 이것은 너희에게서 난 것이 아니요 하나님의 선물이라 행위에서 난 것이 아니니 이는 누구든지 자랑하지 못하게 함이라 (엡 2:8-9)

우리는 이 말씀에 대해 정확히 이해해야 합니다. 우리의 구원이 우리에게서 난 것이 아니라는 것, 우리에게 원인이 없다는 것, 즉 구원은 선물이고 은혜라는 것입니다. 그런데 이 구원이 왜 믿음이라는 것으로 오느냐 하는 문제입니다. 다시 로마서 3장 22절을 보겠습니다. "곧 예수 그리스도를 믿음으로 말미암아 모든 믿는 자에게 미치는 하나님의 의니 차별이 없느니라." 여기서도 이렇게 믿음이 자꾸 등장하는 이유는 이미 말씀드린 대로 '우리에게 원인이 없다, 우리에게 조건이 없었다, 선물이지 행위가 아니다'라는 것을 말하기 위함입니다. 그렇지만 훨씬 더 큰 이유로 믿음이라는 단어를 쓰고 있습니다. 우선 이것을 풀기 위해서 구원을 의라고 설명한 것을 쫓아가기로 하겠습니다.

'의롭다'라는 말은 법정 용어입니다. 법적 차원에서 옳다, 괜찮다, 무죄라고 선고를 받는 표현입니다. 그러니까 우리가 예수 그리스도로 말미암아 하나님 앞에서 죄인이었던 사실에서 벗어나 무죄한 자리에 왔다는 것입니다. 이것이 구원입니다. 죄 없다 함을 받는 것입니다. 의롭다, 옳다 함을 받은 것입니다. 분명히 '의롭다'라는 말에는 하나님과의 정상적인 관계, 합당한 법적 지위 또는 도덕적 지위에서 합격점이라는 그런 시각의 표현이 들어 있습니다. 그래서 우리 예수 믿는 사람들이 윤리적, 도덕적 차원에서 성결한 생활을 해야 함은 기본입니다. 하나님과 정상적인 관계를 가지려면 그것은 기본적인 조건이기 때문입니다.

우리는 예수를 믿음으로 말미암아 의롭다 함을 얻는 자리에 왔습니다. 이 의롭다 함을 얻었다는 것은 '구원을 얻었다, 생명을 얻었다, 영생을 얻었다'고 하는 것과 더불어 '하나님과 화목하게 되었다'와도 연결됩니다. 이렇게 구원을 얻음으로써 우리가 하나님께 열납되는 자리에 온 것입니다. 죄가 하나님과의 단절을 가져왔기 때문입니다. 죄를 지어서 사망한다는 것은 하나님께 외면을 받는 것이요, 하나님과 끊어져 있다는 것입니다. 그것이 사망이며 죗값입니다. 그래서 구원은 죄와 사망에서 구원함을 받아 하나님의 자녀로 다시 영접을 받고 정상적인 관계에 들어가는 것을 말합니다. 다음의 로마서 구절이 그것을 잘 보여줍니다.

그러면 이제 우리가 그의 피로 말미암아 의롭다 하심을 받았으니 더욱 그로 말미암아 진노하심에서 구원을 받을 것이니 곧 우리가 원수 되었을 때에 그의 아들의 죽으심으로 말미암아 하나님과 화목하게 되었은즉 화목하게 된 자로서는 더욱 그의 살아나심으로 말미암아 구원을 받을 것이니라 그뿐 아니라 이제 우리로 화목하게 하

신 우리 주 예수 그리스도로 말미암아 하나님 안에서 또한 즐거워 하느니라 (롬 5:9-11)

여기서 '그 피로 말미암아 의롭다 하심을 받았다'라는 9절의 표현을 10절에 와서는 '하나님과 화목하게 되었다'라는 표현으로 바꾸어 썼습니다. 구원을 의로 설명할 때는 죄라는 기준에서 보는 까닭에 하나님 앞에서 법적 지위로서 무죄함의 자리에 들어가야 하고, 하나님과 함께 사는 운명이라 할 때는 영생이라 하고, 죄와 사망에서 해방되어 하나님께 돌아왔다고 할 때는 구원이라고 합니다. 그리고 하나님과 함께 살게 되었다고 할 때는 하나님과 화목하게 되었다고 하는 것입니다.

이렇게 '하나님과 함께'라는 개념이 모든 곳에 공통분모로 있어서 영생이나 옳음이라는 말이 쓰입니다. 말하자면 구원에 관하여 믿음을 등장시키는 이유는 이 구원이 도덕적 또는 법정적인 어떤 개념에 기준한 것보다 하나님과의 관계라는 인격적 관계를 드러내기 위함입니다. 성경은 그 기준이 훨씬 중요한 요소라고 가르치고 싶었기 때문입니다. 그래서 로마서 3장에서 믿음이 행위가 아니라는 것을 설명하는 데는 사실 은혜나 선물이라는 단어가 더 적당했을 것 같은데도 훨씬 오해를 살만한 '믿음'이라는 말을 쓰고 있습니다.

예수 그리스도를 믿음으로 말미암아 하나님께서 우리에게 하나님의 의를 나타냈다라고 한 표현은 실제적으로 어떤 뜻입니까? 하나님 앞에 범죄한 우리를 하나님이 불쌍히 여기사 우리에게 죗값을 묻지 아니하시고, 그 아들을 우리 대신 십자가에 못 박아 우리에게 구원을 베푸셨다는 뜻입니다.

그런데 이것이 왜 하나님의 의라는 것입니까? 하나님께서 범죄한 자에게 그 잘못한 것에 대한 죗값을 묻지 않고 용서하고 불쌍히 여긴다고 하는 것은 다 인격 사이에만 통하는 내용이기 때문입니다. 기계를 불쌍히 여기거나 용서하지는 않습니다. 이것은 인격과 인격 사이에서 일어나는 것이라서 예수를 믿음으로 말미암는 구원을 베푸셨다고 표현한 것입니다. 다시 말해 '믿음'이라는 단어를 등장시킨 이유는 그것이 방법이거나 조건이 되어서가 아니라 이미 하나님이 우리를 구원하려 하시되 우리를 인격의 대상으로 여기시고 우리에게 신뢰와 사랑을 갖고 찾아오셨기 때문입니다. 이 구원에 조건이나 책임으로 우리의 믿음을 요구한 것은 아니지만 성격상 성경은 믿음이란 단어를 쓸 수밖에 없었습니다.

하나님의 의

복음에 하나님의 의가 나타났습니다. 하나님의 의는 법적 시각에서 옳음이 아니라 인격적 시각에서의 옳음입니다. 제가 늘 하는 표현대로 로마서 1장 17절에 복음에 관한 성경의 정의가 나옵니다.

복음에는 하나님의 의가 나타나서 믿음으로 믿음에 이르게 하나니 기록된 바 오직 의인은 믿음으로 말미암아 살리라 함과 같으니라 (롬 1:17)

얼마나 감동적이고 놀라운 구절입니까! 복음에는 하나님의 의가 나타났습니다. 하나님이 우리를 용서하신다는 것, 하나님다우심이 나타났다는 것입니다. 하나님이 어떤 분이냐고 할 때는 하나님이 얼마나 높으시고 얼마나 거룩하신가 하는 내용을 담습니다. 여기서 거룩하다는 것은 윤리와 도덕적 차원에서 모자라기만 한 우리 인간과 너무나 차원이 다르고 높은가 하는 것만을 뜻하지 않습니다. 인격적으로 얼마나 깊으시고 얼마나 굉장하신가 하는 차원에서 그것을 구별하고자 할 때 '거룩하다'라고 말합니다.

그 거룩하심이 가장 잘 드러난 곳이 바로 여기입니다. 우리가 하나님 앞에 죄를 범했습니다. 하나님은 그의 형상대로 우리를 만들고 우리에게 모든 것을 주셨는데 우리가 그 앞에서 배신했습니다. 그런데 우리를 구원하기 위하여 그 아들을 십자가에 못 박으신 것 아닙니까. 여기에 '과연, 하나님이시다', '하나님은 이런 분이시구나'라는 것이 나타나 있습니다.

얼마 전에 제가 타고 가던 버스에 곱게 단장한 부인이 탔습니다. 참으로 보기 좋아서 다시 한 번 쳐다보게 하는 옷차림새였습니다. 그런데 차가 한쪽으로 쏠리는 바람에 그 부인이 옆에 허름한 차림을 한 사람과 부딪혔습니다. 그러자 이 부인이 그만 우리의 기대를

87

다 깨고 글로 쓰지 못할 말을 했습니다. 상대방도 옷차림새로 봐서는 도저히 싸울 수 있는 대등한 지위가 아닐 것 같은데 그 부인이 있는 대로 함포 사격을 해서 버스에 탄 모든 사람들이 듣기에 민망할 정도였습니다.

왜 이렇게 됐습니까? 본인이 자기 값을 떨어뜨렸기 때문입니다. 차려입은 것만으로 그 사람의 실력이 나오지 않습니다. 자신이 하는 말과 행동 속에서 수준이 나오는 것입니다. 사람들은 힘 있는 자에게 항복하지 않습니다. 인격적인 크기 앞에서만 항복하는 법입니다. 그 인격의 크기라는 것은 인격을 대접하는 데서 나타납니다. 상대방을 감싸고 깊고 넓고 두텁고 자상하게 편 들어주는 데서 말입니다.

예수 그리스도로 말미암아 우리에게 베푸신 구원에 나타난 하나님의 의는 죄에서 우리를 꺼내어 법정적 용어로써 '옳다, 무죄하다'라고 하는 정도에 그치는 것이 아닙니다. 믿음은 구원을 얻는 조건이나 수단이 아닙니다. 그런데 믿음으로 말미암는 의와 예수 그리스도를 믿음으로 말미암는 구원을 말씀하고 있습니다. 그것은 하나님이 우리를 인격적 대상으로 여기사 이 구원을 베푸셨으므로 은혜니 선물이니 하는 것보다 더 인격적 표현인 믿음이라는 단어를 쓴 것입니다. 거기에 바로 하나님이 어떤 분인가 하는 것이 드러나서 우리의 온 영혼이 거기에 항복한 것이 아닙니까.

창세기 15장에서 '아브람이 여호와를 믿으니 여호와께서 이를 그의 의로 여기셨다'라고 한 표현에서 '옳다'라는 것의 가장 중요한 핵심은 법적이거나 도덕적이기보다는 오히려 인격적인 것입니다. 아브라함이 하나님을 믿은 그 믿음이란 '너 됐다'라고 하는 합격의 가장 중요한 기준이 된 것입니다. 이를 그의 의로 여겨주신 것입니다.

그런데 우리는 신앙에 있어서 인격성으로 나아가지 못합니다. 하나님과의 관계로 발전시켜 나가지 못합니다. 개인적으로도 인격적이지 않고 하나님과의 관계도 자꾸 놓칩니다. 그것은 우리의 신앙이 사건적이고 개념적이고 원칙적이기 때문에 그렇습니다. 보통은 신앙이 전부 '일'에 있습니다. 기도원에 가서 기도하고 내려왔는데 사람이 더 사나워졌습니다. 성경은 많이 읽었는데 눈빛이 부드럽지 않습니다. 종교적인 행사는 많이 하는데 하나님과 동행하고 있지는 않습니다. 그의 인격이 하나님과 결부되어 있지 않습니다. 그 영향을 받지 않습니다. '하늘에 계신 너희 아버지의 온전하심과 같이 너희도 온전하라'(마 5:48)고 하신 말씀대로 아버지를 본받는 형태의 변화가 없습니다. 예수를 믿는다는 것은 훨씬 더 본질적인, 존재의 본질에 관한 문제입니다.

창세기 15장의 이 장면을 놓고 아브라함이 이때 하나님 앞에서 구원을 받았다든가 인정을 받았다고 이야기할 수는 없습니다. 히브리서 11장에 의하면 믿음의 조상 아브라함은 하나님 앞에 부름을 받았을 때 본토 고향 친척 아버지 집을 떠나왔다고 되어 있습니다. 그런데 왜 창세기에서는 12장 혹은 11장 말미에서 아브라함이 의롭다 함을 받지 않고 15장에 와서 의롭다 함을 받았다고 기록하고 있습니까? 하나님의 백성으로서, 하나님 앞에 신앙인으로서 인정을 받는 성경적인 기준은 하나님에 대한 이해와 신뢰라는 것입니다. 이것은 굉장히 중요합니다. 그것은 종교적 원칙이나 종교적 행사에 관한 것이 아니라 하나님에 대한 이해입니다. 그래서 하나님을 닮고 하나님에게 묶이는 것입니다. 하나님의 뜻에 동화가 되며 하나님의 성품을 닮는 그런 것들입니다.

창세기 17장에 가면 아브라함이 또 한 번 난리를 칩니다. 그가 이미 하나님 앞에서 합격 도장을 받았음에도 불구하고 하갈을 통해 이스마엘을 낳아 하나님 앞에 꾸중을 듣고 이름도 아브라함으로 바뀌게 됩니다. 이것은 두 인격 간의 관계가 일방적인 것이 아니라 상호 협력하고 반응해야 되는 것을 말합니다. 제가 보기에는 창세기 12장에서는 하나님이 일방적으로 아브라함을 꺼내신 것 같습니다. 그래서 거기에서는 아브라함의 믿음을 논할 수가 없습니다.

히브리서 11장 8절에서 '믿음으로 아브라함은 부르심을 받았을 때에 순종하여 … 갈 바를 알지 못하고 나아갔'다고 되어 있습니다. 여기서 '믿음으로 아브라함이 부르심을 받았'다는 표현은 수동의 뜻인데 영어로도 수동태입니다. 물론 헬라어도 수동태입니다. 그리고 '믿음으로'라는 표현이 맨 앞에 놓여 강조되어 나타납니다. 그래서 그 '믿음으로'라는 표현을 꼭 아브라함에게 갖다 붙일 수가 없습니다.

아브라함의 전체 이야기에 비추어 보면 그때 아브라함은 믿음이 없었던 것으로 보입니다. 그래서 하나님이 아브라함을 '믿음으로' 꺼냈다는 것입니다. 아브라함은 하나님이 누구인지도 전혀 모른 채 끌려 나왔다고 해야 맞습니다. 그런데 우리는 믿음을 자꾸 조건과 수단으로 보는 까닭에 '내가 하나님을 믿으니까 하나님이 나를 불러냈다'라고 우기게 됩니다. 믿음이란 이해관계의 법칙이 아닙니다.

이상에서 살펴 본 대로 '예수를 믿음으로 의롭다 함을 얻는 자 되었느니라'고 한 표현에서 믿음은 우리에게 요구하는 책임이 아닙니다. 로마서 3장에서 본 바와 같이 조건과 원인이 아니었습니다. 하나님이 우리에게 구원을 베푸시는 하나님의 은혜와 선물의 방법이었습니다. 하나님이 우리에게 은혜를 베풀고 긍휼을 베푼다는 것은 이미 하나님이 인격자로 계시면서 우리를 인격자로 대접하신다는 뜻입니다. 그리하여 용서와 은혜와 선물이 가능하게 됩니다. 아브라함을 꺼낼 때도, 아브라함이 믿음을 가졌다기보다는 하나님이 믿음이라는 조건으로 끌어낸 것입니다. 이해관계의 조건으로는 못 꺼냅니다. 이해관계의 조건이라면 일을 시키고 그 시킨 것만큼 보상을 해줘야 하지 않겠습니까.

그래서 창세기 12장에 기록된 대로 아브라함이 본토 친척 아버지 집을 떠나오는 사건을 말할 때는 '의롭다'는 표현이 없습니다. 그러나 창세기 15장에 와서 '아브라함이 하나님을 믿으매 그때서야 비로소 이를 그의 의로 여기셨다'고 하는 이야기가 나오게 됩니다. 그렇게 의로 여김을 받은 후에도 다시 17장 사건이 있는 것입니다. 이처럼 믿음의 관계라는 것은 그렇게 한 번으로 끝나는 것이 아닙니다. 더 깊어지고 더 쌓아가야 하는 것입니다. 하나님께서 아브라함의 생애 전체에 걸쳐서 간섭하시고 그를 인도하시고 개입하사 아브라함의 믿음을 키우십니다. 그리하여 창세기 22장에 백 세에 난 아들을 바치는 자리에까지 이르게 되는 것입니다.

믿음 자체는 신자 된 자가 갖는 신앙 내용의 가장 중요한 본질을 설명하는 것입니다. 믿음이란 우리의 전 영혼이 인격을 동원한 하나님과의 교제요 결합이요 순종이요 사랑이요 열심입니다. 이것을 믿음이라고 합니다. 믿음이 좋다는 것은 이 하나님을 모시고 있는 내용에 대하여 그가 얼마만큼 아느냐의 싸움일 것입니다. 그래서 하박국 2장 4절에 있는 대로 '의인은 믿음으로 산다'라는 표현이 등장합니다.

하박국 선지자가 무엇 때문에 불만을 가졌습니까? 왜 세상은 불의한 자들이, 행악한 자들이 주도권을 잡고 의인들을 괴롭히는가? 하나님은 의로우신 분인데 의로운 자가 어려움을 당할 때 왜 그냥 놔두시는가? 이런 의문점이 그에게 있었습니다. 하나님의 답은 의인은 믿음으로 산다는 것입니다. 이 말씀에 대하여 '외양간에 소가 없어도 무화과나무에 결실이 없어도 포도나무에 열매가 없어도 하나님 한 분이면 된다'라고 고백하게 됩니다. 그런데 우리는 자꾸 '내가 이런 좋은 믿음을 제시하겠으니 하나님 아닌 다른 것, 돈과 건강을 주십시오.'라고 구합니다. 그런 하나님이라면 무엇을 주는 분에 불과하지, 하나님 자신이 우리의 목적이요 대상이요 기쁨은 되지 못합니다.

이 말씀을 곰곰이 생각하신다면 신자 된 보상을 이미 갖고 있는데 놓치고 살았다는 생각이 들어야 마땅합니다. 하나님께서 우리에게 얼마나 많은 것, 모든 것을 주셨는가를 보십시오. 하나님의 자녀라는 이름을 주시고, 내가 있는 곳에 하나님이 함께하시고, 우리의 존재와 삶과 발언과 행동의 모든 것이 하나님의 자녀라는 이름으로 지켜집니다. 눈동자같이 보호하시며 머리카락까지 다 세신바 되시며 어느 누구도 우리를 건드릴 수 없습니다. 우리를 위하여 그 아들을 아끼지 아니하신 하나님의 사랑과 열심과 능력이 모두 여러분의 것입니다. 하나님은 여러분에게 그렇게 해 주셨습니다. 우리는 마땅히 하나님을 구실이나 조건으로 삼으려 하지 말아야 합니다. 하나님을 신앙이라는 이름으로 얽어매서 하나님 이외의 것을 얻어내는 데 써먹으려 하지 말아야 합니다. 하나님을 사랑하며 하나님을 기뻐하며 하나님께 감사해야 합니다.

이런 내용을 잘 담고 있는 것이 있습니다. 우리 장로교 신앙의 내용을 문답 형식으로 담고 있는 웨스트민스터 소요리문답 제1문입니다. 즉 '사람의 제일 되는 목적이 무엇이뇨? 하나님을 즐거워하고 영원토록 그를 기뻐하는 것입니다.' 모두에게 신자 된 기쁨이 넘치기를 바랍니다.

93

하나님 아버지, 은혜를 감사합니다. 하나님께서 우리를 사랑하시며 우리에게 능력보다 더 큰 것, 어떤 복보다도 더 큰 것, 하나님 자신을 주셨습니다. 하나님은 우리에게 진심과 열심과 능력과 의지와 인내와 사랑과 가장 큰 복을 가지고 찾아오셨고 또 지금도 우리 마음을 두드리십니다. 우리의 어두운 눈을 이제 말씀으로 씻고 바로 서서 주의 음성을 듣고 마음을 열며, 이제 우리도 하나님만 사랑하며 하나님만 순종하며 하나님만 기뻐하며 또 하나님을 닮아서, 우리가 존재하고 우리가 행하고 우리가 살아가는 모든 곳에 하나님과 동행하는 기쁨과 승리를 누리게 하시며, 살아갈수록 주를 닮게 하여 주시옵소서. 예수님의 이름으로 기도합니다. 아멘.

요점과 확인

1. 믿음은 우리에게 구원을 베푸시는 하나님의 방법이다. 우리는 예수를 믿음으로 구원을 얻는다. 그러나 이 믿음은 우리에게서 나온 방법이나 조건이 아니다. 그것은 구원의 원인이 우리에게 없기 때문이다.

2. 믿음이란 인격적 관계를 잘 드러내주는 표현이다. 예수를 믿음으로 구원을 얻었다는 것에 대하여 은혜나 선물이라는 표현 대신에 믿음이라는 말을 사용한다. 이 믿음이라는 말은 하나님과 우리의 관계가 기계적 관계가 아닌 인격적 관계임을 드러내는 것이다.

3. 믿음은 하나님 자신을 목적으로 삼는다. 믿음은 하나님을 즐거워하고 기뻐하며 그분에게 영광을 돌리는 것이다. 믿음은 하나님 이외의 다른 것에 눈을 돌리지 않는다.

4. 믿음이 인격적으로 나타나지 아니하면 어떤 형태의 신앙생활이 주를 이루게 되는가?

6

하
나
님
의 형
상

하나님이 이르시되 우리의 형상을 따라 우리의 모양대로 우리가
사람을 만들고 그들로 바다의 물고기와 하늘의 새와 가축과 온 땅
과 땅에 기는 모든 것을 다스리게 하자 하시고 하나님이 자기 형
상 곧 하나님의 형상대로 사람을 창조하시되 남자와 여자를 창조
하시고 하나님이 그들에게 복을 주시며 하나님이 그들에게 이르
시되 생육하고 번성하여 땅에 충만하라, 땅을 정복하라, 바다의
물고기와 하늘의 새와 땅에 움직이는 모든 생물을 다스리라 하시
니라 (창 1:26-28)

믿음의 본질이란 무엇입니까? 우리는 이 문제에 대하여 계속 생각해 왔고, 믿음의 본질을 인격의 대상인 하나님에 대한 신뢰라고 살펴봤습니다. 성경에서 우리는 하나님이 말씀으로 찾아오시는 것을 많이 봤습니다. 이렇게 찾아오시는 것은 우리의 감성과 지성이라는 인격의 중요한 요소들에 발언하신다는 것이요, 그 일에 하나님이 의지를 동원하여 우리의 의지를 촉구하신다는 것입니다. 이제 우리는 인격을 지·정·의라는 요소로 나눌 것 없이 한 인격으로 우리를 대하는 하나님의 인격적인 찾아옴에 대한 예들을 성경에서 찾아보려고 합니다. 우리의 믿음이란 결국 하나님을 아는 것이며 하나님 안에 있는 것입니다.

하나님의 형상은 인격성이다

본문은 인간을 어떻게 만들었는가 하는 가장 근본적인 문제에서 믿음에 관한 본질을 엿볼 수 있습니다. 하나님은 사람을 하나님의 형상대로 만드셨습니다. 그런데 사실 하나님의 형상이 무엇인지에는 의견이 분분합니다. 그것을 영성으로 보는 학자들도 있습니다. 다른 모든 피조물들은 영성이 없습니다. 동물은 그저 본능대로 삽니다. 지성이 없지는 않지만 영성은 전혀 없습니다. 인간을 제외한 다른 생물들에게 종교가 없다는 것을 볼 때 그렇게 생각할 수 있습니다. 그리고 하나님의 형상을 다스리는 통치권으로 이해하는 학자들도 있습니다.

우리는 하나님의 형상이 무엇인지 구체적으로 모릅니다. 우리가 하나님을 닮았다는 것은 성경을 통해서 충분히 알고 그것이 영성이며 도덕성이며 인격성이며 고귀한 지위라는 것은 알 수 있습니다. 그리고 이것만이 하나님의 형상이라고 볼 수는 없지만 가장 중요하게 우리가 살펴야 되는 것 중의 하나로 인격성을 들 수 있습니다.

이 인격성은 하나님이 우리를 조종하지 않는다는 것에서 생각해 볼 수 있습니다. 하나님이 우리를 지으실 때 우리에게 자유의지까지 주셨습니다. 그래서 그가 우리에게 명령하시면 우리는 그 명령을 수행하거나 또는 거절할 수도 있습니다. 여기서 우리의 인격성을 생각해 볼 수 있습니다. 자유의지라는 것은 독립된 인격이 갖는 결정권을 말합니다. 이것이 아마 하나님의 형상 중에 중요한 내용이 아닌가 싶습니다.

여호와 하나님이 그 사람을 이끌어 에덴 동산에 두어 그것을 경작하며 지키게 하시고 여호와 하나님이 그 사람에게 명하여 이르시되 동산 각종 나무의 열매는 네가 임의로 먹되 선악을 알게 하는 나무의 열매는 먹지 말라 네가 먹는 날에는 반드시 죽으리라 하시니라 (창 2:15-17)

하나님이 사람에게 두 가지 명령을 주셨습니다. 하나는 적극적으로 수행해야 하는 책임이요 다른 하나는 해서는 안 되는 금령입니다. 하나님이 이렇게 하실 때 사람에게 전부 명령으로 하셨습니다. 이 말은 마치 동력을 공급할 전기 스위치처럼 해 놓으신 것이 아니라는 뜻입니다. 믿는 사람들이 갖는 신앙의 큰 오해는 어떤 것입니까? 그것은 다른 생각은 나지 않고 선한 생각만 나고, 자동적으로 움직이는 기계가 되기를 바라는 것입니다. 제일 많이 틀리는 부분입니다. '선한 일을 할 때는 가는 길이 평탄하도록 해주시고 죄를 지으려고 하면 길이 무너지게 해주십시오.' 이런 기도에 응답을 받아 본 사람은 없습니다.

우리는 선악과에 대해서도 전부 뭐라고 불평합니까? '하나님 도대체 그런 건 왜 만드셨어요? 꼭 만드셔야 했다면 손에 닿지 않는 곳에 갖다 놓으셔야죠.' 그런데 하나님은 그렇게 안 하셨습니다. 왜 그렇습니까? 하나님은 우리를 조종의 대상으로 만들지 않았기 때문입니다. 우리보고 결정하라고 하십니다. 어떻게 다스려야 되는지를 생각하고 노력하고 결정하고 책임져야 합니다. 저 선악과를 왜 먹으면 안 되는가를 생각해야 했던 것입니다.

선악과의 가치가 무엇입니까? 아담과 하와는 하나님의 형상으로 지음을 받고 하나님이 만든 모든 피조물을 다스리는 자리에 있었습니다. 그러나 그들이 최고 권위자는 아니었습니다. 선악과가 이것을 확인시켜 줄 수 있었습니다. '나는 하나님 수하에 있다.' 금령이 이것을 확인시켜 줄 수 있었던 것입니다. 이 금령을 지켜내려면 분별이 필요하고 책임이 따릅니다. 아담과 하와는 유혹에 빠져서 마귀의 시험에 졌습니다. 하나님이 선악과를 만드셔서가 아니

1부 | 믿음이란 무엇인가

라 자기가 책임져야 할 시험과 싸움에 져서 마귀에게 넘어간 것입니다. 실력이 없어서 선악과를 하나 따 먹고 다 잃은 것입니다. 본인이 책임져야 했습니다. 말하자면 하나님이 우리에게 금령을 주신 것이지 그리로 가면 동력이 끊어지도록 해놓은 것이 아닙니다.

옛날 전차를 기억하십니까? 땅바닥에 레일이 깔려 있고 전차 지붕 위에 달린 전기 도르래가 전선을 따라가면 전차는 움직이게 되어 있습니다. 그런데 거기서 이탈하면 전차는 더 나아가지 못하고 멈춥니다. 하나님은 우리를 그렇게 만들지 않으셨습니다. 하나님은 우리에게 누누이 설명하고, 경고하여 우리로 생각하게 만드십니다. 아담과 하와에게서 본 바와 같이 우리 선조는 선악과를 따 먹을 자유의지가 있었습니다. 이처럼 벌 받는 결과가 초래되는 선택권을 가지고 있었습니다.

그러나 우리가 이 자유의지를 가졌다는 것은 우리에게 최종 권위가 있다는 뜻이 아닙니다. 그것은 우리가 누군가의 조종의 대상이 아니라 자기 문제에 대하여 자기가 책임을 지고 결정할 권리를 가지고 있다는 뜻입니다. 하나님의 주권과 인간의 자유의지는 그처럼 격이 다릅니다. 최종 결정권, 즉 운명을 결정하는 힘은 하나님만 가지고 계십니다. 우리가 자식을 키워보면 압니다. 부모가 자식을 훌륭하게 키우겠다고 작정을 하면 맹모삼천이라는 고사에서 보듯이 세 번 이사 가는 것입니다. 그것이 부모의 뜻이고 의지이고 부모가 갖는 권위입니다. 자식은 부모의 뜻을 거스르고 세 번 이사 가지 않을 결정을 할 수 있습니다. 그렇다고 해도 그에게 자기 운명을 결정할 힘은 없는 것입니다.

끊임없이 간여하시는 하나님

신자 된 인생을 한번 보십시오. 우리는 하나님의 인도하심을 알면
서도 순종한 적이 몇 번밖에 안 됩니다. 우리는 하나님이 기뻐하시
지 않는 길이라는 것을 뻔히 알면서도 고집부리고 그냥 갑니다. 그
렇게 가는 것에 대해서 하나님은 놔두지만 운명의 선을 넘어가도
록 그냥 보고만 계시지 않습니다. 돌아오게 할 때, 하나님은 우리를
붙잡아 오는 것이 아니라 항복시켜서 돌아오게 합니다. 야곱의 이
야기를 봅시다.

야곱이 브엘세바에서 떠나 하란으로 향하여 가더니 한 곳에 이르러
는 해가 진지라 거기서 유숙하려고 그 곳의 한 돌을 가져다가 베개
로 삼고 거기 누워 자더니 꿈에 본즉 사닥다리가 땅 위에 서 있는데
그 꼭대기가 하늘에 닿았고 또 본즉 하나님의 사자들이 그 위에서
오르락내리락 하고 또 본즉 여호와께서 그 위에 서서 이르시되 나
는 여호와니 너의 조부 아브라함의 하나님이요 이삭의 하나님이라
네가 누워 있는 땅을 내가 너와 네 자손에게 주리니 네 자손이 땅의
티끌 같이 되어 네가 서쪽과 동쪽과 북쪽과 남쪽으로 퍼져나갈지며
땅의 모든 족속이 너와 네 자손으로 말미암아 복을 받으리라 내가

너와 함께 있어 네가 어디로 가든지 너를 지키며 너를 이끌어 이 땅으로 돌아오게 할지라 내가 네게 허락한 것을 다 이루기까지 너를 떠나지 아니하리라 하신지라 (창 28:10-15)

이것이 유명한 벧엘 사건 기사입니다. 이때 야곱은 복 받을 만한 위치에 있지 않습니다. 아버지와 형을 속이고 형의 보복이 무서워서 지금 외삼촌에게로 도망가는 중입니다. 그가 여기 이 벧엘이라 일컫는 자리에서 하나님을 만납니다. 그런데 야곱이 꿈을 꾸긴 했지만 자기가 그 각본을 짠 것은 아닙니다.

꿈을 맘대로 꿀 수 있다면 영화관은 망합니다. '오늘은 벤허 보자.' 이렇게 한다고 해서 꿈에 벤허가 쫙 나온다면 누가 영화를 만들고 보겠습니까? 그렇게는 안 됩니다. 꿈이라는 것은 언제나 수동적입니다. 꾸어지는 것입니다. 본인은 그 꿈이 무슨 뜻인지 모릅니다. 생각지 않았던 것이 꿈에 나타납니다.

야곱이 꿈을 꿨지만, 야곱은 하나님을 만나기 위해서 그 꿈을 꾼 것이 아닙니다. 꿈속에 하나님이 야곱을 찾아오신 것입니다. 꿈에 사다리가 등장하는데 그것은 올라가는 데에만 쓰인 것이 아니라 내려오는 데에도 쓰입니다. 하나님이 이 사다리를 타고 내려오십니다. 아무런 복을 받을 만한 조건도 없고 준비도 안 되어 있는 야곱에게 이 땅을 네게 주고 네 자손을 땅의 티끌같이 주겠다고 약속하십니다. 모든 족속이 네 자손으로 인하여 복을 얻을 것이며 내가 너와 함께 있어 네가 어디로 가든지 너를 지키며 너를 이끌어 이 땅으로 돌아오게 할 것이라고 말씀하십니다.

그런데 그가 이 땅으로 돌아오는데 이 시점부터 20년이 걸립니다. 이렇게 그가 돌아올 때 하나님 앞에 자기가 서원한 것이나 하나님이 그에게 약속한 것을 기억하고 돌아온 것도 아닙니다. 외삼촌 식구들한테 미움을 사서 거기서 더 머물다가는 목숨이 위태롭게 되자, 오갈 데가 없어서 할 수 없이 형한테로 옵니다. 야곱이 하나님의 뜻에 순종해서 돌아온 것이 아니라 사실 부득이 돌아올 수밖에 없었다는 것이 창세기 32장의 얍복 나루터 사건에서 증명됩니다.

밤에 일어나 두 아내와 두 여종과 열한 아들을 인도하여 얍복 나루를 건널새 그들을 인도하여 시내를 건너가게 하며 그의 소유도 건너가게 하고 야곱은 홀로 남았더니 어떤 사람이 날이 새도록 야곱과 씨름하다가 자기가 야곱을 이기지 못함을 보고 그가 야곱의 허벅지 관절을 치매 야곱의 허벅지 관절이 그 사람과 씨름할 때에 어긋났더라 그가 이르되 날이 새려하니 나로 가게 하라 야곱이 이르되 당신이 내게 축복하지 아니하면 가게 하지 아니하겠나이다 그 사람이 그에게 이르되 네 이름이 무엇이냐 그가 이르되 야곱이니이다 그가 이르되 네 이름을 다시는 야곱이라 부를 것이 아니요 이스라엘이라 부를 것이니 이는 네가 하나님과 및 사람들과 겨루어 이겼음이니라 야곱이 청하여 이르되 당신의 이름을 알려주소서 그 사람이 이르되 어찌하여 내 이름을 묻느냐 하고 거기서 야곱에게 축복한지라 그러므로 야곱이 그 곳 이름을 브니엘이라 하였으니 그가 이르기를 내가 하나님과 대면하여 보았으나 내 생명이 보전되었다 함이더라 (창 32:22-30)

이 얍복 나루터 씨름은 야곱이 하나님 앞에 매어 달려 영적인 축복을 받아낸 씨름으로 보통 오해됩니다. 그러나 이 싸움은 야곱이 먼저 건 것이 아니고 하나님이 건 싸움입니다. 24절을 보면 그 씨름의 주동자가 '어떤 사람'입니다. 어떤 사람이 날이 새도록 야곱과 씨름합니다. 하나님이 오셔서 야곱과 씨름한 것입니다. 그런데 승패에 관하여 이렇게 판정이 납니다. '자기가 야곱을 이기지 못함을 보고 ….' 야곱은 이 시점에 와서도 자신을 향한 하나님의 계획과 뜻에 대하여 아무런 생각이 없었고, 하나님의 사람으로서 살아야 하는 일에 대하여 어떤 감각도 없습니다.

그는 20년 세월 동안에 배운 것이 무엇인지 잘 모릅니다. 하나님이 20년 동안에 그에게 가르친 것이 무엇이었겠습니까? 인생이 헛되다는 것을 가르쳤습니다. 세상에 보물을 쌓지 말라는 것을 가르쳤습니다. 그러나 그는 지금 그것을 느끼지 못하고 있습니다. 그래서 그것을 그에게 확인시켜 주시려고 찾아오셔서 그의 영혼을 흔드시는 것입니다. 하지만 야곱은 항복하지 않습니다. 그래서 하나님이 그의 허벅지 관절을 치자 그제야 그가 정신을 차리고 복을 달라고 빕니다. 그리하여 그는 우리가 아는 대로 이스라엘이라는 이름을 부여받습니다.

이 사건을 볼 때 하나님이 한 인격에게 신앙의 어떤 내용을 주입시켜 믿음을 갖게 하시지 않았다는 것을 알 수 있습니다. 그가 깨우치도록 시간과 기회와 경험의 장을 허락하십니다. 하지만 우리는 성급히 하나님께 순종하여 무엇을 이루어 드리려고 합니다. 그것이 먼저는 아닙니다. 하나님은 내가 하나님 앞에 목표이고 목적이기 때문에, 먼저 하나님을 알고 하나님의 사람으로 전인격적 항복을 하기 원하십니다. 그런 깨우침, 그런 선택, 그런 결정을 요구하십니다. 이것이 하나님이 나에게 하시려는 것입니다.

우리는 빨리 순종해서 뭘 해드리려고 하는데 바쁩니다. 우리는 믿음을 그런 식으로 생각하기 쉽습니다. 그래서 교회들이 '만세삼창' 하고 빨리 나가서 뭘 하려고 합니다. 그러나 하나님께는 그것이 아닌 우리가 목표라는 것을 알아야 합니다. 하나님은 우리의 무엇을 목표로 하십니까? 하나님은 우리에게 당신에 대한 신뢰와 애정과 열심과 진심을 요구하고 계십니다. 그런 까닭에 긴 시간과 과정을 통하여 우리에게 항복을 받아내십니다. 인격이란 그렇게 생긴 것입니다. 그런데 생전 처음 본 사람한테 '형제여!' 이러면 안 됩니다. '사랑해요'라는 말도 최소한의 관계로는 성립되는 것이 아닙니다. 얼마만큼 서로 간의 인격적인 교류가 깊어져야 쓸 수 있는 말입니다. '너 참 괜찮다!' 이 말을 하는데 몇 년 걸리는 것 아닙니까.

기독교 신앙을 가지고 있어서 늘 열린 마음이며 예수님의 사랑의 마음을 갖고 있다는 것은 좋습니다. 그렇다고 '주의 이름으로 사랑합니다'라고 하면 '저 사람 미쳤구나!' 하는 것이 정상적인 평가입니다. 아무 때나 할렐루야 하시면 안 됩니다. 본인은 기도원에서 은혜 받고 와서 무엇을 봐도, 흔히 하는 말로 떨어지는 낙엽을 봐도, 지는 해를 봐도, 날아가는 비둘기를 봐도 할렐루야가 될 수 있습니다. 즉 그것은 자기가 가진 하나님 안에서의 깨우침이요, 감격입니다. 하지만 앞에 보이는 사람에게마다 할렐루야라고 외친다면 그 사람이 어떻게 생각하겠습니까? 상대방이 하는 말의 깊이와 진심을 용납하려면 둘 사이가 그 단어와 표현을 쓸 수 있는 관계에까지 닿아 있어야 합니다. 그렇게 되기도 전에 우리는 신앙이라는 이름으로 인격과 인격이 나눠야 하는 대화들이 뭔지도 모르고 그런 표현을 그냥 씁니다. 서로가 서로 간에 깊이를 다지고 나눈 후에 그런 단어를 써야 한다는 것을 늘 잊지 마십시오. '열려라, 참깨!' 하는 식으로 말하지 마십시오. 그것은 주문을 외우는 것입니다. 상대를 인격으로 대하지 않고서 하는 말이라면 그것은 주문에 불과합니다. 하나님은 우리를 그렇게 다스리지 않으시는데 우리는 그렇게 나섭니다. 참으로 조심해야 할 일입니다.

하나님의 지식을 풍부히 가짐

야곱 한 사람을 하나님의 사람으로 만들기 위하여 하나님이 얼마나 긴 세월을 보내고 한순간도 놔두지 않고 그에게 간섭하셨습니까. 그렇게 해서 우리가 아는 야곱이 된 것입니다. 창세기 49장을 보면, 야곱이 자기 자식들에게 마지막으로 축복하는 장면이 나오는데 아주 재미있습니다.

요셉은 무성한 가지 곧 샘 곁의 무성한 가지라 그 가지가 담을 넘었도다 활 쏘는 자가 그를 학대하며 적개심을 가지고 그를 쏘았으나 요셉의 활은 도리어 굳세며 그의 팔은 힘이 있으니 이는 야곱의 전능자 이스라엘의 반석인 목자의 손을 힘입음이라 네 아버지의 하나님께로 말미암나니 그가 너를 도우실 것이요 전능자로 말미암나니 그가 네게 복을 주실 것이라 위로 하늘의 복과 아래로 깊은 샘의 복과 젖 먹이는 복과 태의 복이리로다 네 아버지의 축복이 내 선조의 축복보다 나아서 영원한 산이 한 없음 같이 이 축복이 요셉의 머리로 돌아오며 그 형제 중 뛰어난 자의 정수리로 돌아오리로다 (창 49:22-26)

이 축복하는 장면에서 기막힌 것이 하나 있습니다. 야곱은 자신의 축복이 자기 선조의 축복보다 낫다고 말합니다. '네 아버지의 축복이 내 선조의 축복보다 나아서 …'(26절). 여기에서 '너'는 요셉이고 '네 아버지'는 야곱이고 '내 선조'는 이삭과 아브라함입니다. 야곱의 선조는 아브라함과 이삭입니다. 그런데 우리가 아브라함과 이삭과 야곱을 나란히 놓고 비교하면 야곱이 제일 못합니다. 그의 신앙의 정도나 수준이 그렇게 보입니다.

축복이란 자기가 주는 것이 아니라 복을 비는 것입니다. 야곱이 자신 있어 한 것이 무엇이었습니까? '하나님이 누군지 자기가 더 잘 안다'는 것이었습니다. 왜 잘 압니까? 속을 더 많이 썩였기 때문입니다. 아브라함이나 이삭보다 야곱이 훨씬 더 말을 듣지 않았고 훨씬 긴 세월을 버텼기 때문에 하나님이 야곱에게는 더 많이 간섭하셨습니다. 더 많이 복을 주셨다는 것이 아니라 더 많이 손을 댈 수밖에 없었습니다.

그래서 성경에 나타난 기록만으로 비교할 때 야곱이 아브라함이나 이삭보다 하나님에 대해서 더 많이 알았다고 이야기할 수 있습니다. 그가 하나님의 뜻에 얼마나 순종했는가를 말하는 것이 아닙니다. 하나님이 얼마나 자비로우신지, 얼마나 신실하신지, 얼마나 큰 능력을 가지셨는지를 야곱은 자기 선조들보다 더 잘 알았을 것이라고 추론해 볼 수 있습니다.

하나님의 사랑의 대상

이런 것들이 의미하는 바가 무엇이겠습니까? 하나님은 무엇을 주입시키려고 조정하지 않으셨다는 것입니다. 야곱을 목적으로 삼으신 까닭에 하나님은 그 안에다 하나님을 아는 지식을 채우시고, 하나님 편에 서는 결정이나 책임 또는 항복을 받아내시려고 그의 모든 생애에 간섭하셨다는 것입니다. 야곱이 납득할 때까지 설명하고 경험하게 하고 시간을 주시는 분이라는 것을 그가 알았다는 사실입니다. 따라서 성경이 요구하는 신앙의 내용들을 보면 이런 식으로 되어 있습니다.

공중의 새를 보라 심지도 않고 거두지도 않고 창고에 모아들이지도 아니하되 너희 하늘 아버지께서 기르시나니 너희는 이것들보다 귀하지 아니하냐 너희 중에 누가 염려함으로 그 키를 한 자라도 더할 수 있겠느냐 또 너희가 어찌 의복을 위하여 염려하느냐 들의 백합화가 어떻게 자라는가 생각하여 보라 수고도 아니하고 길쌈도 아니하느니라 그러나 내가 너희에게 말하노니 솔로몬의 모든 영광으로도 입은 것이 이 꽃 하나만 같지 못하였느니라 오늘 있다가 내일 아궁이에 던져지는 들풀도 하나님이 이렇게 입히시거든 하물며 너희일까 보냐 믿음이 적은 자들아 (마 6:26-30)

여기 30절 말씀에서 '하물며 너희일까 보냐 믿음이 적은 자들아'라는 표현을 '하물며 너희일까 보냐 이 밥통들아'로 바꾸어 읽는다 해도 뉘앙스가 틀리지 않습니다. '밥통들아'라고 하는 것은 '생각 좀 해봐라'는 뜻입니다. '너 왜 잘못하고 있냐. 이리 와라. 왜 거기 서 있냐. 여기 와서 서 있어야지' 하는 간단한 문제가 아니고 '생각을 해봐라. 이 밥통들아!' 하는 이야기입니다. 우리보고 생각해서 결정하라고 합니다. '무엇이 맞고 무엇이 복이고 무엇이 너한테 유익한가를 생각을 해봐라, 이 밥통들아!' 이렇게 말씀하시는 것입니다.

신앙이라는 것은 전부 이런 것입니다. 하나님만이 의와 선과 생명과 진리와 영원에 대한 유일한 주권자시요, 그가 그 모든 것의 근원이십니다. 그래서 하나님 안에 있어야 이 복을 누릴 수 있지 하나님을 떠나면 누릴 수 없다는 것을 알게 되는 것입니다. 사실 복과 생명은 물질로 주어지는 것이 아닙니다. 하나님 안에 붙어 있어야 우리에게 전달됩니다. 하나님이 이를 우리에게 확인시키려고 '이게 복이니…'라고 하시며 우리로 선택하는데 도움이 되게 하십니다. 신명기에서 본 바대로 '살기 위하여 나를 선택하라, 살기 위하여 순종하라' 이렇게도 하십니다. 그러나 훨씬 더 본질적으로는 이런 것입니다. '나를 사랑해라, 내 편에 서라, 내가 너희의 구원의 뿌리고 너희의 산성이고 너희의 보상이고 너희의 기쁨이고 모든 것이다.'

이것이 부모가 자식한테 하는 이야기 아닙니까. '너 공부만 잘해라. 나머진 내가 다 책임진다. 너 부모 말만 잘 들어라. 그럼 너 훌륭해진다' 이것 아닙니까. 그것을 납득시켜야 합니다. 전부 그런 이야기입니다. 로마서 6장도 그렇습니다.

그런즉 어찌하리요 우리가 법 아래에 있지 아니하고 은혜 아래에 있으니 죄를 지으리요 그럴 수 없느니라 너희 자신을 종으로 내주어 누구에게 순종하든지 그 순종함을 받는 자의 종이 되는 줄을 너희가 알지 못하느냐 혹은 죄의 종으로 사망에 이르고 혹은 순종의 종으로 의에 이르느니라 하나님께 감사하리로다 너희가 본래 죄의 종이더니 너희에게 전하여 준 바 교훈의 본을 마음으로 순종하여 죄로부터 해방되어 의에게 종이 되었느니라 너희 육신이 연약하므로 내가 사람의 예대로 말하노니 전에 너희가 너희 지체를 부정과 불법에 내주어 불법에 이른 것 같이 이제는 너희 지체를 의에게 종으로 내주어 거룩함에 이르라 너희가 죄의 종이 되었을 때에는 의에 대하여 자유로웠느니라 너희가 그 때에 무슨 열매를 얻었느냐 이제는 너희가 그 일을 부끄러워하나니 이는 그 마지막이 사망임이라 (롬 6:15-21)

바울 사도가 뭐라고 묻습니까? '너희가 그 때에 무슨 열매를 얻었느냐.' 그렇게 물었습니다. 우리도 자녀한테 뭐라고 말합니까. '너술 먹고 담배 피우고 해서 도대체 남는 게 뭐냐. 한번 생각을 해봐라. 이 밥통아' 하는 말과 같지 않습니까. 우리 자식이 말을 듣지 않는다고 병원에 데리고 가서 머리 좋게 만들어 공부를 잘하게 만들지는 못하는 것 아닙니까. 밤낮 잔소리를 해야 하고 설명해 주어야 합니다. 자식이 본인 스스로 알아듣고 분별하고 결정하게 될 때까지 그렇게 해야 합니다. 믿음이 생기게 하려면 이런 과정을 거쳐야 합니다.

믿음의 인격성을 자꾸 논하는 것은 믿음이 어떤 수단이 아니라는 것을 강조하려는 데 있습니다. 믿음은 그것 자체가 내용입니다. 믿음이라는 것을 하나의 관념으로 떼어놓을 수가 없습니다. 그것은 대상 없이는 존재하지 않습니다. 믿음이 좋다는 것은 하나님과의 관계가 늘 살아 있다는 뜻입니다. 살아 있다는 관계는 내가 하나님 앞에 서 있고, 하나님의 기뻐하심과 하나님을 닮는 것에 대하여 생각하고 그렇게 하기로 결정하고 행함으로써 완성되어 가는 것을

111

말합니다.

성경에 나오는 모든 개념들은 이렇게 되어 있습니다. 복이 무엇입니까? 복 있는 사람은 하나님이 기뻐하는 사람입니다. 의로운 사람은 하나님이 인정하는 사람입니다. 구원은 무엇입니까? 하나님이 편들어 주는 것입니다. 로마서 8장에서 그것을 확인할 수 있습니다. 우리의 구원을 확신할 수 있는 기준은 '하나님이 우리를 위하시면 누가 대적하리요'라는 말씀입니다. 이것이 우리의 구원에 대한 확신의 근거입니다. 우리가 구원을 얻을 만한 조건이나 자격이 있느냐를 떠나서 하나님이 우리를 편드신다는 것입니다. 우리를 구원하시려고 그 아들을 십자가에 못 박지 않았습니까. 그런데 누가 와서 우리를 하나님의 사랑에서 떼어놓겠습니까. 하나님을 빼놓으면 구원은 성립이 되지 않습니다.

그런데 오늘날 제일 큰 문제는 이 믿음이 혼자 돌아다닌다는 것입니다. 믿음이 언제나 자신에게 열중하는 문제로 바뀌었다는 것입니다. 내가 이만큼 열심을 가졌으니, 내가 이만큼 확신을 가졌으니, 내가 원하는 것이 이루어질 것이다. 이렇게 자신에게 열중하는 문제가 되어버렸습니다. 믿음으로 뭐가 이루어질 것이라고 믿는 것은 다 수단이고 자기 열심입니다. 믿음이 좋으면 아이가 좋은 학교에 가고, 믿음이 좋으면 병이 낫고, 믿음이 좋으면 장사가 잘 된다고 생각하는 정도에 머물러 있습니다. 그것은 믿음이 무엇인지 잘 모르는 것입니다. 믿음이 좋다는 것은 하나님 편에 서는 것이요, 하나님의 눈에서 벗어나지 않는 것입니다. 하나님이 나보고 어렵게 살라고 하시면 기쁨으로 어렵게 살아야 합니다. 오늘날 이런 모습들을 찾아볼 수가 없습니다.

하나님은 없고 자기 열심과 자기도취만 있어서 기도도 악을 써가며 합니다. 하나님은 없고 믿는 자만 있습니다. 기도도 듣는 대상, 곧 하나님은 없고 소리 지르는 기도자만 있습니다. 그의 간절함을 무시하자고 이런 이야기를 하는 것이 아닙니다. 하나님께서 우리를 목적으로 삼고 있다는 것을 잊지 마십시오. 우리에게 일어나는 어떤 일들일지라도 하나님이 우리를 복되게 하려고 그 길을 걷게 하신다는 사실입니다. 앞서 본 바와 같이 하늘을 나는 새를 보라고 하신 말씀을 생각해 보십시오.

우리를 위하여 그 아들을 아끼지 아니하신 이가 어찌 그 아들과 함께 모든 은사를 은혜로 주시지 않겠습니까. 로마서 8장에 나온 사도 바울의 절규입니다. 신자가 됐다는 것이 얼마나 대단한 것인지를 기억하십시오. 우리는 하나님에게 소중하고 가장 귀한 목적과 대상입니다. 하나님께는 우리를 당신의 자녀로 불러서, 무엇에 부려먹으려는 의도가 전혀 없습니다. 우리가 하나님의 기쁨입니다. 우리가 하나님의 자랑입니다. 율법의 대강령은 죄짓지 말라는 것이 아니고 훨씬 더 적극적으로 '네 마음을 다하고 뜻을 다하고 성품을 다하여 주 너의 하나님을 사랑하라'고 하신 것입니다. 이 말씀을 늘 굳게 지키시고 믿음 생활이 갖는 기쁨과 승리를 누리기 바랍니다.

하나님 아버지, 은혜를 감사합니다. 하나님이 우리를 사랑하시는 것과 우리를 복되게 하시는 것과 그래서 우리의 인생에 간섭하사 어느 한 순간도 하나님이 우리를 놓아두시지 않음을 믿습니다. 우리의 눈을 밝히사 하나님의 인도하시는 손길을 보게 하시고, 그래서 순종하게 하사 주의 자녀 된 자가 받는 복과 주의 자녀 된 자가 갖는 인생의 승리를 경험하게 하여 주시옵소서. 성경에 약속한 바와 우리 하나님의 의로우심과 은혜로우심을 말씀을 통하여 자녀 된 인생이 복되고 자랑스럽고 거룩하며 영광된 것임을 믿습니다. 주의 말씀으로 우리의 신앙을 확인하고 이 승리를 놓치지 말게 하시옵소서. 예수님의 이름으로 기도합니다. 아멘.

요점과 확인

1. 신앙은 인격성을 띤다. 그것은 사람이 하나님의 형상대로 지음을 받았다는 사실에 근거를 둔다.

2. 신앙은 수단이나 방법이 아니다. 그것은 우리 자신이 하나님의 목표라는 사실에서 확인할 수 있다.

3. 야곱의 삶은 믿음의 인격성을 잘 보여주는 좋은 예이다. 하나님은 야곱을 결코 기계처럼 대하시지 않고 인격적 항복을 받아내실 때까지 오랫동안 기다리고 간섭하셨기 때문이다.

4. 기독교 신앙을 인격적으로 이해하지 못할 때 일어날 수 있는 가벼움에는 어떤 것들이 있는가?

믿음은 —— 어떻게 생기는가

7

하
나
님
이
시
작
하
신
다

우리가 아직 연약할 때에 기약대로 그리스도께서 경건하지 않은
자를 위하여 죽으셨도다 의인을 위하여 죽는 자가 쉽지 않고 선인
을 위하여 용감히 죽는 자가 혹 있거니와 우리가 아직 죄인 되었을
때에 그리스도께서 우리를 위하여 죽으심으로 하나님께서 우리에
대한 자기의 사랑을 확증하셨느니라 … (롬 5:6-11)

우리는 이제까지 믿음이 무엇인가 하는 문제에 대하여 대략적으로 살펴봤습니다. 믿음은 인격과 인격 사이에서만 존재합니다. 이것이 믿음에 관한 가장 중요한 본질입니다. 그렇다면 믿음은 어떻게 생기는 것일까요?

믿는 사람들이 종종 갖는 의문 중에 도대체 믿음은 은혜냐, 책임이냐 하는 문제로 적잖이 당황할 때가 있습니다. 성경에 보면 우리가 책임져야 한다고 말하는 곳도 있고, 은혜로 구해야 하는, 하나님이 주시는 선물이라고도 합니다. 그래서 이것인지 저것인지 모호해지곤 합니다. 이제 믿음이 어떤 차원에서 은혜에 속하며, 어떤 차원에서 책임에 속하는가를 살펴보겠습니다.

구원에서 시작된다

믿음은 어떻게 생기게 됩니까? 믿음은 성령 안에서 하나님의 자기계시에 의해서 생깁니다. 하나님이 우리에게 찾아 오셔서 자신을 나타내셔야 믿음은 시작됩니다. 우리는 모르는 사람을 믿을 수 없습니다. 믿음이란 두 인격 사이의 관계입니다. 내가 상대방을 모른다면 상대방이 없는 것이므로 없는 대상에게는 믿음이 생기지 않습니다.

하나님은 우리가 더듬어 찾을 수 있는 분이 아닙니다. 왜냐하면 우리는 다 범죄하여 하나님과 끊겨 있기 때문입니다. 로마서

119

에서 보는 대로 범죄한 인간은 죄와 사망 아래 있고 부패해서, 하나님을 기껏 찾는다고 하지만 우상을 만들어 놓고 절할 뿐입니다. 그 우상도 금수와 버러지의 형상으로 만든 것이고, 영혼이 흑암과 무지함과 부패함 속에 있기 때문에, 하나님을 찾아가 만날 방법이 없습니다.

믿음은 어떻게 생깁니까? 하나님이 우리에게 찾아오셔서 자신을 보여주시고, 하나님과 반목하던 모든 것을 끊으시고 화목하게 하시는 일이 무엇보다도 먼저 필요합니다. 하나님이 우리를 찾아오셔서 우리의 영혼에 자신을 알리시고 우리와 화목하셔야 됩니다. 이것을 달리 표현하면 구원입니다. 이처럼 믿음은 구원에서 시작됩니다. 여기서 말하는 구원이란 구원의 모든 내용을 말하는 것이 아닙니다. 하나님께서 우리에게 먼저 찾아오시지 않는 한 하나님을 알 도리가 없다는 차원에서 쓰는 표현입니다.

구원은 전적으로 하나님의 일방적인 은혜와 역사에 의해서 이루어집니다. 우리는 이 사실을 익히 잘 알고 있습니다. 본문에서 말하는 대로, 우리가 아직 죄인되었을 때에 그리스도께서 우리를 위하여 죽으셨습니다. 우리 쪽에서 하나님 앞에 구원시켜 달라거나, 어떻게 하면 구원을 받느냐고 묻거나, 구원을 얻기 위하여 무슨 노력을 한 것이 아닙니다. 구원에 대하여 관심이 없고 감각이 없던 때, 다시 말해 우리가 아직 죄인이었을 때에, 하나님이 우리에게 구원을 시작하고 이루십니다. 그래서 구원에 관한 특징을 말할 때 은혜라고 이야기합니다. 마찬가지로 믿음도 그렇습니다. 믿음으로 구원을 얻는다고 믿음을 정의할 때, 믿음은 조건이 아니고 구원의 내용이었습니다.

기억하십니까? 창세기 15장에서 아브라함이 하나님을 믿으니 하나님이 이를 그의 의로 여기셨다고 했습니다. 이것은 믿어서 의를 준 것이 아닙니다. 믿음이 조건이 되고 수단이 되어 의라는 결과가 생긴 것이 아닙니다. 믿음이 의의 내용이라는 것입니다. 그래서 믿음을 의로 여겨주신 것입니다.

믿음이 구원에서 나온다고 하면 믿음과 구원이 내용에서 상통하는 바가 있다는 뜻입니다. 구원이, 하나님 앞에 의롭다 함을 얻는 것이요, 하나님이 그를 옳다고 인정하는 것이요, 하나님과 화목하게 된 것이요, 하나님 편에 서는 것이요, 하나님과 화목하게 되어 하나님의 자녀가 된 것이라고 할 때, 구원은 믿음과 상통하는 바가 있습니다.

믿음이란 인격과 인격 사이의 가장 고급한 신뢰 관계입니다. 구원 얻은 백성이 하나님과 맺은 관계를 믿음이라고 합니다. 이처럼 믿음은 하나님과의 관계에서 얻어지는 것이므로 믿음이 시작되려면 먼저 하나님께서 구원을 베푸셔야만 가능합니다. 이 구원은 하나님 편에 서는 것이요, 하나님을 아는 것이요, 하나님과 화목하게 된 것을 말합니다. 그래서 구원이니 믿음이니 하는 것은 다 하나님의 일방적이고 은혜로우신 시작에 의해서만 존재합니다.

따라서 믿음은 구원을 전제한다고 말할 수 있습니다. 이 구원은 하나님을 아는 것을 가장 주요한 특징으로 삼습니다. 하나님을 알

121

고 그와 화목하고 그와 교제함을 필수 조건으로 갖습니다. 즉 구원
은 믿음으로 얻지만 하나님의 선물입니다. "너희는 그 은혜에 의하
여 믿음으로 말미암아 구원을 받았으니 이것은 너희에게서 난 것
이 아니요 하나님의 선물이라 행위에서 난 것이 아니니 이는 누구
든지 자랑하지 못하게 함이라"(엡 2:8-9). 그런 차원에서 믿음은 하
나님 쪽에서 시작하지 않는 한 결단코 발생할 수 없습니다.

하나님의 일방적인 역사

구원에 나타난 하나님의 일방적인 역사를 조금 더 확인해 보겠습
니다. 믿음은 하나님이 우리에게 당신을 나타내시며 찾아오시는
것으로써 시작됩니다. 이 사실을 구원과 연계해서 살펴볼 필요가
있습니다.

그러면 어떠하냐 우리는 나으냐 결코 아니라 유대인이나 헬라인이
나 다 죄 아래에 있다고 우리가 이미 선언하였느니라 기록된 바 의
인은 없나니 하나도 없으며 깨닫는 자도 없고 하나님을 찾는 자도
없고 다 치우쳐 함께 무익하게 되고 선을 행하는 자는 없나니 하나
도 없도다 그들의 목구멍은 열린 무덤이요 그 혀로는 속임을 일삼
으며 그 입술에는 독사의 독이 있고 그 입에는 저주와 악독이 가득
하고 그 발은 피 흘리는 데 빠른지라 파멸과 고생이 그 길에 있어

평강의 길을 알지 못하였고 그들의 눈 앞에 하나님을 두려워함이 없느니라 함과 같으니라 우리가 알거니와 무릇 율법이 말하는 바는 율법 아래에 있는 자들에게 말하는 것이니 이는 모든 입을 막고 온 세상으로 하나님의 심판 아래에 있게 하려 함이라 그러므로 율법의 행위로 그의 앞에 의롭다 하심을 얻을 육체가 없나니 율법으로는 죄를 깨달음이니라 (롬 3:9-20)

여기서 하고자 하는 이야기는 10절에 있는 바와 같이, '의인은 없나니 하나도 없으며 깨닫는 자도 없고 하나님을 찾는 자도 없다'는 사실입니다. 인간 중에 아무도 하나님을 찾는 자가 없고, 율법이라는 잣대를 대어 볼 때 19, 20절에 있는 바와 같이, 인류는 한 명의 예외도 없이 다 죄인이라는 판정을 받을 수밖에 없습니다. 인간이 태어나서부터 죄인이라는 것을 무엇으로 확인할 수 있습니까? 그 증거가 로마서 5장에 나옵니다. 죽음은 죗값입니다. 죄를 지을 만한 의식이나 힘이 없는 갓난아기도 죽습니다. 모두가 죄인으로 태어난다는 이야기입니다. 인류 역사상 아직까지 죽지 않은 사람이 없습니다. 모든 인류가 죄 아래 있고, 의인은 없나니 하나도 없으며, 율법의 잣대로는 다 형벌 받아 마땅한 자들일 뿐입니다. '그러므로 율법의 행위로 그의 앞에 의롭다 하심을 얻을 육체가 없나니 율법으로는 죄를' 깨닫게 됩니다.

이 말씀 다음 21절에, 우리말 성경에는 없지만 헬라어 성경에는, '그러나'라는 단어가 붙어 있습니다. 그렇게 붙여 읽으면 '그러나 이제는 율법 외에 하나님의 한 의가 나타났으니'라고 읽을 수 있습니다. 이것은 구원에 대한 선포입니다. 하나님 앞에 구원을 요구하거나 그것을 위해 노력하거나 무슨 준비를 한 인간이 없고 하나님 혼자 하셨다는 것입니다. 의인은 없나니 하나도 없으며 하나님을 찾는 자도 없습니다. 다 치우쳐 죄를 짓기에 바쁠 뿐입니다. 그런데 우리를 구하시려고 하나님 홀로 준비하시고 아들을 보내십니다.

이와 같이 구원이 전적으로 하나님의 일방적인 은혜와 하나님의 전적인 능력 아래 있었듯이, 믿음도 그렇게 시작되었다고 설명합니다. 우리가 읽었던 본문을 다시 봅시다. "우리가 아직 연약할 때에 기약대로 그리스도께서 경건치 않은 자를 위하여 죽으셨도다"(롬 5:6). '연약할 때'나 '경건치 않은 자'라는 말은 다 하나님에 대한 감각과 요구와 노력이 없었다는 말입니다. 본문 8절에 "우리가 아직 죄인 되었을 때에 그리스도께서 우리를 위하여 죽으심으로 하나님께서 우리에 대한 자기의 사랑을 확증하셨느니라"라고 하는 설명은 다 하나님의 사랑을 강조하고 있습니다. 이런 구절이지만 구원의 시작이 누구 손에 있었는가, 다시 말해 하나님과 우리가 그 사역을 서로 얼마나 분담했는가 하는 관점으로 보자면, 우리는 하나도 한 것이 없었고 하나님 홀로 필요한 모든 일을 다 하신 것입니다.

이런 말씀은 성경 도처에 있습니다. 요한복음 1장 12절 이하에서도 확인할 수 있습니다.

영접하는 자 곧 그 이름을 믿는 자들에게는 하나님의 자녀가 되는 권세를 주셨으니 이는 혈통으로나 육정으로나 사람의 뜻으로 나지 아니하고 오직 하나님께로부터 난 자들이니라 (요 1:12-13)

하나님이 구원을 일방적으로 시작하시고 모든 것이 하나님 손에만 있다고 말합니다. 로마서 10장에 조금 더 분명한 표현이 나옵니다.

누구든지 주의 이름을 부르는 자는 구원을 받으리라 그런즉 그들이 믿지 아니하는 이를 어찌 부르리요 듣지도 못한 이를 어찌 믿으리요 전파하는 자가 없이 어찌 들으리요 보내심을 받지 아니하였으면 어찌 전파하리요 기록된 바 아름답도다 좋은 소식을 전하는 자들의 발이여 함과 같으니라 (롬 10:13-15)

우리가 얻은 구원, 우리의 믿음이 다 어디에서 출발한 것입니까? 로마서 10장에서는 하나님이 시작하시고, 우리 안에 그 결과를 갖게 하시려고 사람을 보내어 우리의 영혼에 간섭하셨다고 합니다.

이 구원에서 우리가 다음의 내용을 확인합니다. 하나님이 일방적으로 주도권을 잡고 계시며 하나님만이 이 일을 하셔서 구원이 우리에게 결실되었다는 것입니다. 이 사실을 믿음과 연결시키려 할 때 결코 틀리지 마십시오. 그것을 바르게 연결시키지 못하면 자신의 믿음을 따라가게 됩니다. 다시 말해 자기가 소원하는 것이나 자기 열심에 도취하게 됩니다. 믿음은 결국 어떤 싸움입니까? 내가

125

갖는 열심이나 내가 그리는 그림의 싸움이 아닙니다. 보고 들은 것이 얼마나 정확한지 아는 것의 싸움입니다.

미국에 가 본 사람하고 안 가본 사람이 서로 싸우면 누가 이길까요? 안 가본 사람이 이깁니다. 왜 이깁니까? 사실을 갖고 있지 않기 때문입니다. 사실은 없고 고집만 있기 때문입니다. 자기가 믿고 있는 것이 믿음의 근거가 되기 때문입니다. 사실을 갖지 못한 자가 훨씬 고집이 셉니다. 이와 같이 믿음을 자기 고집과 혼동하는, 즉 믿음이 센 것처럼 보이는 사람들이 있습니다. 자기가 그린 그림에 도취한 믿음쟁이들이 있습니다. 모든 믿음은 하나님께서 나에게 찾아오사 하나님 당신을 보이시며, 그의 뜻을 가르쳐 주시며, 그의 일하시는 법을 보여주신 것이 언제나 일치하느냐의 싸움이어야 합니다.

믿음의 중요한 기초

우리에게 베푸신 구원과 하나님을 아는 일과 신앙에 있어서 하나님이 유일한 시작이요 근원이라는 사실을 바울을 예로 들어 살펴봅시다.

형제들아 내가 너희에게 알게 하노니 내가 전한 복음은 사람의 뜻을 따라 된 것이 아니니라 이는 내가 사람에게서 받은 것도 아니요 배운 것도 아니요 오직 예수 그리스도의 계시로 말미암은 것이라 내가 이전에 유대교에 있을 때에 행한 일을 너희가 들었거니와 하나님의 교회를 심히 박해하여 멸하고 내가 내 동족 중 여러 연갑자보다 유대교를 지나치게 믿어 내 조상의 전통에 대하여 더욱 열심이 있었으나 그러나 내 어머니의 태로부터 나를 택정하시고 그의 은혜로 나를 부르신 이가 그의 아들을 이방에 전하기 위하여 그를 내 속에 나타내시기를 기뻐하셨을 때에 내가 곧 혈육과 의논하지 아니하고 또 나보다 먼저 사도 된 자들을 만나려고 예루살렘으로 가지 아니하고 아라비아로 갔다가 다시 다메섹으로 돌아갔노라 (갈 1:11-17)

바울 사도는, 하나님께서 내 어머니의 태로부터 나를 택정하시고 그의 은혜로 나를 불러, 이방에 예수 그리스도를 나타내도록 하셨다고 말합니다. 하나님이 오셔서 그에게 알게 하신 것이 그가 전할 내용이었습니다. 하나님이 그에게 이 내용을 전하라고 세운 직분이 자신의 사도직이라고 말합니다. 이 점을 결코 놓치지 마십시오. 자신의 믿음에 취하지 마십시오. 아시겠습니까? 나를 찾아오신 하나님, 나에게 당신을 드러내신 하나님, 예수 그리스도를 주신 하나님을 놓치지 마십시오. 하나님이 우리에게 자신에 대하여 설명하십니다. 하나님이 어떤 분인가, 하나님이 어떤 식으로 일하시는가, 하나님이 무엇을 좋아하시고 싫어하시는가 하는 것에 대하여 우리에게 가르치십니다. 여기에 하나님이 어떤 분인가 하는 모든 묘사

127

가 들어 있다고 생각해도 됩니다. 그것이 믿음의 가장 중요한 첫 번째 터가 되어야 합니다. 물론 그 터를 기반으로 해서 우리의 반응과 책임이 따를 것입니다.

로마서 1장에서는 사도 바울은 범죄한 인류가 어떻게 신에 관한 본성을, 신을 향한 종교적 본성을 어그러지고 잘못되게 생각했는가를 말합니다. 우리가 엎드려 경배해야 할 하나님을 기껏 금수와 버러지의 형상으로 만들었다고 지적합니다. 이렇게 우리는 나를 찾아오시고 말씀하시고 가르치신 하나님과 그분이 주신 내용이 아닌 것으로 아우성을 치고 야단을 떱니다. 믿음은 내 열심에서 시작되는 것이 아닙니다. 내 소원이나 종교심에서 시작되지 않습니다. 하나님에게서 시작됩니다. 모든 믿음의 근본 터가 되는 것은 하나님에 대한 지식과 사랑입니다.

믿음의 책임을 오해하는 이유

그러므로 여러분이 믿음을 동원하여 갖고 싶은 모든 소원들이, 하나님이 영광 받기를 원하는 것인가 아니면 내가 영광 받기를 원하는 것인가를 물어보면 금방 그 정체가 드러날 것입니다. 믿음이라는 이름으로 자기가 하고 싶은 것을 하는, 이런 실패가 안타깝게도 성도들에게 많습니다. 믿음이 어디에서, 어떻게 시작되는지를 모르는 탓에 첫 번째 터를 잘못 닦게 됩니다. 로마서 9장을 보면 야곱에 관한 이야기가 나옵니다.

그뿐 아니라 또한 리브가가 우리 조상 이삭 한 사람으로 말미암아 임신하였는데 그 자식들이 아직 나지도 아니하고 무슨 선이나 악을 행하지 아니한 때에 택하심을 따라 되는 하나님의 뜻이 행위로 말미암지 않고 오직 부르시는 이로 말미암아 서게 하려 하사 리브가에게 이르시되 큰 자가 어린 자를 섬기리라 하셨나니 기록된 바 내가 야곱은 사랑하고 에서는 미워하였다 하심과 같으니라 (롬 9:10-13)

야곱의 예를 드는 이유가 무엇인지 아시겠습니까? 하나님의 백성 된 자가 얻는 복 중에 그 어떠한 것도 하나님 앞에 무엇을 바쳐서 보상으로 받은 것이 아닙니다. 신자로서 갖는 모든 복은 하나님 쪽에서 먼저 은혜와 능력으로 주기를 기뻐해서 일어난 결과입니다. 모세가 이스라엘을 향하여 한 경고가 무엇입니까? '하나님이 너희를 택하신 것은 너희가 다른 나라보다 잘나서가 아니다. 너희 민족이 다른 민족보다 더 똑똑해서가 아니다.' 바로 이런 경고였습니다.
　여기서 야곱을 택하는 것을 보면 에서가 형이고 야곱이 동생인데, 그들이 태어나기 전에 하나님이 야곱을 택하셨습니다. 누가 더 택할 만한 조건을 가진 것이 아닙니다. 나중에 보면 에서가 좀 낫고 야곱이 더 악질로 나옵니다. 하나님이 야곱을 택한 것은 야곱에게 어떤 조건이 있었기 때문이 아닙니다. 우리에게 일어난 일은 다 하나님이 우리를 사랑하사 은혜로 주신 것입니다. 우리는 모두 다 하나님 앞에 죄인이요, 하나님 앞에 상 받을 만한 조건이나 이유나 능력이 없습니다. 지금 야곱의 선택이 이런 사실을 보여줍니다.

이런 내용을 구원에다 놓고 이야기하면 우리는 기꺼이 아멘을 하는데, 믿음에다 놓고 이야기하면 귀에 금방 안 들어옵니다. 그 이유가 무엇인지 아십니까? 믿음도 구원처럼 은혜이며 하나님 쪽에서 시작되었다는 생각을 못하기 때문입니다. 오히려 그 반대로 믿음은 자기 책임 쪽에다 둡니다. 그런데 그 책임도 하나님 쪽에서 보이신 하나님의 기뻐하심, 하나님의 요구하심에 반응하는 책임으로 생각하지 못합니다. 열심을 떠는 것을 믿음의 책임으로 인식하는 일이 많습니다. 그러니 항상 헷갈릴 수밖에 없습니다. 그래서 믿음이 좋았다, 말았다 하는 것입니다.

자기가 잘하면 자기 믿음이 좋아 보이고, 자기가 못하면 아닌 것 같습니다. 마찬가지로 기도도 악을 써야 기도한 것 같습니다. 그것은 마치 목욕할 때 타월로 피부를 문질러 피가 날 만큼 벌겋게 되어야 직성이 풀리는 것과 같습니다. 그렇게 하면 시원한 맛은 있을지 몰라도 때를 미는 방법으로는 적합하지 않습니다. 자꾸 핀트를 못 맞추고 있습니다. 어느 사회에서든 사람들이 갖는 종교에 대한 가장 본성적이고 공통되는 사상이 무엇인지 아십니까? 지성이면 감천이다, 입니다. 기초를 똑바로 놓아야 합니다. 그렇지 못해서 우리는 스스로를 많이 괴롭히고 있습니다. 우리는 열심은 있는데, 정확도에서는 굉장히 떨어집니다. 이것이 문제입니다. 에베소서 1장 17절 이하에, 사도 바울의 유명한 기도가 나옵니다.

우리 주 예수 그리스도의 하나님, 영광의 아버지께서 지혜와 계시의 영을 너희에게 주사 하나님을 알게 하시고 너희 마음의 눈을 밝히사 그의 부르심의 소망이 무엇이며 성도 안에서 그 기업의 영광의 풍성함이 무엇이며 그의 힘의 위력으로 역사하심을 따라 믿는 우리에게 베푸신 능력의 지극히 크심이 어떠한 것을 너희로 알게 하시기를 구하노라 그의 능력이 그리스도 안에서 역사하사 죽은 자들 가운데서 다시 살리시고 하늘에서 자기의 오른편에 앉히사 모든 통치와 권세와 능력과 주권과 이 세상뿐 아니라 오는 세상에 일컫는 모든 이름 위에 뛰어나게 하시고 또 만물을 그의 발 아래에 복종하게 하시고 그를 만물 위에 교회의 머리로 삼으셨느니라 (엡 1:17-22)

참으로 굉장한 말씀입니다. 바울 사도가 말하는 바가 이것 아니겠습니까. '너희가 얻은 구원이 얼마나 굉장한 줄 아느냐? 그것은 시작에 불과하다. 그런데 그 시작이 얼마나 굉장한 것인지 아느냐? 하나님께서 자기 아들을 십자가에 못 박아 죽이고 그를 살리신 것에 근거하고 있다. 이것이 큰 능력이요, 큰 열심과 큰 정성으로 한 일이다.' 바로 이것입니다. 그다음에 그의 말은 어디로 이어집니까? 예수님을 교회의 머리, 곧 우리의 머리로 주셨다는 데로 이어집니다.

쉽게 한번 생각해 봅시다. 우리가 하나님 앞에 범죄한 짐승이었다고 가정해 봅시다. 우리가 그런 짐승이나 물건에 지나지 않았다면, 창세기 3장에서 범죄한 것들을 4장에 가서 다 없애고 다시 새로 만들었다고 했어야 합니다. 그런데 그런 일은 일어나지 않았습니다. 범죄한 인간을 동산에서 쫓아내시고, 하나님께서 그의 종들을 계속 보내시고, 인류의 역사에 간섭하시고, 메시야를 보내어 인류를 구원하시겠다고 누누이 예언하게 하셨습니다. 여인의 후손이 뱀의 머리를 밟을 것이라고 하셨습니다.

우리를 구원하기로 하신 그 약속대로 자기 아들을 이 땅에 보내시고 그를 십자가에 죽이시고 우리를 구원하셨습니다. 지금도 하늘 보좌 우편에서 예수 그리스도께서 우리를 위하여 기도하시며, 우리의 머리가 되사 우리를 지키고 계시며, 우리를 그의 몸으로 부르십니다. 그러므로 구원이란 더렵혀진 종이를 찢어 없애고 새 종이에 다시 그리는, 고장 난 기계를 고치는, 벗겨진 칠을 새로 칠하는 정도의 것이 아닙니다. 하나님은 처음에 만든 인류를 인격 대 인격의 대상으로 고귀하게 대접해 주셨지, 인간의 잘못으로 인간이 망가지게끔 내버려두지 않으셨습니다. 하나님은 인간을 그의 형상대로 지으신 원래 목적대로 만드시려고 구속하는 일을 행하셨습니다. 이렇게 하여 사람들이 하나님을 알고, 하나님께 항복하고, 하나님이 원하시는 그의 형상에 맞는 수준에 이르게 하실 것입니다. 하나님이 온 천하 만물을 지으시는데는 엿새밖에 안 걸렸는데 비해, 신구약 역사는 몇 천 년인지 모릅니다. 인류의 전 역사에 걸쳐서 하나님이 일하고 계시다는 이야기입니다.

바울 사도는 믿음의 기초를 에베소서 1장 17절에서 이렇게 말씀합니다. "우리 주 예수 그리스도의 하나님, 영광의 아버지께서 지혜와 계시의 영을 너희에게 주사 하나님을 알게 하시고." 하나님을 아는 것이 믿음의 가장 중요한 기초라는 것입니다. 그리고 더 나아 갑니다. "너희 마음의 눈을 밝히사 그의 부르심의 소망이 무엇이며 성도 안에서 그 기업의 영광의 풍성이 무엇이며." 하나님은 도대체 어디까지 우리를 데리고 가시려고 이렇게 큰 일을 하셨나! 나에게 찾아오셔서 내 심령을 중생시키시며 하나님을 알게 하시며 항복을 받아내시기까지 온 인류 역사와 세상뿐 아니라 내 개인의 인생에도 개입하셔서 이렇게까지 하셨나!' 우리는 놀라지 않을 수 없습니다. 이런 사실을 통해서 우리는 하나님이 시작하신 구원과 믿음이 이르러야 할 궁극의 목적지가 참으로 대단하다는 것을 보게됩니다. "그의 힘의 위력으로 역사하심을 따라 믿는 우리에게 베푸신 능력의 지극히 크심이 어떠한 것을 너희로 알게 하시기를 구하노라." 바울은 우리가 그처럼 알게 되기를 바라고 있습니다.

완성의 경지에 이르게 하심

그러면 왜 사도 바울은 이 구원을 우리가 알아야 할 지식으로까지 끌고 갑니까? 그것은 구원이 믿음과 연결되어 있기 때문입니다. 구원은 하나님이 범죄한 인간, 하나님을 외면하고 죄 아래로 도망간 인간을 죄만 없애는 것으로 끝내지 않고 하나님의 자녀로 완성시키는 것입니다. 자녀는 하나님, 그 아버지를 닮는 것입니다. 성경은 이렇게 요구합니다.

오직 사랑 안에서 참된 것을 하여 범사에 그에게까지 자랄지라 그
는 머리니 곧 그리스도라 (엡 4:15)

그리스도에게까지 자라라는 것입니다. 하나님이 우리에게 무슨 일
을 시작하셨으며 그 일에 하나님이 얼마만큼의 노력과 힘을 기울
이고 계시는가를 알라는 것입니다. 하나님이 무엇을 목적하시고
홀로, 그리고 먼저 얼마나 큰 열심을 내셨는지 알라는 것입니다. 이
구원은 어떤 것입니까? 더러워진 데를 깨끗하게 하고, 구겨진 종이
를 펴고, 먼지 묻은 것을 털어내는 것이 아니라, 하나님의 자녀로서
하나님을 닮아 가게 하는 것입니다. 아버지를 닮아 자식이 장성한
자리에 가는 것입니다. 이것을 가리켜 구원의 완성이라고 합니다.
그리고 이 구원의 완성은 결국 믿음의 완성인 것입니다.

　우리는 우리의 구원이 다 이루어졌다고 말하지 못합니다. 그것
은 우리의 믿음이 아직 완전하지 않은 탓입니다. 물론 우리는 지금
죽어도 천국에 갈 것을 믿습니다. 우리는 하나님의 자녀이고 이 신
분은 누가 와서 흔들지 못합니다. 그런데 하나님은 왜 아직 우리를
안 데려가십니까? 그것은 아직 믿음이 다 크지 못한 때문이요 또
우리에게는 이 세상을 살아가는 동안에 하나님의 뜻을 펼쳐 그 은
혜를 나누어야 할 사명이 있기 때문입니다. 우리는 구원을 얻었다
는 것이 무엇을 의미하는지 알아야 합니다.

우리는 예수를 믿고 나서 구원을 확인한 다음 봉사하는 자리에서 멈춰 서는 이상한 습관이 있습니다. 하나님을 더 알며 더 가까이 하여 하나님이 우리 안에 찾아오시며 말씀하시며 우리와 동행하시고 우리와 대화하시고 우리를 통하여 영광을 나타내시려는 일에 더 깊이 들어가야 합니다. 그것은 쓰임을 받는 것과는 조금 다른 것입니다. 하나님을 아는 일에, 하나님을 닮는 일에, 말하자면 믿음에 있어서 우리가 깊은 경지에, 완성의 경지에 이르러야 합니다. 이 모든 일에서 그 시작의 근원은 하나님 한 분뿐입니다. 하나님만이 당신이 어떤 분이신지, 무엇을 좋아하시는지 설명하실 수 있고 나타내실 수 있고 요구하실 수 있습니다. 하나님이 시작하실 수밖에 없고, 우리는 언제나 이 기초 위에서만 반응하고 열심을 내야 할 책임이 있습니다.

우리는 하나님 앞에서 믿음이 없다고 이야기할 수 없습니다. 구원을 얻었으면 당연히 믿음이 있습니다. 하나님이 여러분을 찾아오셨고 대접하셨고 당신을 나타내셨기 때문입니다. 우리는 하나님을 압니다. 그 위에 책임 있고 장성한 믿음을 어떻게 세울 것인가는 다음에 살펴보겠습니다.

기도

하나님 아버지, 은혜를 감사합니다. 하나님께서 우리에게 찾아오사

2부 | 믿음은 어떻게 생기는가

우리에게 구원이 되셨으며 우리에게 상급이 되셨으며 우리에게 기쁨이 되셨습니다. 무엇보다도 하나님은 우리의 아버지가 되셨습니다. 우리는 당신의 자녀가 되었고 우리는 하나님을 본받아 닮고 하나님께서 기쁘게 허락하시는 모든 것들로 채우도록 되어 있습니다. 이 믿음의 시작을 허락하셨으니 이제 순종하며 인내하여 하나님의 사람으로 자라기로, 장성한 자리로 달려가기로 약속합니다. 우리를 지켜 주시사 우리의 인생을 통하여 하나님을 아는 일과 동행하는 일과 그래서 하나님의 영광을 드러내는 일에 승리하게 하여 주시옵소서. 예수님의 이름으로 기도합니다. 아멘.

요점과 확인

1. 믿음은 하나님이 시작하시지 않는 한 결단코 발생할 수 없다.

2. 믿음은 구원과 상통하는 바가 있다. 구원도 하나님에 의해서 시작되기 때문이다.

3. 믿음의 근본 터는 하나님에 대한 지식과 사랑이다.

4. 믿음이 구원처럼 하나님에 의해서 시작된다는 사실을 똑바로 인식하지 못하면 어떤 일이 발생하는가?

137

8

하나님을 알아야 자라난다

깊도다 하나님의 지혜와 지식의 풍성함이여, 그의 판단은 헤아리지 못할 것이며 그의 길은 찾지 못할 것이로다 누가 주의 마음을 알았느냐 누가 그의 모사가 되었느냐 누가 주께 먼저 드려서 갚으심을 받겠느냐 이는 만물이 주에게서 나오고 주로 말미암고 주에게로 돌아감이라 그에게 영광이 세세에 있을지어다 아멘 (롬 11:33-36)

우리는 믿음이 어떻게 생기는지에 대해 생각하고 있습니다. 믿음은 하나님과의 인격적인 관계입니다. 이 관계가 성립되려면 하나님과 화목해야 하고 하나님을 알아야 합니다. 그래서 우리는 먼저 구원을 얻어야 합니다. 이 구원은 하나님의 전적인 은혜와 사랑과 홀로 행하시는 하나님의 능력에 기인하며, 믿음도 그런 차원에서 하나님이 먼저 당신을 우리에게 나타내시며 알게 하시는 것으로 시작된다고 이야기했습니다. 그런 차원에서 믿음은 은혜요, 구해야 하는 것입니다.

믿을 만한 근거를 주심

출애굽기 10장에 보면, 하나님께서 믿음의 근거가 될 내용들을 먼저 제시하시는 일들이 성경에 잘 드러나 있습니다.

여호와께서 모세에게 이르시되 바로에게로 들어가라 내가 그의 마음과 그의 신하들의 마음을 완강하게 함은 나의 표징을 그들 중에 보이기 위함이며 네게 내가 애굽에서 행한 일들 곧 내가 그들 가운데에서 행한 표징을 네 아들과 네 자손의 귀에 전하기 위함이라 너희는 내가 여호와인 줄을 알리라 (출 10:1-2)

하나님께서 이스라엘 백성을 애굽에서 꺼내실 때 왜 열 가지 재앙을 베푸셨습니까? 사실 재앙을 그렇게까지 내릴 필요는 없어 보입니다. 하나님이 굳이 홍해를 가르시거나 또는 구름기둥과 불기둥으로 이스라엘 백성을 광야에서 인도하시지 않아도 됩니다. 그냥 회오리바람이나 구름을 이용해 이스라엘 백성을 전부 모아 꺼내오실 수도 있습니다. 그러나 그렇게 했다면 하나님이 어떤 분인지를 아는 일에 이스라엘 백성이 별로 이익을 보지 못했을 것입니다. 그래서 이 긴 과정을 허락하셨다고 합니다.

바로를 치고 항복시키는 것은 하나님께는 훨씬 쉬운 일입니다. 일회전 시작 일 초 만에 케이오시킬 수 있지만 십 회전까지 간 것은 하나님이 누구이신가를 이스라엘 백성 앞에 보이셔야 했기 때문입니다. 하나님은 하나님의 백성으로 부름받은 자녀들의 마음과 생각 속에 하나님을 이해시키실 필요가 있었습니다. 그래서 바로를 단숨에 케이오시키지 않았다고 성경은 기록하고 있습니다. 출애굽기 19장에서 몇 구절을 읽어 봅시다.

세계가 다 내게 속하였나니 너희가 내 말을 잘 듣고 내 언약을 지키면 너희는 모든 민족 중에서 내 소유가 되겠고 내게 대하여 제사장 나라가 되며 거룩한 백성이 되리라 너는 이 말을 이스라엘 자손에게 전할지니라 (출 19:5-6)

여호와께서 모세에게 이르시되 내가 빽빽한 구름 가운데서 네게 임함은 내가 너와 말하는 것을 백성들이 듣게 하며 또한 너를 영영

히 믿게 하려 함이니라 모세가 백성의 말을 여호와께 아뢰었으므로 (출 19:9)

하나님이 이스라엘 백성에게 전해야 될 내용을 5, 6절에서 말씀하셨고, 9절을 보면 그 내용을 전할 뿐만 아니라 하나님이 시내산에 강림하셔서 하나님의 임재를 나타내시고 두려움과 위엄을 보이십니다. 빽빽한 구름과 천둥과 우레 소리를 듣고 이스라엘 백성이 다 놀랍니다.

뭇 백성이 우레와 번개와 나팔 소리와 산의 연기를 본지라 그들이 볼 때에 떨며 멀리 서서 모세에게 이르되 당신이 우리에게 말씀하소서 우리가 들으리이다 하나님이 우리에게 말씀하시지 말게 하소서 우리가 죽을까 하나이다 (출 20:18-19)

이제 출애굽기 19장 9절을 다시 보십시다.

여호와께서 모세에게 이르시되 내가 빽빽한 구름 가운데서 네게 임함은 내가 너와 말하는 것을 백성들이 듣게 하며 또한 너를 영영히 믿게 하려 함이니라 모세가 백성의 말을 여호와께 아뢰었으므로 (출 19:9)

모세를 통하여 주신 말씀의 신실함과 신적 권위를 사람들에게 믿게 하려고 하나님께서 일부러 이런 초월적인 현상을 준비하셨다고 말씀합니다. 결론적으로 믿을 만한 근거를 제시한 것입니다.

성경을 보면 하나님께서 족장들이나 이스라엘 백성에게 나타나셔서 '하나님을 믿으라'고 요구할 때 늘 나오는 표현이 있습니다. '나는 너희 조상의 하나님이니 아브라함의 하나님 이삭의 하나님 야곱의 하나님이니라.' 이렇게 말씀함으로써 아브라함의 생애, 이삭의 생애, 야곱의 생애를 복되게 하시고 승리하게 하시며 그들의 인생을 지키사 하나님의 하나님 되심을 우리에게 확인시키신 하나님으로 증거합니다. 모세를 만날 때도 '나는 너희 조상의 하나님이니 아브라함의 하나님 이삭의 하나님 야곱의 하나님이니라'라고 하는 믿을 만한 전력(前歷)을 제시합니다. 한 걸음 더 나아가서 출애굽 사건 이후에는 계속하여 이스라엘 백성에게 '나는 너희를 종 되었던 애굽에서 구원하여 낸 너희 하나님 여호와다'라고 말씀하십니다. 하나님은 사람들이 믿을 수 있는 내용들로 당신을 설명하십니다. 하나님이 큰 능력을 가지셨고 이스라엘 백성들에 대하여 사랑을 가지셨으며 종 되었던 곳에서 해방시켜 젖과 꿀이 흐르는 땅에 살게 하셨다는 것입니다.

믿음이란 내가 가진 어떤 목적이나 소원을 가지고 시작할 문제가 아닙니다. 왜냐하면 믿음은 대상에 대해 믿을 만한 내용으로 생기기 때문입니다. 믿음은 언제나 그 대상이 얼마나 신뢰할 만한가, 무엇을 기대할 만한가에 대한 내용이 먼저 제시됩니다. 이 내용에는 단순히 하나님은 능력이 많으시다, 하나님은 사랑이시다, 라는 것만 있지 않습니다. 하나님이 무엇에 대하여 신실하고 능력이 있는지가 담겨 있습니다.

성경에는 무슨 이야기나 다 있는 것이 아니라, 필요한 이야기만 있습니다. 하나님이 누구시며, 하나님이 우리에 대하여 어떤 뜻을 갖고 계시며, 하나님이 기뻐하시는 것이 무엇이고, 하나님이 싫어하시는 것이 무엇인가 하는 점이 나옵니다. 내일 어떤 주식을 팔고 사면 돈을 버는지 따위의 이야기는 나오지 않습니다.

하나님을 아는 것이 가장 큰 목적

그러므로 우리가 믿음에 대하여 이야기할 때는 다음의 내용을 놓치면 안 됩니다. 우리를 지으시고 찾아오신, 우리에게 인격적인 신뢰의 관계를 요구하는 그분이 우리에게 무엇을 요구하시며 기대하고 계시는가를 알아야 합니다. 즉 그분이 믿을 만한 분이며 우리는 무엇을 믿어야 하는가를 그분이 정하신다는 사실을 놓치면 결코 안 됩니다. 그러므로 믿음이란 뜨거움의 싸움이 아닙니다. 아무 의심 없이 순수하게 믿는다고 하는 것은 믿음이 아닙니다. 의심과 불만이 없고 갈등이 없는 것을 믿음이라고 생각하는 이들이 있는데, 전혀 그렇지 않습니다. 생각해야 되고 분별해야 되고 어떤 것들은 배제할 줄 알아야 합니다. 신명기 4장을 봅시다.

네가 있기 전 하나님이 사람을 세상에 창조하신 날부터 지금까지 지나간 날을 상고하여 보라 하늘 이 끝에서 저 끝까지 이런 큰 일이 있었느냐 이런 일을 들은 적이 있었느냐 어떤 국민이 불 가운데에서 말씀하시는 하나님의 음성을 너처럼 듣고 생존하였느냐 어떤 신이 와서 시험과 이적과 기사와 전쟁과 강한 손과 편 팔과 크게 두려운 일로 한 민족을 다른 민족에게서 인도하여 낸 일이 있느냐 이는 다 너희의 하나님 여호와께서 애굽에서 너희를 위하여 너희의 목전에서 행하신 일이라 이것을 네게 나타내심은 여호와는 하나님이시요 그 외에는 다른 신이 없음을 네게 알게 하려 하심이니라 여호와께서 너를 교훈하시려고 하늘에서부터 그의 음성을 네게 듣게 하시며 땅에서는 그의 큰 불을 네게 보이시고 네가 불 가운데서 나오는 그의 말씀을 듣게 하셨느니라 여호와께서 네 조상들을 사랑하신 고로 그 후손인 너를 택하시고 큰 권능으로 친히 인도하여 애굽에서 나오게 하시며 강대한 여러 민족을 네 앞에서 쫓아내고 너를 그들의 땅으로 인도하여 들여서 그것을 네게 기업으로 주려 하심이 오늘과 같으니라 그런즉 너는 오늘 위로 하늘에나 아래로 땅에 오직 여호와는 하나님이시요 다른 신이 없는 줄을 알아 명심하고 오늘 내가 네게 명령하는 여호와의 규례와 명령을 지키라 너와 네 후손이 복을 받아 네 하나님 여호와께서 네게 주시는 땅에서 한 없이 오래 살리라 (신 4:32-40)

하나님이 누구신지를 설명하는 부분이 굉장히 많고, 분명합니다.

결과를 이루고 목적을 달성하는데 하나님의 능력이 동원됩니다. 그것이 무엇을 이루는가 하는 문제는 결과가 아닙니다. 그 일에 연루된 하나님을 백성이 얼마나 이해했느냐 하는 것이 결과요, 목적하는 바의 가장 큰 부분입니다. 우리가 신앙생활을 하면서 가장 섭섭해 하는 것은 모든 고통을 빨리 면해서 즉시 행복하고 승리한 자리에 갔으면 하는 것인데 그렇게 되지 않는다는 사실 아닙니까?

그러나 하나님에게는 그렇게 가는 형통한 자리, 승리한 자리가 목적이 아닙니다. 우리의 마음이 하나님을 알고 하나님을 기뻐하고 하나님만으로 만족하는 것을 목적으로 삼으십니다. 그런데 이렇지 못하고 하나님이든 누구든 아무나 좋으니 빨리 결과를 받아 내려는 태도에는 그 결과를 줄 수가 없는 것입니다. 하나님이 우리에게 무엇을 요구하는지 상당히 모호할 때가 많습니다. 하나님이 우리에게 주실 것이 고통을 면하는 것이요, 남 앞에서 큰소리칠 수 있는 처지라고 오해하는 경우가 많습니다. 하나님은 우리 마음에 오직 하나님만 있기를 바라십니다. 그래서 우리의 고난은 끊이지 않습니다.

한 인격이 한 인격에게 항복하는 것은 하루아침에 단번에 되는 것이 아닙니다. 한 사람을 이해하고 한 사람과 깊어지며 한 사람을 사랑하는 데는 오랜 과정이 필요합니다. 우리가 하나님을 알며 하나님 앞에 항복하며 하나님이 누구신가를 우리 마음에 제대로 깨달아 하나님만으로 기뻐하며 사랑하며 감사하는 자리에 가려면 매우 긴 과정과 많은 내용이 필요하다는 것을 인정해야 합니다. 왜냐

하면 하나님은 인간과 비교할 수 없이 무한하시고 풍성하시고 높으신 분이기 때문입니다. 그분을 알고 그분에게 항복하는 일이 시작이야 쉽겠습니다만 그 끝은 없다는 것입니다. 그렇지 않겠습니까? 그것이 얼마나 우리에게 복인가를 생각했으면 좋겠습니다. 신명기 8장에 가봅니다.

내가 오늘 명하는 모든 명령을 너희는 지켜 행하라 그리하면 너희가 살고 번성하고 여호와께서 너희의 조상들에게 맹세하신 땅에 들어가서 그것을 차지하리라 네 하나님 여호와께서 이 사십 년 동안에 네게 광야 길을 걷게 하신 것을 기억하라 이는 너를 낮추시며 너를 시험하사 네 마음이 어떠한지 그 명령을 지키는지 지키지 않는지 알려 하심이라 너를 낮추시며 너를 주리게 하시며 또 너도 알지 못하며 네 조상들도 알지 못하던 만나를 네게 먹이신 것은 사람이 떡으로만 사는 것이 아니요 여호와의 입에서 나오는 모든 말씀으로 사는 줄을 네가 알게 하려 하심이니라 이 사십 년 동안에 네 의복이 해어지지 아니하였고 네 발이 부르트지 아니하였느니라 (신 8:1-4)

사람이 떡으로 살지 않고 하나님의 말씀으로 산다는 것을 깨우치게 하시려고 얼마만큼 기다리셨습니까? 사십 년 광야 생활을 기다려 주셨습니다. 사십 년이 되면 깨닫는다는 것이 아니라 이스라엘 백성이 깨닫도록 그런 기간을 기다려 주셨다는 말입니다. 우리에게 진정 필요한 것이 무엇인가. 더 쉽게 표현해서 하나님이 어떻게 우리의 모든 것에 대한 답이 되시는가를 알게 하려고 하나님이 광야 사십 년의 세월을 기다려 주셨습니다. 이스라엘 백성 쪽에서 보면, 애굽에서는 나왔는데 약속한 땅에는 들여 보내주지도 않고 광야에서 사십 년 간을 지냈으니, 그들이 얼마나 많은 불평을 했습니까?

하나님을 아는 일에 아둔함

우리도 부모된 마음으로 한번 생각해 봅시다. 부모된 마음에서 그것이 또 얼마나 안타까운 마음이었겠습니까? 자식을 훌륭하게 키워야겠는데 말은 못 알아듣고, 알아먹게끔 고생은 시켜야겠는데 고생하는 것을 보자니 차마 눈 뜨고 못 보겠고, 그렇지 않습니까? 자식 잘 키우려면 군대 보내십시오. 군대 보내면 밥이 안 넘어 갑니다. 군대 간 자녀가 오늘 하루 잘 보냈는지, 밥은 잘 먹는지, 동료들한테 미움은 안 사는지, 부모의 마음은 안타깝습니다. 그런데 왜 보냅니까? 그냥 보호하고 끼고 살면 올챙이가 개구리는 될 수 없기 때문입니다. 이것이 부모의 마음인 것입니다. 이스라엘 입장에서 광야 사십 년을 본다면, 저들이 고생했다, 하나님이 너무하신 것 아니냐고 할 수 있습니다. 아니요. 하나님이 더 마음 아파하시고 간절해 하십니다.

우리가 자식한테 꾸중하고 욕까지도 해보다가, '야, 내가 이렇게 빈다'라고 해보셨을 것입니다. 이것이 부모의 마음입니다. 때리고 별소리를 다 해도 안 되니까 마지막에는 빕니다. 하나님이 우리를 어떤 사람으로 만들려고 하시는가를 알아야 합니다. 진리를 알고, 무엇이 복인지를 알고, 사람의 진정한 가치가 무엇인지를 알고, 하나님이 누군지를 알고, 어떻게 해야 내가 복을 받는지를 알고, 무엇이 자기의 영광이 되는지를 알아야 합니다. 이것이 우리가 말하는 신앙이요 순종해야 되는 내용입니다. 이것은 다 우리를 위한 것입니다. 하나님이 우리를 위하여 요구하시고 만드신 것입니다. 하나님은 우리에게 제발 하라, 라고 빌고 계시는데 우리는 마치 철딱서니 없는 애들과 같습니다.

신약에서는 어떻게 표현하고 있는지 사도행전 17장을 봅시다. 바울이 아덴에 가서 우상이 가득한 것을 보고 화가 났습니다. 그래서 그들에게 전도하는 말입니다.

바울이 아레오바고 가운데 서서 말하되 아덴 사람들아 너희를 보니 범사에 종교심이 많도다 두루 다니며 너희가 위하는 것들을 보다가 알지 못하는 신에게라고 새긴 단도 보았으니 그런즉 너희가 알지 못하고 위하는 그것을 내가 너희에게 알게 하리라 우주와 그 가운데 있는 만물을 지으신 하나님께서는 천지의 주재시니 손으로 지은 전에 계시지 아니하시고 또 무엇이 부족한 것처럼 사람의 손으로 섬김을 받으시는 것이 아니니 이는 만민에게 생명과 호흡과 만물을 친히 주시는 이심이라 모든 족속을 한 혈통으로 만드사 온 땅

에 살게 하시고 그들의 연대를 정하시며 거주의 경계를 한정하셨으
니 사람으로 혹 하나님을 더듬어 찾아 발견하게 하려 하심이로되
그는 우리 각 사람에게서 멀리 계시지 아니하도다 우리가 그를 힘
입어 살며 기동하며 존재하느니라 너희 시인 중 어떤 사람들의 말
과 같이 우리가 그의 소생이라 하니 이와 같이 하나님의 소생이 되
었은즉 하나님을 금이나 은이나 돌에다 사람의 기술과 고안으로 새
긴 것들과 같이 여길 것이 아니니라 알지 못하던 시대에는 하나님
이 간과하셨거니와 이제는 어디든지 사람에게 다 명하사 회개하라
하셨으니 이는 정하신 사람으로 하여금 천하를 공의로 심판할 날을
작정하시고 이에 그를 죽은 자 가운데서 다시 살리신 것으로 모든
사람에게 믿을 만한 증거를 주셨음이니라 하니라 (행 17:22-31)

신약시대의 사람들은 믿음의 근거를 예수 그리스도의 오심과 그의
부활이라고 말합니다. 이것은 역사적 사실입니다.

사도 바울이 아덴의 시민을 향하여 한 발언이 참으로 의미심장
합니다. '너희들 생각해봐라. 사람이 어찌하여 자기가 만든 우상 앞
에 절한단 말이냐! 어떻게 사람의 손으로 신이 지음을 받는다는 말
이냐! 신이 어떻게 사람에게 공궤(供饋)를 받는다는 말이냐! 신이
있다면 사람에게 뭘 주어야 하는 것 아니냐! 이제 하나님이 우리 모
두에게 회개하고 하나님만 섬기라고 하신다.' 바울은 예수 그리스
도께서 이 땅에 오심과 그의 부활이 믿음의 근거라고 제시합니다.

누가복음 1장 1절에서 4절까지 보면 누가복음을 기록한 누가

가 데오빌로 각하에게 글을 보내는데 무슨 목적으로 썼는지가 나옵니다.

우리 중에 이루어진 사실에 대하여 처음부터 목격자와 말씀의 일꾼된 자들이 전하여 준 그대로 내력을 저술하려고 붓을 든 사람이 많은지라 그 모든 일을 근원부터 자세히 미루어 살핀 나도 데오빌로 각하에게 차례대로 써 보내는 것이 좋은 줄 알았노니 이는 각하가 알고 있는 바를 더 확실하게 하려 함이로라 (눅 1:1-4)

모든 믿음은 사실을 근거로 하며 존재하는 인격을 대상으로 합니다. 기독교 신앙의 내용이 무엇이고 믿을 만한 근거가 무엇입니까? 그 내용의 진리 됨과 그 내용을 담보하는 이가 인격적으로 거룩하고 확실한 존재라는 사실에 근거합니다. 하나님이 우리에게 하나님 자신을 나타내시면 그때 우리의 영혼은 거기에 반응하고 시험하여 어떤 결정을 하게 됩니다.

오래 참고 기다리시는 하나님

이런 일에 관한 가장 대표적인 사건이 아브라함이 이삭을 바친 사건입니다. 앞서 여러 차례 보았지만 상당히 극적인 내용이므로 한번 더 봅시다.

그 일 후에 하나님이 아브라함을 시험하시려고 그를 부르시되 아브라함아 하시니 그가 이르되 내가 여기 있나이다 여호와께서 이르시되 네 아들 네 사랑하는 독자 이삭을 데리고 모리아 땅으로 가서 내가 네게 일러 준 한 산 거기서 그를 번제로 드리라 아브라함이 아침에 일찍이 일어나 나귀에 안장을 지우고 두 종과 그의 아들 이삭을 데리고 번제에 쓸 나무를 쪼개어 가지고 떠나 하나님이 자기에게 일러 주신 곳으로 가더니 제삼일에 아브라함이 눈을 들어 그 곳을 멀리 바라본지라 이에 아브라함이 종들에게 이르되 너희는 나귀와 함께 여기서 기다리라 내가 아이와 함께 저기 가서 예배하고 우리가 너희에게로 돌아오리라 하고 아브라함이 이에 번제 나무를 가져다가 그의 아들 이삭에게 지우고 자기는 불과 칼을 손에 들고 두 사람이 동행하더니 이삭이 그 아버지 아브라함에게 말하여 이르되 내 아버지여 하니 그가 이르되 내 아들아 내가 여기 있노라 이삭이 이르되 불과 나무는 있거니와 번제할 어린 양은 어디 있나이까 아브라함이 이르되 내 아들아 번제할 어린 양은 하나님이 자기를 위하여 친히 준비하시리라 하고 두 사람이 함께 나아가서 하나님이 그에게 일러 주신 곳에 이른지라 이에 아브라함이 그 곳에 제단을 쌓고 나무를 벌여 놓고 그의 아들 이삭을 결박하여 제단 나무 위에 놓고 손을 내밀어 칼을 잡고 그 아들을 잡으려 하니 여호와의 사자가 하늘에서부터 그를 불러 이르시되 아브라함아 아브라함아 하시는지라 아브라함이 이르되 내가 여기 있나이다 하매 사자가 이르시되 그 아이에게 네 손을 대지 말라 그에게 아무 일도 하지 말라 네가

151

네 아들 네 독자까지도 내게 아끼지 아니하였으니 내가 이제야 네가 하나님을 경외하는 줄을 아노라 (창 22:1-12)

아브라함이 하나님에 대해서 도대체 얼마나 큰 믿음을 가지고 있느냐가 드러난 장면이고, 그것을 보여주고자 하는 장면입니다. 하나님이 이 장면을 우리에게 펼쳐 보이시는 것은 하나님이 오해받을 수 있는 어떤 요구를 하더라도 우리가 들어야 한다고 하는 그런 의도를 가지고 있는 것이 아닙니다. 하나님은 도대체 어떤 분이시길래 아브라함이 백 살에 얻은 아들을 바치라고 하였어도 기꺼이 바칠 수 있었는가라고 반문할 수도 있겠지만 하나님이 얼마나 믿을만한 분이신가를 확증하는 자리인 것입니다. 하나님을 어떻게 설명하면 그분에 대해서 항복하시겠습니까? 우리가 누군가에 대해서 설명할 때, 즉 내가 아는 어떤 사람이 참으로 존경할만하고 사귈만하고 기대할만하여 이 사람을 제삼자에게 소개하면서 이야기할 때 '이 사람이 나에게 눈을 달라고 하면 난 기꺼이 빼줄 수 있다'고 한다면 듣는 사람은 그 뜻을 대강 알아듣습니다. 그것이 바로 이 장면입니다.

그런데 우리가 확인하려는 것은 '하나님이 얼마나 항복할만한 분인가'보다는 '아브라함은 도대체 어떻게 이 자리까지 왔는가' 하는 점입니다. 우리가 아는 아브라함은 창세기 11장 끝에 등장합니다. 그때 칠십육 세라고 되어 있습니다. 그런 후에 아브라함이 이삭에게 짐을 지우고 올라갔다는 기록으로 추측해 보건대, 이삭이 열

살은 넘어서 십오륙 세쯤은 되었을 테니 하란을 떠나서 여기까지 한 사십 년이 흐른 것입니다. 창세기 12장에서 21장에 이르는 기간 동안 사십여 년이라는 아브라함의 생애 속에 하나님의 간섭이 얼마나 많았는가 보십시오. 그가 하나님의 부름을 받고 가나안 땅에 와서, 기근이 들어 애굽으로 피난 갔다가 아내를 누이라고 속여 빼앗기고 하나님이 바로를 쳐서 다시 얻고, 바로가 일종의 속전 같은 예물을 주어서 받아 나옵니다. 이때 그는 하나님이 정말 이렇게 세단 말인가 하는 경험을 하고, 롯과 헤어지고, 롯이 가 있던 소돔과 고모라 성이 전쟁 통에 져서 롯이 잡혀갔는데 자기 하인들을 데리고 가서 다시 빼앗아 오고, 하나님 앞에 '네 자손이 하늘의 별 같으리라'라는 약속을 받고, 하갈과의 사이에서 이스마엘을 낳았고 이스마엘 탓에 엄청 욕먹고, 정말 백 살에 이삭을 얻었습니다. 이렇게 그가 이 자리까지 온 것입니다.

하나님은 어느 날 갑자기 나타나셔서 밑도 끝도 없이 '너 셋 셀 동안에 내 말 들어라' 그렇게 하시지 않습니다. 모세에게 나타나셨을 때도 모세가 계속 말대답합니다. 그렇지만 하나님은 노여워하시지 않고 계속 대꾸해 주십니다. 왜 그런 줄 아십니까? 모세가 하나님을 잘 모르기 때문입니다. 거기에 대해서 하나님이 야단치지 않습니다. 예를 들어 내 손주가 아장아장 걸어와서 '할아버지, 밥 먹어!' 하는데 '아니 반말을 하느냐' 그럽니까? '어, 그래 우리 새끼 기특하기도 하지' 하고 대답합니다. 상대를 아는 것입니다. 아이가 더 자라나야 한다는 것을 아는 것입니다. 하나님이 그렇게 채우시는 과정이 먼저 있고 그런 다음에야 믿음을 요구하십니다. 하나님이 당신을 보이시고 우리에게 설명하시고 우리의 무지와 반대와 게으름과 완악함과 씨름을 하십니다. 그렇게 해서 우리를 만들어 내십니다. 이런 차원에서 믿음이 생겨난다는 것은 하나님의 선물입니다.

아브라함이 본토 친척 아비 집을 떠날 때에는 별 볼일 없었지만, 이제 그는 모든 믿는 자에게 최고의 선조인 믿음의 조상 아브라함이 되는 것입니다. 하나님이 만드신 것입니다. 초월적인 능력으로 조종하거나 조작해서 만든 것이 아니라 그의 마음과 영혼에 누누이 설명하시고 개입하시고 밀고 당기고 설명하시고 기회를 주시고 확인하게 하셔서 만드신 것입니다. 로마서 11장을 다시 봅시다.

깊도다 하나님의 지혜와 지식의 풍성함이여, 그의 판단은 헤아리지 못할 것이며 그의 길은 찾지 못할 것이로다 누가 주의 마음을 알았느냐 누가 그의 모사가 되었느냐 누가 주께 먼저 드려서 갚으심을 받겠느냐 이는 만물이 주에게서 나오고 주로 말미암고 주에게로 돌아감이라 그에게 영광이 세세에 있을지어다 아멘 (롬 11:33-36)

하나님이 왜 우리를 그렇게 여기시는지 알 수 없습니다. 우리 같은 것들을 위해서 하나님이 그 아들을 보내시고 찾아오시고 기다리시고 한숨 쉬시고 한탄하십니다. 물론 우리를 굉장하게 만드셨다는 것은 압니다. 아무리 굉장하더라도, 하나님은 한마디 말씀으로 없는 것을 있게 하시지 않습니까? 그런데 그렇게 하지 않으셨습니다. 이곳에 앉은 우리 모두는 최소한 예수님을 믿고서 여기에 나와 앉은 것 아닙니까? 사람이 떡으로만 살지 않고 하나님의 입으로 나오는 말씀으로 산다는 것을 저들에게 확인시켜 주시기 위하여 사십 년을 참고 기다려주신 하나님입니다. 우리가 아는 믿음의 조상 아브라함으로 만들기 위하여 그의 전 생애에 개입하셨습니다. 그래서 항복을 받아내신 하나님입니다.

우리 모두를 하나님의 자녀로 만들기 위하여 그 아들을 이 땅에 보내시고 우리 손에 죽도록 허락하신 하나님입니다. 우리 아닌 다른 사람에게만 그렇게 하신 것이 아니라 우리에게도 그렇게 하셨기 때문에 우리가 이 자리에 지금 있는 것입니다. 우리는 여간 꼴통이 아니잖습니까? 예수를 믿지 않았을 때에는 예수 믿는 사람들이 도대체 무슨 이야기를 해도 이해가 되지 않았습니다. 자기들끼리 좋다고 나와서 돈 내고 시간 내고 하는데, 그 돈 있으면 나한테나 달라. 왜 공휴일이면 모두 교회 가서 쩔쩔 대냐. 이렇게 말하던 편에 있다가 언제부턴가 교회에 나온 것 아닙니까? 하나님이 나에게 무슨 일을 행하셨기에 마침내 내가 교회에 와 앉아 있느냐는 것입니다.

잘 생각해 보십시오. 지금 자신의 신앙에 대해서 의심하며 스스로 부족감을 느끼고 있을지 모르지만, 이미 그렇게 느낄 만큼 신앙을 가지고 있어서 교회 와서 이런저런 불평도 하는 것입니다. 술 먹는 사람들은 술을 끊기 위해서 어떻게 애를 쓰냐 하면, 고민하다가

155

일단 술집에 가서 고민을 하자 그런 답니다. 그러면 평생 술을 못 끊습니다. 예수 믿는 사람들은 교회에 와서 의심을 합니다. 저한테 이런 시비 전화가 많이 옵니다. 목사님, 정말 하나님이 계시긴 계신 겁니까? 그걸 목사한테 물어볼 때는 벌써 신자인 것입니다. 자기의 신앙을 분명하게 해달라는 것입니다. 진짜인지 가짜인지, 하나님이 있나 없나를 알려 달라는 것입니다. 신앙의 자리에 서 있지 않고 중립 지대에서 고민하는 사람이라면 목사한테 물어보지 않고 '하나님이 없다'는 사람한테 물어봅니다. 여러분이 목사한테 신앙의 의문점을 물어보는 것은 확실하게 해달라는 것이지, '나 중간에 서 있습니다'라고 생각하기 때문이 아닙니다.

왜 그렇게 됐습니까? 하나님이 여러분의 인생에 벌써 이 모든 일을 행하신 것입니다. 이런 사실이 없다면 아무도 예수님을 알 수가 없고, 하나님을 알 수가 없고, 그 영혼이 하나님을 알기 위하여 열심을 낼 수도 없습니다. 이것이 이미 우리의 마음 깊은 곳에, 영혼 깊은 곳에 하나님을 아는 것과 하나님에 대한 항복이 가장 중요한 기초로 자리 잡고 있다는 증거입니다. 집이 잘 지어져 가지 않는다고 혹 불평할지 몰라도 그 기초를 흔들 자는 없습니다.

하나님이 그 기초를 놓아 주시지 않으면 아무도 하나님을 찾거나 하나님 앞에 나올 수 없습니다. 우리 마음에 이미 그 항복과 시작이 있었던 것입니다. '누가 주께 먼저 드려서 갚으심을 받겠느뇨' 하는 말씀대로, 하나님이 우리에게 이미 얼마나 많은 것을 하셨는가, 우리 영혼에 하나님을 얼마나 많이 나타내시고 우리 마음에 항복할 것들을 주셨는가, 이런 확인을 하실 필요가 있습니다. 물론 책임 있는 믿음에 대해서 계속하여 알아보고, 노력하고 연구해야 되지만 이 기초를 분명히 해놔야 합니다. 잘 확인되지 않는 것들입니다. 그러나 이 뿌리가 있어서 우리는 그 위에 집을 짓고 열매를 맺게 되고 만세를 부를 수 있습니다. 하나님이 먼저 찾아오셔서 우리 안에 새 일을 이루셔야 합니다. 하나님이 이미 개입하셨고 간섭하셨고 붙드셨고 놓지 않는 사람이 됐다는 확인으로 감사와 든든한 믿음의 기초가 정립되기를 바랍니다.

기도

하나님 아버지, 은혜를 감사합니다. 우리 하나님께서 우리에게 많은 것을 이미 시작하셔서서 우리로 하나님을 알게 하시며 항복하게 하셨습니다. 더 알기를 원하고 더 분명하게 해 주기를 원하는 우리의 소원을 주께서 시작하셨으니 이루어 주시고 채워 주실 줄로 믿습니다. 우리 하나님을 아는 일과 하나님으로 말미암아 감사하며 만족하는 일에 우리가 하나님이 기뻐하시는 길을 걷도록 더욱 우리의 영혼에 조명하시고 깨닫게 하시며, 힘써 노력하여 그 목적지에 도달하게 하여 주시옵소서. 예수님의 이름으로 기도합니다. 아멘.

2부 | 믿음은 어떻게 생기는가

요점과 확인

1. 믿음은 하나님을 앎으로써 발생하고 커간다. 이때 하나님은 자신이 어떤 분이신지 계속 믿을 만한 근거를 우리에게 제시하신다.

2. 믿음은 하나님을 알고 만족하는 것에 목적이 있다. 그런데 우리는 자신이 형통하고, 승리하는 실리적인 믿음보다 더 큰 것이 있다는 사실을 놓치곤 한다.

3. 믿음은 오래 참으시는 과정 속에서 성숙에 이른다. 아브라함이 믿음의 아버지가 될 때까지 하나님은 사십 년 동안 참고 기다리셨다.

4. 우리는 자신의 신앙에 대하여 의심하며 스스로 부족하다고 느낄 수 있다. 그럴지라도 무엇을 근거로 나의 신앙을 다시 확인해야 하는가?

9

책
임
을
지
는
것
이
다

네가 만일 네 입으로 예수를 주로 시인하며 또 하나님께서 그를
죽은 자 가운데서 살리신 것을 네 마음에 믿으면 구원을 받으리라
사람이 마음으로 믿어 의에 이르고 입으로 시인하여 구원에 이르
느니라 성경에 이르되 누구든지 그를 믿는 자는 부끄러움을 당하
지 아니하리라 하니 유대인이나 헬라인이나 차별이 없음이라 한
분이신 주께서 모든 사람의 주가 되사 그를 부르는 모든 사람에게
부요하시도다 누구든지 주의 이름을 부르는 자는 구원을 받으리
라 ⋯ (롬 10:9-15)

우리는 두 번에 걸쳐서 믿음이 어떻게 생기느냐 하는 문제를 생각해 보았습니다. 로마서 식으로 말하면 믿음은 들음에서 납니다. 기독교 신앙은 자생적인 것도 아니고 인간이 만들어낸 것도 아니라 밖으로부터 왔다는 뜻입니다. 그래서 믿음은 사실에 관한 확인이 아니라 우리에게 찾아오셔서 자신을 계시하신 하나님에 대한 신뢰이므로 당신을 우리에게 보이시는 일이 선행되어야 한다고 했습니다. 그런데 믿음이란 보여주는 것을 그냥 받는 행위가 아니라, 이해하고, 선택하고, 결정하는 책임을 갖습니다.

우리의 책임에 속함

'믿음은 은혜다'라고 말합니다. 하나님이 먼저 우리에게, 믿어야 할 대상인 하나님을 나타내시고 설명하시고 또 우리가 믿어야 할 내용들을 하나님 외에는 아무도 우리에게 보여주거나 설명할 수 없기 때문입니다. 즉 은혜란 언제나 하나님이 이 일을 시작하셔야만 가능합니다. 그럴지라도 이 은혜는 우리의 반응과 책임을 만들어 냅니다. 우리는 이 말을 이해해야 합니다.

'믿음은 은혜다'라고 하는 것은 우리 혼자서 하나님을 더듬어 알거나 우리가 기독교의 내용을 만들어 낼 수 없고, 하나님이 어떤 분이며 우리에게 무슨 내용을 채우기를 원하시는가에 대한 답을 하나님만 갖고 계신다는 뜻입니다. 하나님이 찾아오시고 설명하시고 주시지 않는다면 우리는 반응할 수 없습니다. 그래서 언제나 믿음은 은혜이지만 동시에 책임입니다. 하나님이 설명하시고 설득하시는 은혜이지만, 우리에게 아무런 책임도 없다고 하지 않습니다. 다시 말해 하나님이 시작하셨으니까 하나님이 끝장을 내시라며 우리의 책임까지 떠넘겨야 할 은혜가 아니라는 것입니다.

많은 이들이 이런 믿음의 은혜와 책임의 경계선을 혼동합니다. 믿음은 끝까지 은혜이면서 끝까지 책임입니다. 나중에 실천에 대하여 설명할 때 다루겠지만 은혜이면서 책임이라는 것은 믿음에서만 나타나는 것이 아니고, 구원에서도 나타납니다. 구원에서 우리는 은혜와 믿음의 양면성을 볼 수 있습니다. 로마서 10장이 그런 본문입니다. 그것은 로마서 3장에 나온 식의 '믿음 설명'이 아닙니다. 로마서 10장에서는 믿음이 하나님의 은혜요 선물이요 조건 없이 구원하는 하나님의 방법으로 소개되고 있지만, 믿음을 우리의 책임이라고 합니다. "네가 만일 네 입으로 예수를 주로 시인하며 또 하나님께서 그를 죽은 자 가운데서 살리신 것을 네 마음에 믿으면 구원을 받으리라"(롬 10:9).

이 구절은 구원에서 은혜를 설명할 때도 믿음을 등장시키고 책임을 설명할 때도 믿음을 등장시키는 양면을 말하고 있습니다. 그런데 이를 놓치면, 구원을 은혜로만 보고서 본인의 책임을 놓칠 수 있습니다.

로마서 10장은 분명하게 '하나님께서 그를 죽은 자 가운데서 살리신 것을 네 마음에 믿으면 구원을 받으리라'라고 말합니다. 이런 책임을 강조하는 믿음을 성경의 여러 곳에서 볼 수 있는데 그 대표적인 구절이 사도행전 16장 31절입니다. '주 예수를 믿으라 그리하면 너와 네 집이 구원을 받으리라.' 이때 믿음은 분명히 책임으로서의 믿음이며 조건으로서의 믿음입니다. 그리고 로마서 10장에서 말하는 믿음도 확실히 책임으로서의 믿음입니다. 그것은 은혜와 하나님의 선물로서 또는 예수 그리스도 안에서 우리를 구원해 내시는 하나님의 능력으로서의 믿음을 말하지 않습니다.

인격적 항복으로 드러남

그러면 왜 로마서 3장과 10장에서 믿음이라는 같은 단어가 사용됩니까? 그 이유가 있습니다. 믿음의 시작을 하나님이 일으키실 수밖에 없었듯이 구원에 있어서도 그 점이 똑같다는 것입니다. 구원은 하나님께서 시작하실 수밖에 없는 것이었고, 구원받지 못하면 즉 하나님을 알고 하나님과 화목하지 않으면 믿음도 시작될 수 없기 때문입니다. 믿음은 하나님에 대한 신뢰이기 때문에 하나님을 모른다면 믿음이 시작될 수 없습니다. 하나님이 당신을 알리셔서 일어나는 첫 번째 결과가 구원입니다. 그것은 하나님과의 화목이며 하나님을 아는 것이며 하나님을 믿고 사랑하게 되는 것입니다.

그런데 이 구원에서 하나님이 우리와 화목하시고 원수 되었던 것을 제거하시고 우리를 그의 자녀로 불러 하나님을 알게 하시는 그분의 행위는 우리를 기계처럼 조작하거나 조정하는 방식이 아니었습니다. 우리의 영혼에 하나님이 깊이 간섭하셔서 우리의 죽은 영혼을 소생시키시고 하나님과의 관계를 정상화시켜 하나님을 알게 하십니다. 즉 구원은 우리의 영혼과 전 인격에 대하여 일어난 일입니다.

구원이란, 지·정·의를 가진 하나님의 형상을 따라 지은 한 인격에게 하나님을 알리시고 하나님과 화목하게 하는 인격적 교류가 시작되는 것을 말합니다. 말하자면 한 가족을 만드는 행위입니다. 그래서 구원은 늘 영혼과 인격 안에서 역사가 이루어집니다. 구원이 이루어진 자에게는 하나님과 화목하는 일과 하나님을 아는 일에서 인격적인 반응이 제일 먼저 일어납니다. 그것은 회개입니다. 회개는 하나님께 얼마나 자기가 못할 짓을 하였다는 인격적 참회입니다. 하나님을 잊고 산 것, 하나님을 외면하고 산 것, 하나님 없이 산 것에 대한 참회입니다. 그것은 인격적인 것이지 윤리적이거나 도덕적인 것에 머물지 않습니다. 하나님과의 관계 속에서 자신의 인격적 위치를 보는 것입니다.

구원은 믿음의 반응과 책임을 요구합니다. 이것은 하나님의 은혜로 말미암아 믿음으로 얻는 구원의 첫 결실 혹은 변화된 모습이 인격에서 나타나야 하기 때문입니다. 구원은 인격에 대한 사역이요 변화요 기적이요 돌이킴입니다. 구원은 하나님의 은혜로 받은 것이 너무도 확실하지만 그 반응은 늘 인격적인 결단으로 나타납니다. 즉 '내가 주를 믿습니다. 주를 영접합니다. 내가 다시는 죄에

163

게 나를 팔아먹지 않겠습니다.' 이런 인격적인 첫 반응과 결단으로 드러나게 됩니다.

구원 얻은 자는 이런 인격적 반응을 하게 되는데 이를 바로 이해하지 못하면 은혜와 책임의 관계를 구원 자체에서도 놓치게 됩니다. 이것은 구원에서도, 믿음에서도 동일한 핵심입니다. 예수 믿는 사람이면 누구에게나 이루어지는 구원은 은혜의 결과이자 내게 이루어진 하나님의 의지와 능력에 따른 새로운 운명입니다. 이는 하나님의 은혜나 의지나 능력으로써 나를 조작한 것도 아니고, 기계 부속을 갈아 끼운 것과 같은 것도 아닙니다. 내 지성, 내 감정, 내 의지, 곧 전 인격과 전 영혼에 하나님이 베푸신 구원이 결실을 이룬 것입니다. 이는 아무리 강조해도 지나치지 않습니다.

우리는 에베소서 1장 3절 이하에서 '구원이 은혜다'라고 하는 대표적인 성경 구절을 읽을 수 있습니다.

찬송하리로다 하나님 곧 우리 주 예수 그리스도의 아버지께서 그리스도 안에서 하늘에 속한 모든 신령한 복을 우리에게 주시되 곧 창세 전에 그리스도 안에서 우리를 택하사 우리로 사랑 안에서 그 앞에 거룩하고 흠이 없게 하시려고 그 기쁘신 뜻대로 우리를 예정하사 예수 그리스도로 말미암아 자기의 아들들이 되게 하셨으니 이는 그가 사랑하시는 자 안에서 우리에게 거저 주시는 바 그의 은혜의 영광을 찬송하게 하려는 것이라 (엡 1:3-6)

하나님이 우리를 어느 때에 택하셨습니까? 창세 전입니다. 그렇다면 구원의 시작을 '창세 전'이라고 표현한 이유는 무엇이겠습니까? 하나님이 태초 이전부터 우리를 향하여 구원을 예비하셨다는 것입니다. 혹 생각하기를 '그럼 타락도 알고 계셨어요, 타락도 예정 속에 있었어요?'라고 물을 수 있겠으나 그런 뜻에서 '창세 전'이라는 말을 쓴 것이 아닙니다. 하나님에게는 계획을 변경하고 보완하는 일이 없습니다. 우리의 타락은 하나님의 뜻 가운데 있지 않습니다. 하나님은 악에게 시험을 받지 않고 또 누구를 시험하지도 않는 분입니다. 그에게는 악한 것이나 정당하지 못한 것이 없으십니다.

첫 조상이 타락하는 바람에 예수님이 십자가를 지신 것은 사실이지만 그렇지 않았다 할지라도 우리의 완성은 예수 그리스도 안에서 가능했을 것입니다. 그 점을 창세기 처음에서 볼 수 있습니다. "여호와 하나님이 이르시되 보라 이 사람이 선악을 아는 일에 우리 중 하나 같이 되었으니 그가 그의 손을 들어 생명 나무의 열매도 따먹고 영생할까 하노라"(창 3:22). 이런 이유로 아담과 하와는 에덴동산에서 쫓겨납니다. 생명 나무는 예수 그리스도를 상징하는 것으로 봅니다. 그래서 하나님이 사람을 지으셨을 때, 아담과 하와가 완성의 수준은 아니었던 것이 분명하며, 그리스도 예수로 말미암아 어떤 비약이 하나 더 남아 있었다고 생각해 볼 수 있습니다. 그런데 그들은 그리로 들어가지 못하고 타락하고 말았습니다.

이제 우리가 예수 그리스도 안에서 구원을 얻어 이르는 자리는 옛날 아담과 하와가 있던 자리와는 같지 않습니다. 그보다 훨씬 더 높은 자리입니다. 하나님이 원래 의도하신 완성된, 하나님의 형상을 따른 인간의 가장 복된 영광의 자리입니다. 하나님이 하시는 모든 일에는 변경이 없으며 시행착오가 없습니다. 그런 까닭에 우리의 구원을 논할 때 '창세 전'이라고 한 표현은 하나님이 성실하고, 신실하게 그리고 전능하신 힘을 동원하여 일하시는 분이라는 사실을 드러냅니다. 우리의 구원은 하나님의 뜻에 의한 것입니다. 하나님이 뜻을 세우셨으면 그것은 처음부터 가지신 뜻이지 중간에 일이 잘 안되니까 변경해서 세운 뜻이 아닙니다. '창세 전에'라는 표현은 하나님의 은혜를 강조하는 것입니다.

이 은혜, 곧 창세 전에 택함 받은 우리는 어느 날, 어느 시에 태어나 인생의 현실에 찾아오신 하나님을 만나게 됩니다. 하나님이 우리의 영혼과 인격에 발언하시므로 우리는 마음으로 믿고 입술로 고백하여 자발적으로 항복했던 것입니다. 우리는 하나님의 은혜로 구원을 얻습니다. 이 구원으로 우리는 하나님과 나를 알게 되며, 하나님이 그리스도 안에서 내게 행하신 사랑과 역사도 알게 됩니다. 모든 구원은 은혜의 결과이며 운명입니다. 이와 함께 하나님이 내게 향하신 사랑과 의지를 알게 되어 인격적 항복으로 귀결되는 것입니다. 이 인격적 항복은 구원의 조건이 아니라 결과이며 가장 중요한 초점입니다.

웃시야의 손자요 요담의 아들인 유다의 아하스 왕 때에 아람의 르신 왕과 르말리야의 아들 이스라엘의 베가 왕이 올라와서 예루살렘을 쳤으나 능히 이기지 못하니라 어떤 사람이 다윗의 집에 알려 이르되 아람이 에브라임과 동맹하였다 하였으므로 왕의 마음과 그의 백성의 마음이 숲이 바람에 흔들림 같이 흔들렸더라 그 때에 여호와께서 이사야에게 이르시되 너와 네 아들 스알야숩은 윗못 수도 끝 세탁자의 밭 큰 길에 나가서 아하스를 만나 그에게 이르기를 너는 삼가며 조용하라 르신과 아람과 르말리야의 아들이 심히 노할지라도 이들은 연기 나는 두 부지깽이 그루터기에 불과하니 두려워하지 말며 낙심하지 말라 아람과 에브라임과 르말리야의 아들이 악한 꾀로 너를 대적하여 이르기를 우리가 올라가 유다를 쳐서 그것을 쓰러뜨리고 우리를 위하여 그것을 무너뜨리고 다브엘의 아들을 그 중에 세워 왕으로 삼자 하였으나 주 여호와의 말씀이 그 일은 서지 못하며 이루어지지 못하리라 대저 아람의 머리는 다메섹이요 다메섹의 머리는 르신이며 육십오년 내에 에브라임이 패망하여 다시는 나라를 이루지 못할 것이며 에브라임의 머리는 사마리아요 사마리아의 머리는 르말리야의 아들이니라 만일 너희가 굳게 믿지 아니하면 너희는 굳게 서지 못하리라 하시니라 (사 7:1-9)

여기서 '너희가 굳게 믿지 아니하면 너희는 굳게 서지 못하리라'라는 9절 하반절은 믿음을 이해하는 대표적인 성경 구절입니다. 이 표현은 믿음과 존재의 일치를 말하는 구절로도 이해됩니다. 즉 믿지 아니하면 그 존재가 무너진다는 뜻입니다. 믿지 못하면 그 존재는 없다는 것입니다. 하나님에게 인정받는 존재라야 믿는 자입니다.

중세 시대에 안셀무스(1033-1109)라는 신학자는 이 구절을 '너희가 믿지 아니하면 이해할 수 없을 것이다'라고 해석하고, 이 구절을 근거로 '나는 이해하기 위하여 믿는다'라는 슬로건을 제창합니다. 그는 이처럼 신앙의 동의는 적절한 이해를 근거로 해야 한다고 하는, 이해를 추구하는 신앙을 주창합니다. 모든 신앙은 알지 못하고는 생겨날 수 없다는 것입니다. 알아야 할 뿐 아니라 하나님이 우리로 하여금 굳게 하시기를 원한다는 데까지 나아가야 합니다.

유다 왕 아하스 때 아람과 이스라엘이 동맹하여 유다를 치러 왔습니다. 아하스와 유다 나라의 운명이 바람 앞에 등불같이 되었습니다. 그때 하나님이 이사야를 보내 말씀하십니다. '걱정마라, 내가 유다를 지켜주마. 쳐들어오는 나라들이 결단코 너희를 이기지 못할 것이다. 너희가 믿지 아니하면 굳게 서지 못한다. 내 백성이 되고 내 자녀가 되려면 믿음이 있어야 한다.' 이렇게 말씀하신 다음에 '여호와께서 또 아하스에게 말씀하여 이르시되 너는 네 하나님 여호와께 한 징조를 구하되 깊은 데에서든지 높은 데에서든지 구하라'(사 7:10-11)라고 합니다. 징조를 구해서 믿으라고 하십니다. 그러나 아하스가 이 말을 듣지 않고 징조를 구하지 않습니다. 그는 하나님에 대한 믿음과 신뢰가 없었습니다. 여기서 보는 대로 믿을 만한 증거를 제시하지도 않고 그냥 믿으라고 하는 것이 아닙니다. 하나님이 먼저 믿을 수 있는 증거를 제시해 주시겠다는 것입니다. 믿는 자의 굳음, 믿는 자의 든든함을 목표로 하시기 때문입니다.

구원을 이루어 가라

빌립보서 2장에 보면 은혜로 얻은 구원이 책임을 요구하는 믿음과 연결되어 있습니다. "그러므로 나의 사랑하는 자들아 너희가 나 있을 때뿐 아니라 더욱 지금 나 없을 때에도 항상 복종하여 두렵고 떨림으로 너희 구원을 이루라"(빌 2:12). 여기서 말하는 구원은 단번에 이루어지는 '칭의'의 구원을 말하지 않습니다. 죄인에서 하나님의 자녀가 되는 구원을 말하는 것이 아니라, 구원을 이루어 가는 '성화'를 말하고 있습니다. 이 12절은 5절 이하와도 연결됩니다.

너희 안에 이 마음을 품으라 곧 그리스도 예수의 마음이니 그는 근본 하나님의 본체시나 하나님과 동등됨을 취할 것으로 여기지 아니하시고 오히려 자기를 비워 종의 형체를 가지사 사람들과 같이 되셨고 사람의 모양으로 나타나사 자기를 낮추시고 죽기까지 복종하셨으니 곧 십자가에 죽으심이라 (빌 2:5-8)

예수 그리스도의 십자가를 설명하고 있지만 십자가로 말미암아 구

169

원을 얻었다는 것에 대하여 설명하는 대목이 아닙니다.

그러므로 그리스도 안에 무슨 권면이나 사랑의 무슨 위로나 성령의 무슨 교제나 긍휼이나 자비가 있거든 마음을 같이하여 같은 사랑을 가지고 뜻을 합하며 한마음을 품어 아무 일에든지 다툼이나 허영으로 하지 말고 오직 겸손한 마음으로 각각 자기보다 남을 낫게 여기고 각각 자기 일을 돌볼뿐더러 또한 각각 다른 사람들의 일을 돌보아 나의 기쁨을 충만하게 하라 (빌 2:1-4)

이렇게 너희 구원을 이루어 가라고 말합니다. 예수 그리스도로 말미암아 너희가 구원을 얻었고, 예수 그리스도로 말미암아 믿음의 본을 보지 않았느냐, 믿음의 표준과 모델을 보지 않았느냐, 그러니 이렇게 살라고 하는 책임이 그들에게 요구되었던 것입니다.

예수 그리스도를 믿고 나서 사람들이 좋은 신앙을 가지려고 구하는 것들 중에 이런 것이 있습니다. 자신을 기계처럼 다뤄달라고 하는 기도입니다. '술친구가 찾아오면 그 놈이 벙어리가 되게 하여 주십시오. 술친구가 와서 나를 붙잡고 가려고 하면 발이 안 떨어지게 해주십시오.' 모두 다 이런 기도를 한두 번씩은 합니다. 그런데 그 기도가 끝나기가 무섭게 술친구가 열두 명이나 찾아옵니다. 그런데 이상하게 하나님이 그것을 막아주시지 않습니다. 하나님은 우리에게 결정하라고 요구하시지, 절대 우리를 조종하시지 않습니다. 하나님은 이런 외적 조건에 우리가 조종을 당해서 믿음이 지켜

지는 것을 의도하지 않으셨기에 그렇습니다. 그래서 우리는 당황합니다.

　무엇이 하나님의 뜻이며, 하나님이 무엇을 싫어하는지를 알고서 그것에 대하여 책임을 지라고 하십니다. 이것이 책임지는 싸움입니다. 이것을 기도하는 것으로 슬쩍 넘기시려고 하면 안 됩니다. 물론 기도도 해야 합니다. 그러나 기도는 언제나 이 책임을 지키기 위한 방법이요 노력으로 등장해야 하지 기도하는 것으로 책임과 결과를 떠넘기려고 해서는 안 됩니다.

우리 주 예수 그리스도의 하나님, 영광의 아버지께서 지혜와 계시의 영을 너희에게 주사 하나님을 알게 하시고 너희 마음의 눈을 밝히사 그의 부르심의 소망이 무엇이며 성도 안에서 그 기업의 영광의 풍성함이 무엇이며 그의 힘의 위력으로 역사하심을 따라 믿는 우리에게 베푸신 능력의 지극히 크심이 어떠한 것을 너희로 알게 하시기를 구하노라 그의 능력이 그리스도 안에서 역사하사 죽은 자들 가운데서 다시 살리시고 하늘에서 자기의 오른편에 앉히사 모든 통치와 권세와 능력과 주권과 이 세상뿐 아니라 오는 세상에 일컫는 모든 이름 위에 뛰어나게 하시고 또 만물을 그의 발 아래에 복종하게 하시고 그를 만물 위에 교회의 머리로 삼으셨느니라 교회는 그의 몸이니 만물 안에서 만물을 충만하게 하시는 이의 충만함이니라 (엡 1:17-23)

171

예수 그리스도는 십자가를 지셨고 교회의 머리가 되셨습니다. 우리는 십자가에서 구원의 은혜성, 믿음의 은혜성을 봅니다. 그 십자가를 지신 예수님이 교회의 머리가 되시므로, 책임지는 믿음과 책임지는 구원을 요구하고 계십니다. 에베소서 4장은 이 사실을 설명합니다.

우리가 다 하나님의 아들을 믿는 것과 아는 일에 하나가 되어 온전한 사람을 이루어 그리스도의 장성한 분량이 충만한 데까지 이르리니 이는 우리가 이제부터 어린 아이가 되지 아니하여 사람의 속임수와 간사한 유혹에 빠져 온갖 교훈의 풍조에 밀려 요동하지 않게 하려 함이라 오직 사랑 안에서 참된 것을 하여 범사에 그에게까지 자랄지라 그는 머리니 곧 그리스도라 그에게서 온 몸이 각 마디를 통하여 도움을 받음으로 연결되고 결합되어 각 지체의 분량대로 역사하여 그 몸을 자라게 하며 사랑 안에서 스스로 세우느니라 (엡 4:13-16)

예수님은 우리 죄를 지고 십자가에 달려 죽으셨고 교회의 머리가 되사 끊임없이 우리에게 주의 말씀과 주의 뜻을 가르치십니다. 그렇게 하시어 우리로 하여금 요동하지 않는 믿음의 자리에까지 가게 하십니다. 여기서 머리가 우리에게 가르친다는 점에서는 '은혜'이고, 그것을 내가 해야 된다는 점에서는 '책임'입니다. 우리는 다 하나님의 아들을 믿는 것과 아는 일에 하나가 되어 온전한 사람을 이루어 그리스도의 장성한 분량이 충만한 데까지 가야 합니다. 이

것이 우리의 책임입니다.

　나중에 실천적인 차원에서 더 깊이 다루겠습니다만 믿음에서는 '아는 것'과 함께 '연습하는 것'이 굉장히 중요합니다. 그런데도 이 상하게 노력하거나 연습하는 것은 종교적인 것이 아니라고 생각하는 나머지 자꾸 위에서 뚝 떨어지는 무엇인가를 받아야 한다고 생각합니다. 하나님이 보실 때 제일 아름답다고 여기시는 것은, 우리가 주를 믿는다고 고백하며 주를 사랑하는 일을 연습하는 모습입니다. 우리가 연습하고 노력하며 애쓰는 것이 하나님이 받으시는 영적 예배입니다. 우리가 하나님 앞에서 자발적으로 마음과 뜻과 정성을 모으고 노력하고 애쓰는 연습을 해야 합니다. 하나님이 우리에게 요구하신 하나님의 형상이 완성될 때까지, 그리스도 예수 안에서 우리가 하나님의 자녀된 자리에 이를 때까지 힘써야 합니다. 이것이 우리의 책임이며 하나님이 우리에게 목적하신 바이며 하나님이 가장 기뻐하시는 것입니다.

　이것은 은혜로 받는 것이 아닙니다. 물론 늘 은혜가 있지만, 우리의 신앙에서 은혜를 구하는 경우는 내 의지가 나약하고 이해가 부족할 때, 세상의 유혹이 너무 심할 때, 하나님께서 더 확실하고 크게 간섭하사 나로 하여금 더 분명하게 주를 붙잡게 해달라고 하는 때입니다. 더 확실하고 더 큰 감동으로 찾아와 주시면 우리는 더 확실한 반응을 보일 가능성이 있습니다. 그렇지만 어쨌든 내가 붙잡아야 되고 내가 결정하고 노력하고 연습해서 그 자리에 가야 합니다. 두렵고 떨림으로 구원을 이루어야 합니다. 이 믿음의 책임과 은혜성을 분명히 이해하고 늘 은혜를 구하십시오. 그 은혜가 납득되고 확인되고, 그 은혜에 항복해서 스스로 실천하려는 의지를 가지고 은혜를 구하십시오. 믿음의 양면성, 즉 하나님의 은혜와 우리의 책임을 기억하고 연습하고 노력하기를 바랍니다.

_____ **기도**

하나님 아버지, 은혜를 감사합니다. 하나님께서 우리를 만나 주시고 우리로 알게 하시며, 하나님의 거룩하심과 영광을 나타내실 때, 우리 마음에 감동과 항복과 사랑이 시작되었습니다. 우리로 하여금 하나님을 알게 하시고 당신께 항복하게 하시고 하나님을 사랑하게 하셨으며, 주의 기쁘신 뜻을 우리의 소원으로 갖게 하셨으니 그 소원을 이루어 주시옵소서. 우리의 나약함과 미련함과 게으름을 넘어서서 찾아오신 하나님! 우리가 아무리 넘어져도 기필코 다시 일어나 우리의 마음과 뜻과 정성을 모아서 우리 하나님을 사랑하는 일과 하나님이 우리에게 요구하시는 그리스도의 장성한 분량이 충만한 데까지 이르는 일을 마침내 이루게 하여 주시옵소서. 예수님의 이름으로 기도합니다. 아멘.

요점과 확인

1. 믿음은 은혜와 책임이라는 양면성을 띠는 것이다. 이 사실을 놓치면 믿음이 은혜만 강조하는 쪽으로 기울거나 아니면 책임만 강조하는 쪽으로 기울게 된다.

2. 믿음의 반응은 인격적 항복으로 드러난다. 이는 믿음이 은혜에 속한 것이기는 하지만 인격성을 띠고 있기 때문에 드러나는 결과이다.

3. 믿음은 믿을 만한 증거를 제시함으로써 발생하게 된다. 그렇지 아니한 기독교 신앙은, 자기 스스로 만들어내는 근거 없는 자기확신에 불과할 따름이다.

4. 신앙생활에서 믿음의 책임을 슬쩍 기도에 떠넘기는 사례들이 일어날 수 있다. 자신의 신앙생활 속에 그런 측면이 있었다면 어떤 것들이었는가?

10

예수 안에서 풍부해진다

내가 너희와 라오디게아에 있는 자들과 무릇 내 육신의 얼굴을 보지 못한 자들을 위하여 얼마나 힘쓰는지를 너희가 알기를 원하노니 이는 그들로 마음에 위안을 받고 사랑 안에서 연합하여 확실한 이해의 모든 풍성함과 하나님의 비밀인 그리스도를 깨닫게 하려 함이니 그 안에는 지혜와 지식의 모든 보화가 감추어져 있느니라

··· (골 2:1-10)

믿음은 인격 위에 세워짐

믿음은 어떻게 생기는 것입니까? 믿음은 어디까지 은혜이며 어디부터 책임입니까? 믿음은 하나님이 먼저 찾아오시고 당신을 설명해 주셔야 시작된다는 점에서는 전적으로 은혜입니다. 그러나 그렇게 찾아오셔서 우리의 인격에 발언하시는 까닭에 우리의 책임과 반응을 불러일으킵니다. 이렇게 은혜는 우리에게 책임을 요구합니다. 그렇다고 믿음에서 은혜와 책임의 경계가 여기다, 라고 선을 그을 수는 없습니다. 그것은 마치 동전의 앞뒤 양면과 같고, 손바닥의 안팎 같아서 갈라놓을 수가 없기 때문입니다. 신앙의 많은 내용들이 개념과 명령으로 등장하지 않고 인격으로 등장하는 까닭에 믿음의 내용들은 인격이라는 조건과 토대 위에 세워집니다.

본문 2절에서 그리스도를 깨닫는 것이 모든 풍성함에 이르는 길이라고 말합니다. 그러면 왜 그리스도를 깨달아야 합니까? 그것은 그리스도 안에 지혜와 지식의 모든 보화가 감추어져 있기 때문입니다. 그리스도 안에 있는 비밀, 그리스도 안에 있는 믿음, 그리스도 안에 있는 구원이 그런 표현들입니다. 이 같은 '그리스도 안에'라는 표현은 신약성경에서 굉장히 중요한 표현입니다. 예수 안에 있는 구속, 예수 안에 있는 생명, 예수 안에 있는 사랑, 예수 안에 있는 비밀, 예수 안에 있는 지혜와 지식, 이런 식의 표현은 개념이 아니고 인격이라는 토대 위에서 이해되어야 합니다.

이해를 돕기 위해 예로 전도를 생각해 보겠습니다. 전도라는 행위 자체는 목적이 아닙니다. 전도를 하는 사람이 훨씬 중요합니다. 전도는 무엇 때문에 하는가? 전도는 어떻게 하는가? 이런 물음은 전도하는 행위자의 인격의 차원에서 신앙의 수준과 내용을 묻는 것이며, 그런 토대 위에서만 전도가 하나님 앞에 받아들여진다고 이해할 수 있습니다.

신령한 일과 하나님을 사랑하는 일과 무슨 고급한 일을 한다고 할지라도 그것이 하나님과 관계 없는 일일 수 있습니다. 그 인격이 하나님이 인정하는 자리에 와 있지 않은 채, 명분과 형태만 취한다고 해서 신앙으로 받아들여지지는 않습니다. 마태복음 7장 22절에서 보는 바와 같이, '주여 우리가 주의 이름으로 선지자 노릇하며 주의 이름으로 귀신을 쫓아내며 주의 이름으로 많은 권능을 행하지 아니하였나이까'라는 고백에 대해서도 '내가 너희를 도무지 알지 못한다'라는 뜻밖의 판결이 나는 것을 봅니다. 그런 일들이, 예수 그리스도 안에 있는 하나님이 요구하시는 신앙의 인격과 본질 위에서 행해지지 않는다면 하나님이 인정하시지 않겠다는 것입니다.

신약성경의 요구들은 특별히 '무엇을 해라'가 아니고 '무엇이 되라'는 쪽이 더 많습니다. 신앙의 깊이와 높이와 넓이에 대해서도 '예수를 본 받아라. 예수 안에 있는 하나님의 모든 부요한 것들을 얻으라'고 하는 요청이 더 먼저입니다. 그것이 인격적 차원에서 말하는 내용이라는 것을 이해하고, 신앙의 행위나 신앙의 본질이나 신앙의 깊이에서 예수 그리스도가 유일하고 완전한 모델이라는 것을 알아야 합니다. 대표적인 예가 요한복음 1장 14절입니다.

말씀이 육신이 되어 우리 가운데 거하시매 우리가 그의 영광을 보니 아버지의 독생자의 영광이요 은혜와 진리가 충만하더라 (요 1:14)

말씀이 육신이 되었습니다. 참 재밌지 않습니까? 우리는 '말'이란 어떤 내용을 전달하는 수단으로 이해합니다. 그런데 말씀이 육신이 되었다고 합니다. 여기서 육신이란 메시지를 가진 인격적 존재를 뜻합니다. 예수 그리스도의 성육신의 존재와 행동과 생애가 다 말씀인 것입니다. 왜 말씀을 육신으로 만드신 것일까요? 그것이 인격이라는 토대 위에 있다는 것을 본질로 이해하지 못하면 알 수 없기 때문입니다.

그래서 요한복음 1장 18절에, "본래 하나님을 본 사람이 없으되 아버지 품 속에 있는 독생하신 하나님이 나타나셨느니라"고 말합니다. 예수님을 알아야 하나님을 알 수 있습니다. 예수님이 하나님을 어떻게 나타내셨는가에 대한 우리의 분명한 이해가 생기게 됩니다. 예수님 자신이 어떻게 사셨는가를 보고, 하나님이 요구하시는 신자의 모범된 모습이 무엇인가도 볼 수 있습니다. 이 점에 대한 자세한 설명이 요한복음 14장에 나옵니다.

빌립이 이르되 주여 아버지를 우리에게 보여 주옵소서 그리하면 족하겠나이다 예수께서 이르시되 빌립아 내가 이렇게 오래 너희와 함께 있으되 네가 나를 알지 못하느냐 나를 본 자는 아버지를 보았거늘 어찌하여 아버지를 보이라 하느냐 내가 아버지 안에 거하고 아버지는 내 안에 계신 것을 네가 믿지 아니하느냐 내가 너희에게 이르는 말은 스스로 하는 것이 아니라 아버지께서 내 안에 계셔서 그의 일을 하시는 것이라 내가 아버지 안에 거하고 아버지께서 내 안에 계심을 믿으라 그렇지 못하겠거든 행하는 그 일로 말미암아 나를 믿으라 (요 14:8-11)

예수님의 행하시는 모든 일이 무엇을 증언하고 있습니까? 하나님이 누구이신가를 증언하고 있습니다. 우리가 잘 아는 오른편 뺨을 때리면 왼편 뺨도 대라고 하는 말도, 하나님이 누구이신가를 설명하고 있습니다. 우리가 하나님에 대해, 기도해서 조르면 뭐든지 알게 해 주는 분 정도로밖에 생각하지 못한다면 하나님이 섭섭해 하실 것입니다.

하나님이 예수 그리스도를 보내어 십자가를 지게 하시고 우리에게 구원을 주셨다고 하는 내용만 취하고 그렇게 오신 예수님과 아들을 보내주신 하나님은 놓치는 경우가 많습니다. 하나님이 예수님을 보내신 분이요, 예수님은 우리를 구원하시려고 사람들 손에 못 박혀 죽으십니다. 거기서 우리는 하나님이 누구신가, 예수님이 어떤 분이신가를 봐야 합니다. 그런 것을 다 놓치면 예수 그리스도나 그분의 생애나 그분이 하신 말씀에서 아무것도 배우지 못하게 됩니다.

성경에는 '예수 안에'라는 표현이 많습니다. 대표적인 예로 몇 구절을 들어보겠습니다. "그리스도 예수 안에 있는 속량으로 말미암아 하나님의 은혜로 값없이 의롭다 하심을 얻은 자 되었느니라"(롬 3:24). "그러므로 이제 그리스도 예수 안에 있는 자에게는 결코 정죄함이 없나니"(롬 8:1). "높음이나 깊음이나 다른 어떤 피조물이라도 우리를 우리 주 그리스도 예수 안에 있는 하나님의 사랑에서 끊을 수 없으리라"(롬 8:39). 이런 표현들은 바울 서신에 아주 많이 나타납니다.

본문 3절에 "그 안에는 지혜와 지식의 모든 보화가 감추어져 있느니라"라는 표현이 있습니다. 여기서 '그 안에'라는 말은 그리스도 예수 안에라는 말입니다. 그 표현은 여러 가지를 설명하고 있지만 본뜻은 이것입니다. 신자의 신분과 영역을 표시할 때에 '예수 안에'라는 표현을 씁니다. 하나님의 은혜와 통치 아래 있다는 의미입니다. '우리가 그리스도 예수 안에서 구원을 얻었다. 우리는 예수 안에 있기 때문에 누가 우리를 어떻게 하지 못한다. 우리의 운명은 하나님의 능력과 은총 아래 있다'라고 할 때 단정적으로 '예수 안에 있다'라는 표현을 씁니다.

또 하나 대표적인 뜻은 예수 그리스도를 머리로 한 지체가 되었다고 할 때도 예수 안에 있다는 표현을 씁니다. 예수 그리스도께서 우리의 머리가 되시고 우리가 그 안에 있다고 할 때 '우리는 그 몸이다. 우리의 성화와 우리 인생의 모든 기간이 그의 보호하심과 인도하심 속에 있으며 그래서 우리는 복된 목적지로 가고야 말 것이다'라고 할 때도 '예수 안에 있다'라는 표현을 씁니다.

그러나 우리가 골로새서 2장에서 본 내용으로 확인하려는 것은 '예수 안에 있는'이라는 표현이, 예수 안에 있는 하나님의 신적 인격과 신적 성품을 나누는 일을 설명할 때도 쓰인다는 것입니다. 이 세 번째 의미가 바로 믿음과 연결하여 우리가 확인해야 할 점입니다.

우리는 믿음이라는 것을 하나님이 우리에게 명령을 내리고 우리는 그 명령을 수행해야 하는 것으로 알고 있습니다. 기도하고, 성경 읽고, 봉사하고, 전도하고 …. 그러나 서신서를 자세히 읽어보면 행위에 관한 설명은 별로 없습니다. 혹 행위에 관한 설명이 나와도 우리의 존재에 대한 당연한 결실로 설명할 뿐입니다. 하나님이 의도하시고 목적하시는 하나님의 사람으로의 어떤 자리, 어떤 내용에 관해서는 언제나 그리스도 예수 안에 있는 하나님의 충만하심으로 채워집니다. 우리는 그 안에 있는 것들을 나누어야 한다고 설명합니다.

우리로 하여금 빛 가운데서 성도의 기업의 부분을 얻기에 합당하게 하신 아버지께 감사하게 하시기를 원하노라 그가 우리를 흑암의 권세에서 건져내사 그의 사랑의 아들의 나라로 옮기셨으니 그 아들 안에서 우리가 속량 곧 죄 사함을 얻었도다 (골 1:12-14)

'그 아들 안에서'라는 말씀은 위에서 설명한 바와 같이 우리의 신자된 신분과 영역을 표현하는 것이며, 하나님의 은혜와 구원의 통치로 말미암아 우리에게 허락된 구원을 의미합니다.

그는 보이지 아니하는 하나님의 형상이시요 모든 피조물보다 먼저 나신 이시니 만물이 그에게서 창조되되 하늘과 땅에서 보이는 것들과 보이지 않는 것들과 혹은 왕권들이나 주권들이나 통치자들이나 권세들이나 만물이 다 그로 말미암고 그를 위하여 창조되었고 또한 그가 만물보다 먼저 계시고 만물이 그 안에 함께 섰느니라 그는 몸인 교회의 머리시라 그가 근본이시요 죽은 자들 가운데서 먼저 나신 이시니 이는 친히 만물의 으뜸이 되려 하심이요 아버지께서는 모든 충만으로 예수 안에 거하게 하시고 그의 십자가의 피로 화평을 이루사 만물 곧 땅에 있는 것들이나 하늘에 있는 것들이 그로 말미암아 자기와 화목하게 되기를 기뻐하심이라 (골 1:15-20)

여기서 '그'라는 말은 예수님을 말합니다. 우리는 '그 아들 안에서' (골 1:14) 하나님의 은혜와 긍휼과 자비와 구원하시는 능력으로 구원을 얻었습니다. 그런 다음에 18절에 와서 그는 몸인 교회의 머리로 소개됩니다. 십자가를 지신 예수님만 있는 것이 아니고 교회의 머리되신 예수님을 이야기합니다. 이때 예수님은 19절에 있는 바와 같이 성부께서 모든 충만으로 그 안에 거하게 하시는 분으로서 교회의 머리가 되십니다. 그래서 그가 교회의 머리로, 그 지체된 모

183

든 성도들에게 베푸시며 나누시며 가르치시며 그들을 인도하여 도달하게 하려는 모든 내용은 성부 하나님의 충만하신 것들입니다.

예수 그리스도는 교회의 머리가 되셨습니다. 여기서 말하는 교회는 조직 교회를 말하는 것이 아닙니다. 보이지 않는 교회, 즉 예수 그리스도를 머리로 하여 모든 성도가 그의 몸으로 부름을 받은, 보이지 않는 연합체를 말합니다.

믿음의 완성을 바라봄

예수님은 그 지체들에게 무슨 일을 하십니까?

우리가 다 하나님의 아들을 믿는 것과 아는 일에 하나가 되어 온전한 사람을 이루어 그리스도의 장성한 분량이 충만한 데까지 이르리니 이는 우리가 이제부터 어린 아이가 되지 아니하여 사람의 속임수와 간사한 유혹에 빠져 온갖 교훈의 풍조에 밀려 요동하지 않게 하려 함이라 오직 사랑 안에서 참된 것을 하여 범사에 그에게까지 자랄지라 그는 머리니 곧 그리스도라 그에게서 온 몸이 각 마디를 통하여 도움을 받음으로 연결되고 결합되어 각 지체의 분량대로 역사하여 그 몸을 자라게 하며 사랑 안에서 스스로 세우느니라 (엡 4:13-16)

예수 그리스도께서 머리가 되사 그 지체된 우리 모두를 그 머리에까지 자라게 하신다는 것입니다. 그런데 그 머리가 무엇입니까? 그 머리되신 예수 그리스도 안에 있는 것이 무엇입니까? 하나님의 모든 충만입니다. "그 안에는 신성의 모든 충만이 육체로 거하시고 너희도 그 안에서 충만하여졌으니 그는 모든 통치자와 권세의 머리시라"(골 2:9-10). 이와 같이 신성의 모든 충만이 육체로 거하는 분이 예수 그리스도입니다. 이를 앞에서 읽은 에베소서 식으로 생각해 보겠습니다. "그에게서 온 몸이 각 마디를 통하여 도움을 받음으로 연결되고 결합되어 각 지체의 분량대로 역사하여 그 몸을 자라게 하며 사랑 안에서 스스로 세우느니라"(엡 4:16). 말하자면 이 것이 믿음의 본질입니다.

우리는 자신의 믿음에 있어서 전인의 완성과 인격체의 충만을 기대하는 개념이 없고, 열심과 일에 치우쳐 있습니다. 분명히 열심 있는 신앙인이기는 하지만 삐뚤어져 있고 이지러져 있습니다. 인격적인 진전은 없고 교회 일에 익숙해서 일은 잘합니다.

왜 그렇게 되었는가 생각해 보자는 것입니다. 스스로가 더 답답해합니다. '왜 나는 삼십 년 오십 년 아니, 평생토록 예수님을 믿었는데 왜 신앙이 이럴까?' 스스로도 답답합니다. 인격과 성품의 진전이 없기 때문에 답답해하는 것입니다. 그렇게 된 이유는 신앙의 모델과 내용이 예수 안에 있지 않고, 일과 명분에 있었기 때문입니다. 그래서 일을 하는 동안에는 신앙이 있는 것 같은데, 일이 끝나거나 일을 안 하고 있으면 다시 불안한 것입니다.

에베소서에 "진리가 예수 안에 있는 것같이 너희가 참으로 그에게서 듣고 또한 그 안에서 가르침을 받았을진대"(엡 4:21)라는 말씀이 있습니다. 여기서 '그에게서'와 '그 안에서'라는 표현이 나옵니다. 이런 표현은, 신앙의 내용들이 다 인격이라는 토대와 본질을 놓치면 관념으로 흐르거나 명령이 되고 말기 때문에 쓰는 표현입니다. 그런 무인격적인 명분이나 형태를 가지는 것은 신앙이라고 할 수 없습니다. 신앙의 본질은 언제나 인격과 연결되어 있어야 합니다. 그래서 '그 안에서' 배웠다고 하는 것입니다.

예수 그리스도가 오셔서 하신 말씀을 배웠다는 말이 아닙니다. 그는 말씀이 육신이 되신 분입니다. 그는 그것으로 하나님 아버지를 나타내신 분입니다. 우리는 하나님이 누구신지를, 예수 그리스도를 보고 아는 것입니다. 예수 그리스도가 하나님을 설명하고 묘사해서가 아니라 예수 그리스도의 성품과 인격으로 말미암아 하나님이 누구시며, 예수 그리스도를 통하여 우리에게 요구하시는 신자된 본질이 무엇인지를 알게 되는 것입니다. '그 안에서' 배웠다는 말은 이런 뜻입니다.

진리가 예수 안에 있는 것 같이 너희가 참으로 그에게서 듣고 또한 그 안에서 가르침을 받았을진대 너희는 유혹의 욕심을 따라 썩어져 가는 구습을 따르는 옛 사람을 벗어 버리고 오직 너희의 심령이 새롭게 되어 하나님을 따라 의와 진리의 거룩함으로 지으심을 받은 새 사람을 입으라 (엡 4:21-24)

'옛 사람'과 '새 사람'은 인격의 본질에서 서로 다르다는 것입니다. 예수 안에서 배우는 것입니다. 예수로 말미암아 예수 안에 있는 것으로 배우는 것입니다. 그의 인격과 그의 성품을 닮는 것입니다. 신앙의 내용들은 능력적이거나 기능적이지 않습니다. 그것은 다 됨됨이가 갖는 반응입니다. 우리의 신자된 본질이 우리의 현실에서 부딪히는 일들에 대하여 그렇게 반응하는 것입니다. 그 반응이 전도로도 나가고 용서로도 나가고 희생으로도 나가고 봉사로도 나가고 기도로도 나가는 것입니다.

믿음이 일들로 오해된 현실

그러나 이런 인격과 성품의 본질을 놓치고 그런 일들만 한다면, 성경에서 계속 이야기하는 나무에 열린 열매가 아니라 열매만 사 모은 과일 가게가 되는 것입니다. 열매가 달리는 나무가 되고 그 나무가 큰 나무로 자라는 일이 없습니다. 이 부분을 잘 생각해보아야 합니다.

형제들아 너희를 부르심을 보라 육체를 따라 지혜로운 자가 많지 아니하며 능한 자가 많지 아니하며 문벌 좋은 자가 많지 아니하도다 그러나 하나님께서 세상의 미련한 것들을 택하사 지혜 있는 자들을 부끄럽게 하려 하시고 세상의 약한 것들을 택하사 강한 것들을 부끄럽게 하려 하시며 하나님께서 세상의 천한 것들과 멸시 받는 것들과 없는 것들을 택하사 있는 것들을 폐하려 하시나니 이는 아무 육체도 하나님 앞에서 자랑하지 못하게 하려 하심이라 너희는 하나님으로부터 나서 그리스도 예수 안에 있고 예수는 하나님으로부터 나와서 우리에게 지혜와 의로움과 거룩함과 구원함이 되셨으니 기록된 바 자랑하는 자는 주 안에서 자랑하라 함과 같게 하려 함이라 (고전 1:26-31)

여기서 이야기하려고 하는 초점은 신자된 자가 가진 것 중에 자기가 만든 것은 없다는 이야기입니다. 우리가 가진 것 중에 우리가 만든 것은 없습니다. 그것은 전부 30절에 있는 바와 같이 예수 안에서, 하나님이 예수 안에 베푸신 모든 것으로 우리의 것이 되게 한 것입니다. 하나님이 주신 것이요, 예수로 말미암아 우리 것이 된 것이지 우리가 만든 것은 없습니다.

여기서 두 가지를 이야기할 수 있습니다. 하나는 예수 없이 만든 것이 있다면 그것은 참다운 신앙이 아니라는 것입니다. 예수 없이 우리가 만든 것들이 많습니다. 예수 없이 내는 열심과 예수 없이 내는 능력도 많습니다. 앞서 마태복음 7장에서 이야기한 바와 같이, 주여 우리가 주의 이름으로 선지자 노릇하며 주의 이름으로 귀신을 쫓아내며 주의 이름으로 많은 권능을 행치 아니하였나이까, 라고 고백하자 예수님은 내가 너희를 도무지 알지 못한다고 하십니다. 예수 없이 그런 일들을 하기 때문에 자랑을 하는 것입니다. 예수님의 이 말씀은 자랑을 꾸짖으려고 한 이야기입니다.

우리가 또 확인하려는 것은 두 번째의 것입니다. 우리가 기대하고 목적하며 책임지는 신앙의 모든 내용은 '예수 안에만 있다'는 것입니다. 예수를 놓치면, 신앙의 그 어떤 내용도 얻어낼 수가 없습니다. 우리는 예수를 믿고 구원을 얻었다고 하고서 그다음부터는 자기 혼자입니다. 골로새서 1장과 2장에서 본 바와 같이, 아버지께서는 모든 충만으로 예수 안에 허락하셨다든가, 하나님의 비밀은 그리스도라든가, 그 안에는 지혜와 지식의 모든 보화가 있다든가, 그 안에는 신성의 모든 충만이 육체로 거한다든가 하는 것에 대하여 잘 모릅니다. 이런 하나님의 모든 보화와 지식과 지혜가 쌓여 있는 예수 그리스도가 우리를 자라게 하며 그로부터 우리의 생명과 신앙의 모든 내용을 공급받고 있다는 사실들을 놓칩니다. 예수 믿게 되었으므로 보답해야 한다고 하는 차원에서 성급하게 하는 일들만 있습니다. 예수를 닮는 일이 없습니다. 예수를 믿으면 변하게 되는 인격과 성품의 본질적인 변화들이 없습니다.

봉사도 많이 하고 능력도 있는데, 사람이 변하지 않습니다. 새사람으로의 변화와 진전과 성취가 없는, 스스로도 답답한 신앙이 만연되어 있습니다. 이 말씀을 통해서 왜 예수 그리스도를 십자가 이후에도 붙들어야 되는가 하는 물음에 대한 답이 되었으면 합니다. 예수 안에 모든 것이 있기 때문이며, 그가 우리의 머리 되신 이유이기 때문입니다. 그에게까지 자라야 하며 그를 닮아야 하며 그렇게 해서 아버지를 본받아야 합니다. 우리 하나님 아버지의 자녀라는 이름에 합당한 자리에 가야 하는 일들이 요구되며 그렇게 되도록 하나님이 우리를 묶어 놓으셨다는 것을 기억하십시오. 이제 성경을 볼 때에 예수님을 들어 설명하는 일에 대하여 더욱 주의를 기울여, 우리의 신앙을 그 안에서 키워가고 마침내 스스로가 만족하게 되는, 변화된 사람의 격과 수준을 누리기 바랍니다.

_____ **기도**

하나님 아버지, 은혜를 감사합니다. 우리를 위하여 예수 그리스도를 십자가에 못 박으셨으며 또 우리를 위하여 그를 교회의 머리로 허락하시사 우리로 하나님의 자녀라 주신 이름에 부끄럽지 않은 사람이 되도록 인도하시고 붙들어 주심을 감사드립니다. 힘을 다하여 주를 닮게 하시며 살피며 연구하며 기도하여 주를 알고, 아는 대로 책임지고 흉내를 내고 본받고 노력하여, 하나님이 허락하신 영광의 자리에 이르기를 소원하오니 우리의 기도에 응답하시고 우리의 결심을 인치사 그 목적지까지 낙오자 없이 도달하도록 주의 말씀으로 권고하신 심령들을 지켜 주시옵소서. 예수님의 이름으로 기도합니다. 아멘.

요점과 확인

1. 믿음은 인격을 토대로 세워진다. 그것은 믿음의 내용들이 개념이나 명분이 아니기 때문이다.

2. 믿음은 예수 안에서 신적 성품을 충만히 채우는 것이다. 그것은 교회의 머리가 되신 그리스도께서 하나님의 모든 충만이 담긴 육체로 거하시기 때문이다.

3. 예수 안에 베푸신 것을 우리의 것을 삼아야 한다. 그렇지 않으면 참된 신앙이 아니다.

4. 믿음이 열심이나 행위들로 오해되고 있다. 무엇으로 신앙의 토대를 세워야 한다고 생각하는가?

믿음은 —— 어떻게 자라는가

11

하나님 아버지를 본받자 (1)

또 네 이웃을 사랑하고 네 원수를 미워하라 하였다는 것을 너희가 들었으나 나는 너희에게 이르노니 너희 원수를 사랑하며 너희를 박해하는 자를 위하여 기도하라 이같이 한즉 하늘에 계신 너희 아버지의 아들이 되리니 이는 하나님이 그 해를 악인과 선인에게 비추시며 비를 의로운 자와 불의한 자에게 내려주심이라 너희가 너희를 사랑하는 자를 사랑하면 무슨 상이 있으리요 세리도 이같이 아니하느냐 또 너희가 너희 형제에게만 문안하면 남보다 더하는 것이 무엇이냐 이방인들도 이같이 아니하느냐 그러므로 하늘에 계신 너희 아버지의 온전하심과 같이 너희도 온전하라 (마 5:43-48)

믿음은 하나님이 먼저 우리에게 당신을 알리셔야 생겨나는 것이고, 우리가 아는 것만큼 책임 있게 반응해야 하는 것을 믿음의 행위, 믿음의 표라고 하였습니다. 그런 차원에서 좋은 믿음이란 행동으로 나오고 열매로 나오는 것에만 치중하는 것이 아니라 그런 반응과 열매를 표출하는 본체, 그 됨됨이에 신앙의 초점을 두는 것이라 할 수 있습니다. 그래서 이제부터는 우리의 믿음이 자라난다고 할 때, 우리의 반응을 만들어 내는 믿음의 모본, 또는 믿음의 내용을 채우는 표본을 생각해 보도록 하겠습니다.

하늘 아버지를 본받으라

그것은 성경에 의하면 하나님을 닮으라 하는 것입니다. 사과를 많이 맺는 나무, 포도를 많이 맺는 나무를 보면, 많은 열매는 그 나무의 건강함이나 그 나무의 나무된 본질에서 비롯된 자연스럽고 필연적인 결과임을 알 수 있습니다. 물론 신앙이 좋아지려면 행함이 본체를 튼튼하게 하는 한 방법이라고 인정합니다만, 기도를 많이 하고 성경을 많이 보고 전도를 많이 하고 봉사를 많이 하는 것보다 더 중요한 것은 됨됨이의 문제라고 생각합니다. 하나님을 믿는 존재요, 하나님의 형상대로 지음 받은 이 존재가 무엇을 닮느냐, 어떤 존재가 되느냐 하는 이 됨됨이가 사실은 믿음의 본질이라는 것입니다. 그것은 좋은 믿음이 어떤 것인지를 분별하려 할 때도 제일 먼저 시험해 볼 내용이라 할 수 있습니다.

마태복음 5장 44절 이하는 중요한 권면으로서 하늘 아버지를 본받으라고 하는 최고의 전형입니다. '너희 원수를 사랑하며 너희를 박해하는 자를 위하여 기도하라 이같이 한즉 하늘에 계신 너희 아버지의 아들이 되리니 이는 하나님이 그 해를 악인과 선인에게 비추시며 비를 의로운 자와 불의한 자에게 내려주심이라'(마 5:44-46). 원수를 사랑하고 너희를 핍박하는 자를 위하여 기도하는 행위 이전에 그런 행위를 가능하게 하는 본질을 가지라고 합니다. 그 본질은 하나님을 닮는 것입니다. 하나님은 악인과 선인을 차별하지도, 의인과 불의한 자를 구별하지도 않으십니다. 물론 하나님은 질서의 하나님이시지만, 여기서는 심판과 구원의 차원에서 하나님을 소개하는 것이 아니라 아량과 배려의 차원에서 하나님의 높으심을 이야기하고 있습니다.

아량의 하나님

내 영혼아 여호와를 송축하라 내 속에 있는 것들아 다 그의 거룩한 이름을 송축하라 내 영혼아 여호와를 송축하며 그의 모든 은택을 잊지 말지어다 그가 네 모든 죄악을 사하시며 네 모든 병을 고치시며 네 생명을 파멸에서 속량하시고 인자와 긍휼로 관을 씌우시며 좋은 것으로 네 소원을 만족하게 하사 네 청춘을 독수리 같이 새롭게 하시는도다 여호와께서 공의로운 일을 행하시며 억압 당하는 모든 자를 위하여 심판하시는도다 그의 행위를 모세에게, 그의 행사를 이스라엘 자손에게 알리셨도다 여호와는 긍휼이 많으시고 은혜로우시며 노하기를 더디 하시고 인자하심이 풍부하시도다 (시 103:1-8)

하나님에 대한 우리의 이해와 인상은 언제나 높은 분, 두려운 분으로 남아 있습니다. 우리는 하나님을 자꾸 능력과 권세의 차원에서 생각합니다. 그래서 우리 믿는 자들의 신앙을 보면 가장 중요한 초점이 죄냐, 죄가 아니냐에 있습니다. 주일 날 예배드리지 않고 놀러 가면 줄곧 불안합니다. 이렇게 우리는 하나님을 높으시고 두려운 존재로 혹은 옳고 그르다는 심판의 기준으로 보려고 합니다. 하지만 성경에 등장하는 하나님의 자기 표현, 곧 하나님의 자기소개는 그렇지 않습니다. "여호와는 긍휼이 많으시고 은혜로우시며 노하기를 더디 하시고 인자하심이 풍부하시도다"(시 103:8). 우리가 기대하는 하나님과 하나님이 당신을 소개하는 모습은 정반대입니다. 우리는 하나님을 힘의 차원과 옳고 그르다는 심판의 기준에서 그리고 있지만, 정작 하나님은 자신을 그렇게 소개하시지 않습니다. 여호와는 긍휼이 많으시고 은혜로우시며 노하기를 더디 하시고 인자하심이 풍부하십니다.

특히 8절 말씀은 "그의 행위를 모세에게, 그의 행사를 이스라엘 자손에게 알리셨도다"(시 103:7)라는 말씀과 출애굽기 34장을 근거로 하고 있습니다. 이스라엘 백성이 하나님의 크신 기적과 구원하시는 능력으로 애굽에서 나와서 이제 시내산에 모였습니다. 그런데 모세가 하나님 앞에 율법을 받으러 시내산으로 올라가 있는 사십 일을 기다리지 못하고 금송아지를 만들어 하나님 앞에 진노를 샀습니다. 그때 하나님이 모세에게 '내가 이 이스라엘을 다 죽이고 새로운 민족을 만들겠다'고 화를 내십니다. 그러자 모세가 중보기도를 하고 간청하자 하나님이 노를 거두시고 용서하기로 하십니다. 하지만 이스라엘과 함께 안 가시겠다고 합니다. 다시 모세가 '하나님! 같이 가시지 않으면 안 됩니다'라고 기도하자 하나님이 그것도 허락하십니다. 그때 모세가 하나님께 '하나님 한 번만 만나주십시오'라고 소원을 빌었습니다. 그래서 하나님이 만나주시는 장면이 바로 출애굽기 34장 1절 이하에 소개됩니다.

여호와께서 모세에게 이르시되 너는 돌판 둘을 처음 것과 같이 다듬어 만들라 네가 깨뜨린 처음 판에 있던 말을 내가 그 판에 쓰리니 아침까지 준비하고 아침에 시내 산에 올라와 산 꼭대기에서 내게 보이되 아무도 너와 함께 오르지 말며 온 산에 아무도 나타나지 못하게 하고 양과 소도 산 앞에서 먹지 못하게 하라 모세가 돌판 둘을 처음 것과 같이 깎아 만들고 아침에 일찍이 일어나 그 두 돌판을 손에 들고 여호와의 명령대로 시내 산에 올라가니 여호와께서 구름 가운데에 강림하사 그와 함께 거기 서서 여호와의 이름을 선포하실 새 여호와께서 그의 앞으로 지나시며 선포하시되 여호와라 여호와라 자비롭고 은혜롭고 노하기를 더디하고 인자와 진실이 많은 하나

때가 어느 때인가 보십시오. 이스라엘 백성이 하나님의 진노를 사서 죽어 마땅한 때입니다. 이때 모세 앞에 나타나신 하나님이 자신을 이렇게 소개합니다. '여호와로라 여호와로라 자비롭고 은혜롭고 노하기를 더디하고 인자와 진실이 많은 하나님이라'(출 34:6). 자녀는 자기 비위에 안 맞으면 투정을 부립니다. '엄마 맞아? 분명히 계모인가 봐. 마귀할멈이 따로 없네.' 그러면 부모도 정말 화가 나서 '그래, 나 마귀할멈이다'라고 응수합니다. 그런데 하나님은 그 상황에서 '자비롭고 은혜롭고 노하기를 더디하고 인자와 진실이 많'다고 하십니다. 이것이 하나님이 좋아하시는, 하나님 자신에 대한 표현이십니다.

우리도 주위 사람들에게 좋게 비쳤으면 좋겠다는 생각을 갖습니다. 우리 각자는 남들에게 잘 보이고 싶은 생각이 있습니다. 나는 지성적으로 보였으면 좋겠다, 나는 위엄이 있었으면 좋겠다는 식으로 말입니다. 지금 출애굽기에서도 말하자면 하나님이 우리에게 '나는 이렇게 보였으면 좋겠다. 나를 이렇게 이해해줬으면 좋겠다. 너희가 나를 생각할 때, 나를 이런 하나님으로 기억해다오!' 하시는 것입니다. '자비롭고 은혜롭고 노하기를 더디 하고 인자와 진실이 많은 하나님'이 바로 우리에게 보이시는 당신의 모습입니다. 그런데 우리는 이 부분을 놓칩니다.

시편 103편은 하나님을 참으로 길게 소개합니다. 하나님이 우리에게 어떤 분이시고 우리에게 어떻게 찾아오시는지를 소개합니다.

자주 경책하지 아니하시며 노를 영원히 품지 아니하시리로다 우리의 죄를 따라 우리를 처벌하지는 아니하시며 우리의 죄악을 따라 우리에게 그대로 갚지는 아니하셨으니 이는 하늘이 땅에서 높음 같이 그를 경외하는 자에게 그의 인자하심이 크심이로다 동이 서에서 먼 것 같이 우리의 죄과를 우리에게서 멀리 옮기셨으며 아버지가 자식을 긍휼히 여김 같이 여호와께서는 자기를 경외하는 자를 긍휼히 여기시나니 이는 그가 우리의 체질을 아시며 우리가 단지 먼지뿐임을 기억하심이로다 (시 103:9-14)

하나님이 우리에게 어떤 분인가를 알아야 합니다. 죄를 기준으로 볼 때 우리가 못할 짓을 했구나, 하나님을 배신했구나라는 차원에서 보면 물론 받을 형벌이 두렵습니다. 그러나 그 두려움은 힘에 관한 것이 아닙니다. 그것은 생명과 진리와 복에서 단절된 까닭에 생기는 고독과 외로움입니다. 사랑도 없고 평안도 없고 쉼도 없는 자리에 가는 것입니다. 하나님이 없으면 그렇게 됩니다. 그 형벌은 육체적이고 물리적인 것 이전에, 자비롭고 은혜롭고 노하기를 더디하시는 인자와 진실이 많으신 하나님과 단절되어 어디서도 위로를 받지 못하고, 필요한 것을 공급받지 못하고, 사랑과 위로와 대접을 받지 못하는 자리에 빠지는 것입니다.

마태복음 5장에서 예수님이 '네 원수를 사랑하고 너희를 핍박하는 자를 위하여 기도하라'고 하심은 하나님이 당신을 바로 '아량의 하나님'이라고 소개하기 위함입니다. 예수 믿는 자의 일차적인 특징은 하나님을 아버지라 부르고, 하나님의 자녀로서 하나님을 본받는 것입니다. 아버지를 본받는다는 것은 아량과 관용과 용서와 사랑이 있는 것이고, 세상 사람은 저들의 아비, 곧 죄와 사망과 모든 몹쓸 일에 앞장서는 사탄처럼 거짓말하는 자입니다. 저들의 재미는 남을 해치는 것입니다. 여기서 우리는 저들과 다른 것입니다.

그런데 우리는 '맞다, 틀리다' 쪽으로 가서 옳은데도 불구하고 해칩니다. 교회는 뜻밖에도 사랑이 없다는 이야기를 듣습니다. 이 '맞다, 틀리다'는 심판의 개념입니다. 본인들의 신앙도 그 기초 위에 서 있어서 남의 잘못을 지적하는 것으로 자기의 옳음을 증명하려고 합니다. 그래서 교회에 오면 성도들끼리 친한 경우가 드뭅니다. 정말 속을 터놓고 말할 수 있는 친구는 예수를 믿지 않는 고등학교 동창입니다. 그 친구와는 포장마차에 가서 술 한잔하면서 속 이야기를 할 수 있는데 믿는 사람들끼리는 못합니다. 왜 그렇습니까? 절대로 품어주지 않기 때문입니다. 어려운 일이 생기면 그가 뭔가 잘못해서 하나님께 매 맞았다는 잘못된 생각들을 갖고 있기 때문입니다.

교회에 오면 성도들 모두가 아무 일도 없는 것처럼 넉넉한 표정

201

을 짓고 금방 축복 속에서 나온 것 같은 얼굴로 다닙니다. 그러다 어느 날, 너무 속상한 일로 자기도 모르게 한숨을 내쉬다가 옆에 있던 권사님한테 들킵니다. '아니, 김집사! 왜 그래?' '아니에요. 권사님.' '괜찮으니까 말해봐.' '네, 사실은 딸이 가출했어요.' 0.5초 내에 욕을 먹습니까? '거봐, 내가 기도하랬지? 너 새벽기도 안 나올 때부터 무슨 일이 일어날 줄 알았다. 너 곧 망한다. 셋 셀 동안 회개하지 않으면 너희 남편 죽고 너희 집 홀딱 망한다. 그런 사람 내가 숱하게 봤다.' 그러니 교회에 와서는 아무도 이야기를 안 하는 것입니다. 다 까치발을 하고 최대한대로 복을 누리고 있는 것처럼 시치미를 떼고 있다 가야 하니 거기에 무슨 사랑이 있겠습니까? 그런 이야기를 할 땐 '속상하겠다. 냉면 사줄까? 불고기 사줄까?' 이렇게 위로해 주어야 합니다.

어느 장로님이 저한테 전화를 하셨습니다. 교회와 성함을 밝히지 않고 말씀하시기를 자기 생전에 저 같은 목사는 처음 봤답니다. 그렇지만 일단 말이 통할 것 같아서 전화를 했다는 것입니다. 그래서 제가 무엇인지 물었더니, '장로가 된 지 30년이나 지났는데 담배를 끊지 못했습니다. 그러니 어떡하면 좋겠습니까?' 그렇게 이야기하시기에 제가 그랬습니다. '들키지 마십시오.' 이것이 얼마나 성경적인지 아시겠습니까? 이 분은 얼마나 속상했겠습니까? 본인 스스로도 얼마나 노력했겠습니까? 그러나 노력해도 안 되는 게 있습니다. 하나님은 그 사람을 겸손하게 만들려고 노력해도 안 되는 것을 몇 가지 주십니다. 연은 줄 때문에 높이 못 날 것 같지만, 줄이 끊기면 연은 더 높이 나는 것이 아니라 떨어지고 맙니다.

원수를 사랑한다는 것은 결코 쉬운 일이 아닙니다. 어떻게 원수를 사랑합니까? 그 앞에서 욕하지 않는 것만으로도 많이 참는 것입니다. 그러나 그것을 어떤 시점에서 하라고 합니까? 하나님의 마음을 보라는 것입니다. '악인과 선인을 구별하지 않고, 불의한 자와 의로운 자를 구별하지 않고, 해와 비를 주시는 하나님!' 악당들도 힘이 좋고 머리가 좋습니다. 하나님은 악인에게도 좋은 머리와 좋은 얼굴과 좋은 건강을 주십니다. 놀랍지 않습니까?

아량과 넉넉함을 보이는 것

너희가 너희를 사랑하는 자를 사랑하면 무슨 상이 있으리요 세리도 이같이 아니하느냐 또 너희가 너희 형제에게만 문안하면 남보다 더 하는 것이 무엇이냐 이방인들도 이같이 아니하느냐 그러므로 하늘에 계신 너희 아버지의 온전하심과 같이 너희도 온전하라 (마 5:46-47)

굉장한 말씀입니다. 믿는 자와 믿지 않는 자의 차이는 하나님을 닮았느냐 닮지 않았느냐의 차이입니다. 하나님을 닮는다는 것이 무엇이냐면 아량과 넉넉함입니다. 거듭 말씀드리지만 가진 자의 미덕은 베푸는 것입니다. 돈을 가졌으면 쓰십시오. '내가 낼 게. 내가 가진 게 돈밖에 더 있어?' 이렇게 하십시오. 가난한 자의 미덕은 무엇입니까? 입 다물고 가만히 있는 것입니다. 억울하다고 악을 쓰면 안 됩니다. 강한 자의 미덕은 아량입니다. 그래서 강자는 화를 낼 필요가 없습니다. 복수를 한다면 이미 강자가 아닙니다. 그럼 약자의 미덕은 무엇입니까? 아첨입니다. 약하면 아무하고도 싸우지 말아야 합니다. 그런데 우리는 거꾸로 합니다. '배 째라!' 이런 식으로 하면 안 됩니다. 이웃 사람에게 해를 끼치지 말고 각자 자기 처지에 맞게 덕이 되게 하고 유익이 되게 하는 행동을 해야 합니다. 왜 너희들끼리만 잘 먹고 살아?' 이처럼 모래 뿌리는 언행은 삼가고 슬슬 웃고 와서 옆 귀퉁이에 앉아 얻어먹으십시오. 그렇게 되려면 좋은 말을 해야 하지 않겠습니까?

스타가 하나 있으려면, 그가 잘하는 것을 부러워하고 박수를 보내는 사람이 있어야 합니다. 박수하는 사람 만 명 혹은 십만 명에 박수 받는 사람 하나 꼴로 있어야 합니다. 박수하는 사람이 더 많이 필요한 것입니다. 박수하는 사람 만 명, 십만 명이 훨씬 중요합니다. 그들에 대한 신상 조사는 신문에 실리지 않아서 세상이 그 가치를 아주 업신여기지만 그렇지가 않습니다. 박수하는 사람 덕에 박수 받는 사람이 대접을 받고 사는 것입니다. 자기가 처한 입장에 대해서 원통해 하거나 억울해 하지 말고 그 위치에서 자신이 해야 할 일을 찾는 것이 중요합니다.

하나님의 높으심을 보십시오. 원수를 사랑하며 우리를 핍박하는 자를 위하여 기도하십시오. 내가 남보다 더해야 할 것이 무엇인가를 기억해 두십시오. 우리만이 유일하게 용서하고 사랑할 수 있으며 우리만이 포용하고 위로할 수 있습니다. 여기에 신앙의 비밀이 있습니다. 하나님의 자녀로 부름 받은 자들의 신앙의 본질은 하나님을 닮는 것이요, 하나님처럼 되는 것입니다. 이런 아량과 배려와 베풂에 있어서, 용서와 관용과 사랑에 있어서 그렇게 되십시오. 우리는 세상과 다릅니다. 교회는 마땅히 이런 것들을 최우선의 원리와 특징으로 삼아야 합니다.

성경이 우리에게 믿음이 좋다, 좋은 믿음을 가져라, 할 때 무엇을 제시했는가 보십시오. '여호와는 자비로우시며 은혜로우시며 노하기를 더디 하시며 인자가 풍부한 하나님이로다. 우리의 죄과를 따라 갚지 아니하시며 우리의 행한 대로 하지 않는 하나님, 우리의 처지를 아시며 우리의 체질을 아시는 하나님, 아비가 자식을 불쌍히 여김같이 찾아오시는 하나님이시다.' 이를 닮지 못하면 십자가가 아까운 것입니다. 십자가를 목에 걸고 다닌다고 전부가 아닙니다. 신자된 본질이라는 이해가 이런 것이고, 이것이 우리가 닮아야 할 내용입니다. 우리의 인격과 성품에 그리고 생각과 습관에 이것을 새겨 둡시다.

--- **기도**

하나님 아버지, 은혜를 감사합니다. 우리 하나님께서 우리에게 어떤 하나님이시며 우리에게 어떻게 자비로우셨으며 어떻게 은혜로

3부 | 믿음은 어떻게 자라는가

우시며 어떻게 용서하시고 기다리시며 사랑으로 채우셨는지를 확인했습니다. 그 하나님을 닮으라 하십니다. 이같이 한즉 하늘에 계신 너희 아버지의 아들이 되리라고 약속하셨습니다. 하늘 아버지의 온전하심같이 너희도 온전하라고 하셨습니다. 이 말씀을 잊지 말고 나를 내세우지 말고 내가 있는 곳에서 한 알의 밀알이 심기어 썩어 많은 열매가 맺히는 참다운 십자가의 정신, 십자가를 세우시고 그 아들을 못 박으신 하나님의 은혜와 자비와 복 주심이 증언되고 선포되고 결실되는 기적만 있게 하여 주시옵소서. 예수님의 이름으로 기도합니다. 아멘.

요점과 확인

1. 믿음은 존재에 관한 것이다. 믿음은 믿는 자의 됨됨이에 초점이 있지, 그의 몇 가지 행위나 업적에 초점이 있지 않다.

2. 믿음은 하나님을 닮는 것이다. 하나님을 닮는다는 것은 아량과 넉넉함이 있다는 것이다. 하나님의 자녀가 이런 성품을 닮아갈 때 믿음은 자라난다.

3. 믿음은 사람 자체에 관심을 갖는다. 성도는 진리를 소유하고 있지만, 그 진리를 가지고 다른 사람을 비판하고 정죄하는 데 사용하지 않아야 한다.

4. 교회 안에서 하나님을 닮지 못한 당신의 실패 중 무엇이 가장 큰 문제라고 생각하는가?

12

하나님 아버지를
본받자 (2)

내가 복음을 부끄러워하지 아니하노니 이 복음은 모든 믿는 자에게 구원을 주시는 하나님의 능력이 됨이라 먼저는 유대인에게요 그리고 헬라인에게로다 복음에는 하나님의 의가 나타나서 믿음으로 믿음에 이르게 하나니 기록된 바 오직 의인은 믿음으로 말미암아 살리라 함과 같으니라 (롬 1:16-17)

우리는 믿음의 모본, 믿음의 목표, 믿음의 내용을 채우는 표본들을 생각하고 있습니다. 이 주제 아래 먼저 하나님 아버지를 본받자는 내용을 살펴보고 있습니다. 마태복음 5장에 나오는 두 절, 즉 '이같이 한즉 하늘에 계신 너희 아버지의 아들이 되리라'는 것과, 하나님 아버지의 요구로서 '너희 원수를 사랑하며 너희를 박해하는 자를 위하여 기도하라'는 말씀을 생각했습니다. 그리고 '너희가 너희 형제에게만 문안하면 남보다 더하는 것이 무엇이냐 이방인들도 이같이 아니하느냐 그러므로 하늘에 계신 너희 아버지의 온전하심과 같이 너희도 온전하라'(마 5:47-48)라고 한 말씀이 우리의 신앙과 관련해서 성경이 요구하는 가장 중요한 본질이라고 했습니다.

복음에 충만히 나타남

하나님 아버지를 본받자는 내용을 살피면서 시편에 나오는 '은혜로우시고 자비로우시고 노하기를 더디하시고 인자와 긍휼이 풍성하신 하나님'과 연결시켜 보았습니다. 이제 이 문제를 로마서의 말씀과 연결시켜 살펴보도록 하겠습니다. 로마서는 하나님의 하나님다우심이 복음에 나타났다고 기록합니다. 복음에 나타난 하나님의 의가 무엇인지에 관하여 로마서 3장은 말씀합니다.

이제는 율법 외에 하나님의 한 의가 나타났으니 율법과 선지자들에

3부 | 믿음은 어떻게 자라는가

게 증거를 받은 것이라 곧 예수 그리스도를 믿음으로 말미암아 모든 믿는 자에게 미치는 하나님의 의니 차별이 없느니라 모든 사람이 죄를 범하였으매 하나님의 영광에 이르지 못하더니 그리스도 예수 안에 있는 속량으로 말미암아 하나님의 은혜로 값 없이 의롭다 하심을 얻은 자 되었느니라 이 예수를 하나님이 그의 피로써 믿음으로 말미암는 화목제물로 세우셨으니 이는 하나님께서 길이 참으시는 중에 전에 지은 죄를 간과하심으로 자기의 의로우심을 나타내려 하심이니 곧 이 때에 자기의 의로우심을 나타내사 자기도 의로우시며 또한 예수 믿는 자를 의롭다 하려 하심이라 (롬 3:21-26)

복음에 구원이 나타났습니다. 하나님이 예수 그리스도로 말미암아 자기 백성들을 구원하시는 구원, 하나님의 구원하시는 능력, 긍휼과 자비로 베푸신 은혜와 사랑이 나타났습니다. 성경은 이 모든 것을 다 합쳐서 '하나님의 의'라고 말합니다. 여기서 말하는 의는 물론 하나님의 옳으심입니다. 세상에서도 최소한의 기준으로 맞고 틀림을 이야기할 때에 '옳다'라는 말을 씁니다. 그러나 좀 더 나아가 고급한 기준과 내용을 가질 때는 '옳다'라는 말보다는 '답다'라는 말을 씁니다. '어른답다, 형답다, 부모답다.' 이것이 의미상의 '옳다'입니다. 하나님은 그의 하나님 되시는 자랑을 어떻게 나타내기를 제일 기뻐하시는 줄 압니까? 겁을 주고 심판하고 벌하는 것보다 은혜를 베푸시며 자비를 베푸시며 노하기를 더디 하시며 용서하시고 기다려주시는 하나님으로 나타내시기를 좋아합니다.

이런 하나님이 자비로우시고 은혜로우사 우리로 하여금 '하나님은 정말 하나님다우시구나'라고 항복하게 한 역사적 사건과 내용이 있습니다. 그것은 바로 십자가 사건입니다. 십자가에 하나님의 의가 나타났습니다. 우리는 모두 하나님을 모욕하고 배신했습니다. 하나님이 우리에게 그 죗값을 물으시고 벌하셔야 옳습니다. 하지만 하나님은 그렇게 안 하셨습니다. 죄를 지어서 부패와 더러움과 절망과 형벌의 자리로 들어간 우리를 용서하시고 회복시켜 주시려고 직접 손을 쓰셨습니다.

그래서 십자가 사건에는 그 어떤 사건보다도 더 분명하고 충분한 하나님의 하나님 되심이 나타나 있습니다. 이것이 성경이 우리에게 확인시켜 주고 싶어 하는 바입니다. 우리는 구원 문제를 늘 우리 자신의 문제, 즉 우리가 받은 구원과 우리가 얻은 복과 우리가 면한 형벌에 너무 치중하여 자꾸 자기에게 일어난 유익과 결과들에 시선을 빼앗깁니다. 그런 까닭에 하나님이 어떤 분인지에 대한 감격은 제대로 느끼지 못하는 것 같습니다.

마태복음 5장에 등장한 하나님은 '아량의 하나님'이십니다. 성경에 자주 등장하는 '찬송과 영광을 세세에 무궁토록 받으시기에 합당하시나이다'라는 말씀은 하나님을 나타내는 가장 놀라운 표현 중 하나입니다. 하나님은 우리를 힘으로 굴복시키거나 이해관계를 가지고 우리의 마음을 사려고 하지 않으십니다. 가치와 격에 있어서 고급한 것들을 가지고 우리의 항복을 받아 내십니다. 내가 지옥에 가지 않고 천국에 가고, 이 세상에 사는 동안 보호를 받아야 하고, 내가 필요한 것을 얻는 것뿐 아니라 우리 인간의 모든 고급한 가치를 놓고서도 기꺼이 항복할만한 하나님으로 소개됩니다. 이 부분을 놓친다면 재미가 없습니다.

하나님이 소돔과 고모라를 멸망시키려고 실상을 확인하러 가시는 중에 아브라함을 만납니다. 아브라함이 하나님께 '의인 오십 사람이 있으면 어떻게 하시겠습니까' 하다가 열 사람까지 내려 깎습니다. 그런데 그때 하나님이 '내가 하려는 일을 아브라함에게 감추겠느냐'라고 말씀합니다. 하나님 나라의 백성 된 자의 가장 큰 자랑은 하나님이 우리를 가족으로 대접해 주신다는 사실입니다. 권세로 말하자면 피조물이 창조자와 결코 대등할 수 없습니다. 그럼에도 불구하고 하나님은 사랑이라는 차원에서, 인격적 관계라는 차원에서 그의 자녀들을 당신과 대등한 위치에 올려놓고 대접해 주십니다. 이것이 굉장히 중요한 점입니다.

하나님은 우리의 죄를 묻지 아니하시고 우리를 대신하여 우리의 죄를 없이 하시고 우리를 하나님의 자녀로 회복시키는 일을 준비하시고 이루십니다.

이 예수를 하나님이 그의 피로써 믿음으로 말미암는 화목제물로 세우셨으니 이는 하나님께서 길이 참으시는 중에 전에 지은 죄를 간과하심으로 자기의 의로우심을 나타내려 하심이니 곧 이 때에 자기의 의로우심을 나타내사 자기도 의로우시며 또한 예수 믿는 자를 의롭다 하려 하심이라 (롬 3:25-26)

긍휼, 자비, 아량, 우리를 향한 인격적인 배려, 이 모든 것과 그의 의로우심과 하나님다우심은 우리에게 창피나 망신을 주려는 것도, 우리를 힘으로 굴종시키려는 것도 아닙니다. 그것은 하나님이 우리의 하나님 되시는 일과 관계가 있습니다.

열심의 유익은

우리는 국가적으로 발돋움을 하여 어떻게 해서든지 선진국 대열에 합류하려고 하는 치열한 경쟁적인 분위기 속에서 경쟁하는 교육을 받고 커왔습니다. 그래서 우리 교육이 아이들에게 어떤 영향을 끼쳤는가는 아이들이 하는 말을 들어보면 금방 알 수 있습니다. 예쁘게 말을 하는 아이들이 거의 없습니다. 빈정거리고 잘난 척을 합니다. 본인의 잘난 것을 증명하려고 친구들의 못난 것을 지적하고, 또 재미있는 일이라는 것도 친구를 바보로 만들려고 골려주는 일입니다. 교회의 단체생활에서도 그런 사회적인 분위기와 교육을 받아와서 그런지 누구 한 사람 똑똑하고 능력 있다 싶으면 그 사람 주변이 홀딱 망합니다. 그가 똑똑하면 만나는 사람마다 짓밟고, 능력이 조금 있으면 주변 사람을 모두 엉망으로 만들어버립니다. 그의 똑똑한 것이 남의 못난 것 위에 서 있습니다.

하나님은 그렇게 하시지 않습니다. 하나님은 '나는 옳고 너희는 틀렸다'라는 식으로 우리의 모자란 것을 당신의 의와 대조시켜 자신의 의를 증명하지 않습니다. 하나님은 우리를 용서하고 구원하여 영광과 복된 자리에 있게 하는 것으로 하나님의 의를 나타내기를 좋아하십니다.

똑똑하다는 것은 그 사람이 있음으로 해서 옆 사람이 혜택을 입는 것이어야 합니다. 그런데 똑똑한 사람이 하나 있으면 옆 사람이 전부 피해를 봅니다. 그것은 똑똑한 것이 아닙니다. 성경에서 가르치지 아니한, 경쟁적이고 남을 생각할 줄 모르는 구별과 우월감과 끝없는 자랑이 교회 안에도 들어와 있습니다. 세상이 그러는 거야 할 수 없지만 교회에서는 그러지 않아야 합니다.

가진 자의 덕목은 베푸는 것입니다. 부자가 있으면 옆 사람이 혜택을 입어야 합니다. 우리의 신앙이 좋다면 그 좋은 것으로 여러 사람이 혜택을 입어야 합니다. 그것을 성경에서 어떻게 가르치는지 봅시다.

여호와께로부터 예레미야에게 말씀이 임하니라 이르시되 너는 여호와의 집 문에 서서 이 말을 선포하여 이르기를 여호와께 예배하러 이 문으로 들어가는 유다 사람들아 여호와의 말씀을 들으라 만군의 여호와 이스라엘의 하나님께서 이와 같이 말씀하시되 너희 길과 행위를 바르게 하라 그리하면 내가 너희로 이 곳에 살게 하리라 너희는 이것이 여호와의 성전이라, 여호와의 성전이라, 여호와의 성전이라 하는 거짓말을 믿지 말라 너희가 만일 길과 행위를 참으로 바르게 하여 이웃들 사이에 정의를 행하며 이방인과 고아와 과부를 압제하지 아니하며 무죄한 자의 피를 이 곳에서 흘리지 아니하며 다른 신들 뒤를 따라 화를 자초하지 아니하면 내가 너희를 이 곳에 살게 하리니 곧 너희 조상에게 영원무궁토록 준 땅에니라 (렘 7:1-7)

하나님이 예레미야 선지자를 들어 이스라엘 백성에게 그렇게 경고 하셨습니다. 너희가 성전을 지었다고 해서 신앙적인 책임을 다했 다고 생각하지 말라는 것입니다. 이스라엘 백성이 지은 하나님의 성전은 대단히 값지고 정성을 기울여 만든 건축물입니다. 성전을 지은 그 정성이 이스라엘 백성들에게는 하나님에 대한 종교적 열 심의 한 표로 나타나 있습니다. 이 표가 하나님을 향한 신앙의 정성 으로 드러난 것이라면 그것은 당연히 이웃에게 도움이 되는 자리 까지 가야합니다.

하나님이 자신의 의로우심을 나타내실 때에 예수 그리스도를 보내사 우리를 죄 가운데서 구원하는 것으로 그 의로우심을 선포 하셨듯이, 우리도 신앙의 열심과 주를 향한 진심을 표현하는 어떤 일을 할 때에는 언제나 그것이 이웃들의 유익으로 연결되어야 합 니다. 하나님 앞에 갖는 자신의 신앙적 진심이 단지 자기를 증명하 는 것이어서는 안 됩니다. 그것은 5절 이하에 있는 다음의 단서에 서 확인할 수 있습니다. "너희가 만일 길과 행위를 참으로 바르게 하여 이웃들 사이에 정의를 행하며 이방인과 고아와 과부를 압제 하지 아니하며 무죄한 자의 피를 이 곳에서 흘리지 아니하며 다른 신들 뒤를 따라 화를 자초하지 아니하면"이라는 단서입니다.

하나님을 향하여 갖는 단체의 열심이든 개인의 열심이든 모두 이웃과 함께 가는 것이어야 합니다. 누군가에게 유익을 주는 것이어야 합니다. 그것이 신앙의 본질입니다. 그것이 하나님을 닮는 것입니다. 예수를 믿는다는 말에는 그 아들을 우리를 위하여 보내신 하나님의 하나님 되시는 진면목이 들어 있습니다. 이와 같은 삶의 내용이 없는 이스라엘 백성에 대하여 다음과 같이 경고하십니다.

보라 너희가 무익한 거짓말을 의존하는도다 너희가 도둑질하며 살인하며 간음하며 거짓 맹세하며 바알에게 분향하며 너희가 알지 못하는 다른 신들을 따르면서 내 이름으로 일컬음을 받는 이 집에 들어와서 내 앞에 서서 말하기를 우리가 구원을 얻었나이다 하느냐 이는 이 모든 가증한 일을 행하려 함이로다 (렘 7:8-10)

나가서는 딴짓해놓고 성전에 들어와서 기도하고 제사 드리면 네할 일을 다 한 줄로 아느냐는 것입니다. 무엇과 비교하고 있습니까? 네가 하나님 앞에 한 것이 이웃에게까지 연결되지 않았다면 안 된다는 것입니다. 하나님 사랑이 곧 이웃 사랑인 것입니다. 세상의 윤리 도덕에서는 이웃 사랑이 곧 자기 증명입니다. 그러나 우리의 이웃 사랑은 하나님 사랑의 당연한 열매인 것입니다. 포도나무에 포도가 열리는 것같이 하나님을 사랑하는 자에겐 이웃 사랑이라는 열매가 달립니다. 우리의 신앙은 이런 식으로만 인정됩니다. 그가 하나님을 향하여 가진 열심이 이웃과 연결되지 않는 한, 여기서 이야기하는 대로 그것은 거짓말이요 이 성전을 도적의 굴혈로 만드는 것입니다.

크게 외치라 목소리를 아끼지 말라 네 목소리를 나팔 같이 높여 내 백성에게 그들의 허물을, 야곱의 집에 그들의 죄를 알리라 그들이 날마다 나를 찾아 나의 길 알기를 즐거워함이 마치 공의를 행하여 그의 하나님의 규례를 저버리지 아니하는 나라 같아서 의로운 판단을 내게 구하며 하나님과 가까이 하기를 즐거워하는도다 우리가 금식하되 어찌하여 주께서 보지 아니하시오며 우리가 마음을 괴롭게 하되 어찌하여 주께서 알아 주지 아니하시나이까 보라 너희가 금식하는 날에 오락을 구하며 온갖 일을 시키는도다 보라 너희가 금식하면서 논쟁하며 다투며 악한 주먹으로 치는도다 너희가 오늘 금식하는 것은 너희의 목소리를 상달하게 하려는 것이 아니니라 이것이 어찌 내가 기뻐하는 금식이 되겠으며 이것이 어찌 사람이 자기의 마음을 괴롭게 하는 날이 되겠느냐 그의 머리를 갈대 같이 숙이고 굵은 베와 재를 펴는 것을 어찌 금식이라 하겠으며 여호와께 열납될 날이라 하겠느냐 (사 58:1-5)

나는 너희가 금식하는 것을 금식으로 안 받는다. 왜 나한테 금식하는데 안 받아 주십니까, 라고 묻느냐? 너희는 금식하면서 왜 싸우느냐? 금식하는 것은 내 앞에 겸비하고 내 말과 내 뜻을 따라 살겠다는 표가 아니더냐? 너희가 내 뜻대로 살고 내 말대로 산다면, 네

217

하나님 여호와가 좋아하시는 이웃 사랑을 해야 하지 않느냐? 너희가 너희 형제에게만 문안하면 남보다 더하는 것이 무엇이냐? 원수를 사랑하고 너희를 핍박하는 자를 위하여 기도하지 않는다면 금식이 무슨 소용이 있겠느냐? 이사야 58장이 바로 이런 뜻입니다.

실천 조항이 아닌 원리의 문제

신앙이라는 것이 어디로 향하여 있는지 아시겠습니까? 그것은 하나의 실천 조항으로서 제시된 것이 아니라 원리 문제입니다. 신앙을 가진다는 것, 신앙이 좋아진다는 것은 하나님을 닮는 것이며 하나님의 마음에 동참하는 것입니다. 그것은 긍휼과 자비를 가지며 아량과 배려를 가지고 복된 자리로 같이 가기 위하여 기꺼이 기다리며 희생하며 참으며 노력하는 것입니다. 이것이 신앙입니다.

내가 기뻐하는 금식은 흉악의 결박을 풀어 주며 멍에의 줄을 끌러 주며 압제 당하는 자를 자유하게 하며 모든 멍에를 꺾는 것이 아니겠느냐 또 주린 자에게 네 양식을 나누어 주며 유리하는 빈민을 집에 들이며 헐벗은 자를 보면 입히며 또 네 골육을 피하여 스스로 숨지 아니하는 것이 아니겠느냐 (사 58:6-7)

이것은 구제해라, 봉사해라, 이런 윤리 도덕적인 이야기가 아닙니

218

다. 하나님을 사모합니까? 하나님의 뜻을 소원과 삶의 내용으로 갖습니까? 하나님은 우리를 구원하기 위하여 그 아들을 아끼지 아니하시고 이 땅에 보내사 십자가에 못 박으신 분이십니다. 우리를 지으셨고 우리를 사랑하셨고 우리를 구원하신 하나님은 당신이 은혜롭고 자비롭고 노하기를 더디 하고 인자와 진실이 많은 하나님으로 소개되기를 원하십니다. 선인과 악인을 구별하지 않고 의로운 자와 불의한 자에게 구별함이 없이 긍휼과 자비를 베푸시는 하나님이십니다. 무질서한 차원의 이야기가 아닙니다. 하나님은 구원을 아무에게나 주지 않으십니다. 그러나 모두에게 긍휼과 자비로 찾아오시며 다스리시는 하나님, 우리를 구원하기 위하여 예수 그리스도를 이 땅에 보내신 하나님, 우리의 손으로 그 아들을 십자가에 못 박도록 내어주신 하나님입니다. 그것이 신앙의 본질입니다.

우리의 신앙은 예레미야에서 본 바와 같이 성전을 짓는 것이요, 이사야에서 본 바와 같이 금식을 하는 것입니다. 그 후에는 싸우는 것입니다. 신앙의 열심과 하나님을 향한 소원들이 이웃에게로 연결되지 않으면 그에게 하나님은 그저 심판하는 하나님에 불과합니다. 하나님을 단지 잘난 자를 확인시켜 주는 분으로 오해하는 것이기 때문입니다. 하나님은 그런 분이 아니십니다.

누가 그런 말을 했습니다. 내 친구가 애꾸눈이면 나는 그의 옆얼굴만 보겠다. 그런데 우리는 애꾸눈 달린 얼굴만 보려고 합니다. 사람의 죄성이 얼마나 심각한지는 대화를 들어보면 압니다. 대부분의 대화 내용이 남을 흉보고 화내는 것뿐입니다. 덕이 되고 위로하고 기다려주고 감싸주는 대화를 듣기 어렵습니다.

한 번 생각해 보십시오. 우리가 예수를 믿고 나서 세상 사람들과 가장 다른 것이 있다면 무엇이겠습니까? 우리는 용서할 수 있는 위치에 있다는 것입니다. 우리는 나누어 줄 위치에 있습니다. 예수를 모르는 세상 사람은 그 누구를 용서할 위치에 있지도, 나누어줄 것을 가지고 있지도 않습니다. 그들은 남의 것을 빼앗아 자기를 아무리 채워도 채워지지 않는 그런 위치와 처지에 있습니다. 우리만 용서할 수 있고 기다려줄 수 있고 위로할 수 있고 치료할 수 있습니다. 그것이 어렵다면 하나님 앞으로 데려오기라도 할 수 있지 않겠습니까?

그런데 우리는 예레미야서와 이사야서에 나온 것 같은, 내가 하나님 앞에 점수 받을 수 있어 보이는, 몇 가지 종교적인 행위로 자신의 책임을 다했다고 생각합니다. 이웃을 돌아보는 일과 십자가를 지는 일이 없습니다. 믿음은 바로 이것을 기준으로 점검할 필요가 있습니다.

우리가 종교적인 일에 열심을 내고 성과가 있고 능력이 있어도, 기도와 전도를 하고, 성경을 열심히 보아도 그것이 우리의 치장에 불과하다면 우리는 이스라엘 백성과 다를 바 없습니다. 성전을 지어놓고 다 했다고 뽐내는 사람이요, 금식하고 자기 할 일을 다 했다고 하는 사람입니다. 이런 것은 신앙이 아닙니다. 내가 있음으로 내 주변에서 십자가의 은혜가 결실을 맺어야 합니다. 우리가 믿는 하나님의 하나님 되심이 자비와 긍휼로 드러나서 저들의 심령에 역사가 일어나야 합니다. 우리는 하나님을 더 많이 닮으므로 더 많이 나누고 기다리고 지고 베풀고 희생해야 합니다. 우리가 빼앗기는 것으로는 결코 가난해질 수 없는 자리에 와 있다는 사실을 알게 될 것입니다.

기도

하나님 아버지, 은혜를 감사합니다. 이제껏 우리가 믿고 열심을 부리고 소중하다고 생각했던 신앙의 내용들 속에 바로 이 부분들, 지고 기다리고 나누고 위로하고 져 준 것이 있는가, 과연 우리는 이웃을 내 몸같이 사랑한 적이 있는가, 오늘 말씀을 통하여 솔직하게 자신의 영혼에 물어보게 하시옵소서. 그리고 그런 일들에 실패했거든 우리는 하나님을 아직도 제대로 알지 못했다는 것을 주 앞에 고백하게 하시고 우리를 부르신 하나님, 예수 그리스도를 보내사 우리를 자녀로 삼으신 하나님을 이제 아버지라 부르기에 부끄럽지 않은 자리에 서게 하여 주시옵소서. 성전을 짓는 열심을 가지고 이웃을 돌아보며 그들의 궁핍함과 곤고함과 외로움과 절망을 나누고 그들을 인도하여 해답을 줄 수 있는 하나님의 사람으로서 책임을 감내할 수 있게 하여 주시옵소서. 예수님의 이름으로 기도합니다. 아멘.

요점과 확인

1. 믿음은 하나님의 자녀다운 것을 드러내는 것이다. 하나님은 십자가 사건을 통해 당신의 하나님다우심을 우리에게 충만히 보여 주셨다.

2. 믿음은 이웃 사랑으로 드러나야 한다. 그렇지 못하면 '아량의 하나님'을 본받는 하나님의 자녀다운 삶과는 먼 것이다.

3. 경쟁과 우월감이 교회 안에 들어왔다. 이런 사회 현실 속에서 신자가 신자답다는 것을 구체적으로 드러내는 일들은 무엇이라고 생각하는가?

13

그
리
스
도
를
본
받
자
(1)

그러므로 사랑을 받는 자녀 같이 너희는 하나님을 본받는 자가 되고 그리스도께서 너희를 사랑하신 것 같이 너희도 사랑 가운데서 행하라 그는 우리를 위하여 자신을 버리사 향기로운 제물과 희생제물로 하나님께 드리셨느니라 (엡 5:1-2)

좋은 믿음을 갖는 데 있어서 모범이 되는 것은 무엇입니까? 좋은 신앙의 내용을 어떻게 쌓아갈 것입니까? 그 첫 번째가 '하나님을 본받자'라는 것이었습니다. 그래서 마태복음 5장 43절에서 48절에 있는 말씀을 근거로 생각해 봤습니다. 즉 '이같이 한즉 하늘에 계신 너희 아버지의 아들이 되리라'고 하신 하나님의 아량과 높으심과 의로우심, 이를테면 하나님의 하나님다우심에 대해서 생각했습니다. 신앙의 가장 중요한 본질은 인격적 차원에서 높고 깊고 큰 것이라고 했습니다.

사랑의 내용은 희생

이제 두 번째로 생각할 내용은 '그리스도를 본받자'라는 것입니다. '그리스도께서 너희를 사랑하신 것같이 너희도 사랑 가운데서 행하라'라는 말씀에서 특별히 그리스도를 본받는 문제를 두고 사랑에 대해서 생각하려고 합니다. 하나님 아버지 즉 성부 하나님을 본받는 데 있어서는 권세와 지위의 차원에서 말하는 높으심이 아니라, 인격과 아량에서 말하는 높으심이라고 생각했습니다. 그리고 그리스도를 본받으라고 할 때 성경이 그리스도를 표본으로 하여 내세우는 내용은 '사랑'입니다.

그런데 특별히 여기서 생각하려는 사랑의 내용은 '희생'에 관한 것입니다. "그리스도께서 너희를 사랑하신 것 같이 너희도 사랑 가운데서 행하라 그는 우리를 위하여 자신을 버리사 향기로운 제물과 희생제물로 하나님께 드리셨느니라"(엡 5:2). 이 말씀은 '희생'을 의미합니다. 사랑은 상대방을 위하는 것입니다. 그러나 세상은 사랑뿐만이 아니라 어떤 덕목이나 이상이나 고결한 것을 내놓더라도 먼저 자기를 채우고 남은 것으로 하게 됩니다. 세상의 사랑이란 결국 자기 욕심의 발로이고, 세상의 고결한 이상이란 전부 자기 증명에 지나지 않습니다. 자기를 희생해서 상대방의 유익을 구하는, 즉 성경이 말하는 사랑은 세상에 없습니다. 예수님이 오셔서 보이신 사랑은 상대방을 위하여 기꺼이 자신을 희생하는 것입니다. 그것은 이 세상의 것과 본질적으로 다른 것입니다. 그 희생은 한 알의 밀알이 땅에 떨어져 썩음으로써 많은 열매를 맺게 하는 능력입니다. 예수님이 제자들과 나눈 대화를 마태복음 20장에서 보겠습니다.

그 때에 세베대의 아들의 어머니가 그 아들들을 데리고 예수께 와서 절하며 무엇을 구하니 예수께서 이르시되 무엇을 원하느냐 이르되 나의 이 두 아들을 주의 나라에서 하나는 주의 우편에, 하나는 주의 좌편에 앉게 명하소서 예수께서 대답하여 이르시되 너희는 너희가 구하는 것을 알지 못하는도다 내가 마시려는 잔을 너희가 마실 수 있느냐 그들이 말하되 할 수 있나이다 이르시되 너희가 과연 내 잔을 마시려니와 내 좌우편에 앉는 것은 내가 주는 것이 아니라 내 아버지께서 누구를 위하여 예비하셨든지 그들이 얻을 것이니라 열 제자가 듣고 그 두 형제에 대하여 분히 여기거늘 예수께서 제자들을 불러다가 이르시되 이방인의 집권자들이 그들을 임의로 주관하고 그 고관들이 그들에게 권세를 부리는 줄을 너희가 알거니와 너희 중에는 그렇지 않아야 하나니 너희 중에 누구든지 크고자 하는 자는 너희를 섬기는 자가 되고 너희 중에 누구든지 으뜸이 되고자 하는 자는 너희의 종이 되어야 하리라 인자가 온 것은 섬김을 받으려 함이 아니라 도리어 섬기려 하고 자기 목숨을 많은 사람의 대속물로 주려 함이니라 (마 20:20-28)

'섬기러 왔다. 대속물로 주러 왔다.' 이것이야말로 천국의 삶의 기본 원리입니다. 어떤 사람이 죽어서 천당에 가보니까 건너편으로 지옥이 바라다 보이는데 차이가 없더랍니다. 천당이나 지옥이나 똑같은 음식이 차려지고 똑같은 밥상에 여럿이 둘러앉아서 먹더랍니다. 팔보다 긴 젓가락의 윗부분만 잡고서 음식을 먹는 것이었습니다. 이렇게 젓가락이 팔보다 길어서 혼자서는 먹을 수가 없기에 천국에서는 서로 먹여주는데 반해 지옥에서는 서로 자기만 먹으려고 하는 까닭에 음식이 자기 입으로 들어가지 않더랍니다.

사랑이란 그런 것입니다. 내가 안 먹고 상대방을 먹여주는 것이요, 상대방이 받는 유익이나 복된 결과가 나의 기쁨이 되는 것입니다. 우리가 사랑한다고 할 때 그 사랑이 목표가 되는 때가 있습니다. 하지만 사랑은 말로만 떠드는 것이거나 목표로 삼아야 할 것이 아닙니다. 사랑은 상대방을 좋게 하기 위한 것입니다. 그것은 예수 믿는 사람에게만 가능합니다.

고린도후서 11장 27절 이하는 사랑에 관한 매우 대표적인 구절입니다. 거기에는 사도 바울이 고생한 이야기가 나옵니다. "또 수고하며 애쓰고 여러 번 자지 못하고 주리며 목마르고 여러 번 굶고 춥고 헐벗었노라." 이 내용은 다음과 같은 그의 이야기 끝에 등장합니다. '내가 하나님의 종이다. 하나님의 종 된 표가 무엇이냐? 이런 고생 가운데서도 나는 이 일을 하고 있다. 내가 하는 일로 내가 무슨 보상이나 세상에서 대접을 받은 적이 없다. 세상적인 이해관계로 이 일을 하고 있는 것이 아니다. 하나님이 시켜서 이 일을 하고 있다. 그것을 무엇으로 알 수 있느냐? 내가 이 일을 하면서 받은 것이라곤 고생밖에 없다. 그런데도 내가 하나님의 종이 아니란 말이냐!'

매를 맞고 강도의 위험을 당하고 파선하는 이런 모든 고생보다도 사도 바울에게 제일 고통스러운 것은 이런 것입니다. "이 외의 일은 고사하고 아직도 날마다 내 속에 눌리는 일이 있으니 곧 모든 교회를 위하여 염려하는 것이라 누가 약하면 내가 약하지 아니하며 누가 실족하게 되면 내가 애타지 아니하더냐"(28-29). 이것이 바로 사랑입니다. 상대방이 잘되는 것이 그의 유일한 소원입니다. 감옥에 갇히고 돌에 맞아 죽을 뻔한 고난들보다 이웃 사랑으로 가슴이 저리고 마음이 조마조마한 것입니다. 이것이 사랑입니다.

예수님이 우리에게 베푸신 사랑을 보면, 사랑으로써 당신을 내세우신 것이 아닙니다. '내가 널 도와줬다. 내가 널 사랑했다. 네가 받은 모든 것, 네가 얻은 모든 것은 내가 해준 것이다.' 이런 식의

227

확인이 아닙니다.

우리 주 예수 그리스도의 은혜를 너희가 알거니와 부요하신 이로서
너희를 위하여 가난하게 되심은 그의 가난함으로 말미암아 너희를
부요하게 하려 하심이라 (고후 8:9)

예수님이 가난해지셨다는 것은 가진 것 없이 오셨다는 뜻이 아닙
니다. 우리가 처한 자리에까지 좇아 들어오셨다는 말입니다. 하늘
의 영광스런 보좌에 계셔야 할 분이, 홍수로 흙탕물에 떠내려가는
죄인을 구하러 그 물 속에 들어오신 것입니다. 인간이 되심으로 무
한이 유한 속에 갇혀 이 세상 사람으로 33년을 사셨습니다. 우리를
꺼내려고 우리 편을 드시고, 우리에게 유익이 되게 하시려고 창조
주와 온 천하 만물의 주인이신 성자 하나님이 우리가 처한 자리에
까지 모든 제한을 감수하고 오신 것입니다.

신자 된 성품의 본질

우리는 끊임없이 하나님께 이렇게 구합니다. '내가 누구를 도우려
고 해도 가진 게 없어서 도울 수가 없어요. 내가 하나님을 위하여
일할 테니까 돈을 주시고 건강을 주시고 지위를 주시고 능력을 주
십시오.' 사랑은 실력이나 재주에 관한 문제가 아닙니다. 그것은 마

음의 자세입니다. 세상은 사랑을 가지고 있지 않습니다. 세상이 사랑을 이야기할 때는 그것으로 자기가 자랑할 수 있을 때입니다. 사랑은 명분도 아니고 남들에게 과시하려고 내다 거는 슬로건도 아닙니다. 사랑은 신자 된 성품의 본질입니다.

내가 사람의 방언과 천사의 말을 할지라도 사랑이 없으면 소리 나는 구리와 울리는 꽹과리가 되고 내가 예언하는 능력이 있어 모든 비밀과 모든 지식을 알고 또 산을 옮길 만한 모든 믿음이 있을지라도 사랑이 없으면 내가 아무것도 아니요 내가 내게 있는 모든 것으로 구제하고 또 내 몸을 불사르게 내줄지라도 사랑이 없으면 내게 아무 유익이 없느니라 (고전 13:1-3)

2절의 '사랑이 없으면 내가 아무것도 아니요'라는 표현은 영어로 'Without love I am nothing'입니다. 우리말 표현이 잘못된 것은 아니지만 영어 표현이 좀 더 확실합니다. '사랑이 없으면 나는 없는 것이다.' 즉 사랑은 행동이 아니라 본체라는 뜻입니다. '네가 능력이 있고 열심이 있느냐? 사랑이 없으면 그 능력과 열심과 종교적인 어떤 행사도 다 무의미한 것이다.' 그것은 본체가 없는 행위라는 것입니다.

사랑이란, 예수 믿는 자들에게 있어서는 본질이요 본체입니다. 사랑은 '하자!' 이렇게 갖다 걸어 놓을 목표나 슬로건이 아닙니다. 사랑은 예수 믿는 하나님의 백성이 갖는 본질입니다. 그것은 무슨

229

실천 조항이 아니며 신앙의 내역이 아닙니다. 사랑은 신자 된 모든 성도들의 세포요 성품의 분자요 인격의 원소들입니다. 사랑이 없으면 신자가 아닙니다. 사랑으로부터 모든 것이 나갑니다. 성경을 읽어도, 기도를 해도, 전도를 해도, 세상을 살아도 다 사랑에서 출발해야 합니다. 사랑은 자기를 증명하는 것이 아니라 사랑을 베풀어야 할 상대방을 위해서만 존재하며 상대방을 위해서만 행사됩니다. 그래서 4절 이하에 이렇게 나옵니다.

사랑은 오래 참고 사랑은 온유하며 시기하지 아니하며 사랑은 자랑하지 아니하며 교만하지 아니하며 무례히 행하지 아니하며 자기의 유익을 구하지 아니하며 성내지 아니하며 악한 것을 생각하지 아니하며 불의를 기뻐하지 아니하며 진리와 함께 기뻐하고 모든 것을 참으며 모든 것을 믿으며 모든 것을 바라며 모든 것을 견디느니라

(고전 13:4-7)

하나씩 간단히 풀어 보겠습니다. 사랑은 오래 참습니다. 무슨 뜻입니까? 사랑은 상대방에게 이루어질 때까지 하는 것입니다. 사랑은 내 의지나, 내 투자나, 내 기대나, 내 청사진이 아닙니다. 사랑은 행복과 영광과 만족이 상대방에게 이루어질 때까지 내가 중단하지 않는 열심입니다. 사랑은 온유합니다. 상대방을 위하여 자신을 희생하고, 죽음까지 각오하면서도 오히려 부족하다고 느끼는 것이 사랑이기 때문입니다. 상대방을 편드는 것이기 때문에 무례해지면 이

미 사랑이 아닙니다. 성내지 않으며 조급해하지 않습니다. 상대방이 느리면 기다립니다. 투기하지 않습니다. 상대방이 잘되는 것이 나의 경쟁거리일 수 없습니다. 상대방이 잘되는 것이라면 얼마든지 좋습니다. 상대방이 잘되기만 하면 내가 망해도 좋습니다.

제가 여러분을 향하여 갖고 있는 마음을 성경이 그대로 기록하고 있습니다. 제가 가지고 있는 마음의 자세란, 목사는 소모품이라는 것입니다. 저는 그것을 늘 인식하고 있습니다. 제가 소모되어 여러분이 유익과 영광과 자랑과 승리를 얻는 것이 하나님의 뜻입니다. 그것이 저를 목사로 세우신 이유입니다. 하나님의 사랑에 동참하고 있어서 그 일이 저에게는 행복이요 소원하는 바입니다.

사랑은 자랑하지 않습니다. 교만하지 않습니다. 내가 누군가를 도와줬다. 내가 누군가를 키웠다. 사랑은 그렇게 자랑하지 않습니다. 목숨까지 버렸지만 더 못해주어서 안타까운 것입니다. 사랑은 무례히 행하지 않습니다. 상대방이 상처를 입을까, 상대방이 낙심할까, 상대방이 오해할까 조마조마해하는 것입니다.

사랑은 상대를 편드는 것

우리 교회에서 남성 성가대가 누리는 가장 큰 복이 무엇인지 아십니까? 어차피 본인들은 자신의 음악 실력이 어디쯤인 줄 모르니까 조마조마하는 마음이 없지만, 부인들은 와서 조마조마해합니다. 이

것이 남성 성가대의 가장 큰 복입니다. 이런 남편들은 아내한테 저녁 식사를 성찬으로 대접받습니다. 그래서 제가 어떻게 그런 실력으로 이런 대접을 받습니까, 라고 묻자 하나같이 제가 음악을 몰라서 자신들이 하는 성가가 얼마나 잘하는 것인지 모른다는 대답이었습니다. 처음에는 농담인 줄 알았습니다. 그런데 열 몇 번째까지도 동일한 대답을 듣고 나서는 제가 지기로 했습니다. 우리는 모두 압니다. 남성 성가대가 찬양할 때면 우리는 모두 긴장해서 입안이 마릅니다. 왜 그렇습니까? 우리가 그들을 사랑하고 편들고 있기 때문입니다.

자신을 증명해 내는 무기가 아님

우리의 인생살이 속에서 남을 향하여 투기와 시기와 자존심이 섞이지 않고 저 사람이 잘 되기 위하여 내가 해줄 수 있는 일이 무엇일까 하고 고민하고 조마조마해 보신 적이 있으십니까? 하나님의 자녀 된 성도의 모든 인생살이에는 이런 조마조마함이 있어야 합니다. 내가 속한 자리에서 맡은 일과, 내가 만나는 사람들 앞에서 나로 인하여 저 사람들이 이익을 얻고 하나님을 만나도록 하는 그 일에 내가 무슨 역할을 해야 합니까? 그것은 바로 한 알의 썩는 밀알이 되는 것입니다. 그런데 이상하게도 우리는 큰소리를 치고 힘으로써 그것을 증명할 수 있다고 생각합니다.

"우리 주 예수 그리스도의 은혜를 너희가 알거니와 부요하신 이로서 너희를 위하여 가난하게 되심은 그의 가난함으로 말미암아 너희를 부요하게 하려 하심이라"(고후 8:9). 우리는 사랑이 이와 같이 역사한다는 방식을 잘 모릅니다. 우리는 예수님이 천군 천사와 함께 구름 타고 내려와서 구원과 복과 승리와 평화를 베풀어 주실 것을 기대합니다. 그러나 예수 그리스도께서 인간의 몸으로 오시고 십자가를 지시고 모욕과 고통 가운데 돌아가신 일이 하나님이 즐겨 하시는 방법이라는 것입니다. 한 알의 썩는 밀알로만 열매가 맺힌다는 사랑을 우리에게 맡겨 주셨는데 그것을 놓치고 있습니다.

우리는 지지 않으려 하고, 이겨서 증명하려 하고, 가져서 나누려고 합니다. 그런 까닭에 사랑이 없는 것입니다. 거기에는 희생이 없습니다. 사랑의 손길이 접촉되는 지점까지 찾아가는 가난함과 온유함과 열심과 지극함이 결여되어 있습니다. 가만히 서서 빛을 발하고, 내가 주는 떡을 받아먹으러 모든 사람이 찾아와 주기를 바랍니다. 그것은 사랑하는 것이 아니라 잘난 척하는 것입니다. 희생으로만 결실되는 것만이 바로 예수 그리스도의 사랑입니다. 하나님이 우리에게 이렇게 살라고 하십니다. 믿음이 좋다는 것이 무엇입니까? 하나님을 닮고 예수를 닮는 것입니다.

예수 믿는 표란 저 사람은 정말 예수 잘 믿는 사람이야, 라는 말입니다. 여기서 '잘'이라는 표현은 세상적인 세력과 능력과 지위와 세상의 눈금으로 채점되는 가치가 아닙니다. 예수 믿는 자로서 산다는 것은 세상의 방식과는 반대로, 지는 것이요 감추어지는 것이요 희생하고 섬기는 것입니다. 자존심이 허락되지 않습니다. 우리는 예수를 믿고 하나님의 자녀로 나서는 자의 권세나 영광이나 힘이 세상의 것보다 더 커야 한다고 생각합니다. 사랑이든, 구원이든, 은혜든, 믿음이든, 종교적인 표현이나 행사나, 베풀고 잘난 척하는 입장에서 그것들이 시행되기를 바란다면 그것은 믿음이 아닙니다. 그것은 성도의 생활 원리나 자세가 전혀 아닙니다.

우리는 예수를 믿고 하나님의 자녀가 되었으면 세상의 것과 비교도 되지 않을 만한 초월적인 능력과 권세와 형통과 기적으로 무장될 것이라고 생각합니다. 믿음이 좋으면 이런 무장을 더 많이 할 수 있고, 믿음이 좋으면 내가 '하나님 아버지!'라고 부를 때 이런 능력들이 언제든지 개입될 수 있다고 생각합니다.

예수님이 잡히시던 날 밤에 로마 병정들이 가룟 유다를 앞세우고 예수님을 잡으러 옵니다. 그때 베드로가 칼을 빼서 대적했습니다. 그러자 예수님께서 내가 지금 아버지께 구하여 열 두 영도 더 되는 천군 천사를 부를 수 있는 것을 모르느냐고 하십니다. 여기서 영은 영적인 것을 의미하는 것이 아니라 옛날 로마 군대의 병력 단위로, 약 삼천 명쯤 되는 연대 병력 단위를 의미합니다. 그러니까 삼만 육천 명도 더 되는 천군 천사를 보낼 수 있으나 하나님은 그렇게 하시지 않으십니다. 이제 예수님이 붙잡혀 가시고 모욕을 받으시고 홍포를 입고 가시관을 쓰고 십자가를 지고 자칭 유대인의 왕이라는 조롱을 받으며 십자가에 달려 돌아가심으로써 우리의 구원을 이루십니다. 하나님이 우리를 사랑하셨다는 것입니다. 하나님이 우리한테 그럴 필요가 없지 않습니까. 흙을 빚어 지은 우리를, 한 번 불면 없어지는 바람에 나는 겨와 같은 우리를, 하나님이 그렇게 대접할 이유가 있겠습니까. 그러나 사랑이라는 것은 그런 것이 아닙니다.

하나님을 위하여 얼마나 열심을 냈고 얼마나 성과가 있었느냐로 자신의 신앙을 점검하려고 한다면 믿음이 무엇인지 모르는 것입니다. 우리가 얼마나 희생했으며 우리에게 맡겨진 영혼들을 위하여 얼마나 조마조마했느냐 하는 것이 우리의 진정한 신앙의 수준이 될 것입니다.

우리에게 맡겨지고 책임을 져야 하는 영혼들, 가족이나 친구 그리고 교회 안에서 알게 된 이들, 우리가 기도해 주어야 하는 많은 영혼들을 위하여 늘 조마조마해야 하는 것입니다. 그들의 이익을 위해서라면 우리는 마땅히 엎드려 그 친구가 내 등을 딛고 올라갈 수 있게끔 해주어야 하고, 내가 엎드린 등에 편히 앉아서 쉴 수 있게끔 해주어야 합니다. 그것이 바로 사랑입니다.

무례히 행하지 아니하며 자기의 유익을 구하지 아니하며 성내지 아니하며 악한 것을 생각하지 아니하며 불의를 기뻐하지 아니하며 진리와 함께 기뻐하고 모든 것을 참으며 모든 것을 믿으며 모든 것을 바라며 모든 것을 견디느니라 (고전 13:5-7)

이것이 전부 그 이야기입니다. 저는 종종 이런 이야기를 듣습니다.

'목사님, 예수를 믿어도 사람은 잘 변하지 않아요.' 목사들끼리 모여도 예수를 믿으면 사람이 정말 변할까, 라는 이야기를 많이 합니다. 그러나 다음의 이야기를 근거로 해서 믿으셔야 합니다. 저는 급한 성격을 가졌고 목사로서의 자격을 하나도 갖춘 것이 없지만 하나님은 저를 목사로 부르셨고 또 이만한 사랑을 받게 하셨습니다. 저도 여기까지 왔는데 다른 사람이야 왜 안 변하겠습니까. 저는 변한다는 것을 믿습니다. 하나님이 그렇게 하심을 믿습니다.

우리가 이 문제에 의심을 갖는 것은 자신이 한 일에 대한 결과를 조급히 보고 싶어 하기 때문입니다. 그것은 사랑이 아닙니다. 사랑은 모든 것을 참으며 모든 것을 믿으며 모든 것을 바라며 모든 것을 견디는 것입니다. 이렇게 되려면 얼마나 많이 참고 기다리고 용서하고 지고 죽어야 하고 오해받고 모욕당해야 한다고 생각하십니까? 세상은 우리를 모릅니다. 세상은 우리에 대해서 기분 좋지 않은 쪽으로 이상하게 생각할 뿐입니다. 우리를 놀리며 조롱하며 무시하며 쉽게 해치려고 합니다. 그러나 저들은 가진 자가 아닙니다. 우리가 가진 자입니다.

우리는 모든 사람에 대해서 관심을 가져야 합니다. 저들도 나와 같이 동일한 은혜를 입고 동일한 구원을 받아, 하나님이 그 아들을 이 세상에 보내신 사랑이 결실을 맺어, 하나님 아버지의 사랑에 동참하는 자리에 있어야 합니다. 이러한 사랑은 우리의 신앙을 점검해 주는 중요한 기준입니다. 우리가 몸을 불사르게 내어준다 할지라도 사랑이 없다면 그것은 아무것도 아닙니다. 사랑만이 본체입니다.

신앙이란 앞서 나가 설치는 것이 아닙니다. 큰일을 하는 것이 다가 아닙니다. 그런 것들이 과정의 일부일 수는 있습니다. 그런 것을 통하여 하나님을 알며 사랑을 배울 수 있습니다. 그러나 신앙을 점검해 줄 가장 중요한 '사랑'을 놓친다면 다른 것으로는 신앙을 대체할 수 없다는 사실을 분명히 인식해야 합니다. 하나님의 사람으로 사는 법, 자신의 신앙을 점검하는 법, 이 일에 우리가 실력이 없다는 것을 확인하고 매일 주 앞에 눈물로 엎드려야 할 것입니다.

_____ 기도

하나님 아버지, 은혜를 감사합니다. 하나님께서 그 아들을 이 땅에 보내사 우리를 구원하시려고 우리 손에 못 박아 죽게 하셨습니다. 우리가 우리의 인생을 살면서 당하는 억울함과 고통과 참혹한 일도 이것과 비교할 수 없습니다. 이 사랑을 우리가 받았습니다. 우리가 받은 사랑을 깨닫고 그 넉넉함으로 베풀게 하시옵소서. 섬기며 희생하며 죽으며 참으며 기다리며 온 힘과 정성을 기울여 우리 하나님과 이웃을 사랑하게 하사 주께서 가신 길을 뒤쫓는 일과 하나님의 사랑에 동참하는 하나님의 백성의 마땅한 복을 누리게 하여 주시옵소서. 예수님의 이름으로 기도합니다. 아멘.

요점과 확인

1. 사랑의 내용은 희생이다. 예수님은 이 땅에 오셔서 한 알의 썩는 밀알이 되셨고 그것은 우리에게 희생의 실체가 무엇인지를 보여준다.

2. 사랑은 신자된 성품의 본질이다. 사랑은 행위가 아닌 본질이다. 사랑이 없으면 그리스도인으로서의 존재란 없다.

3. 사랑은 자신을 증명해 내는 무기가 아니다. 사랑이 역사하는 방식은 힘으로써 누군가를 굴복시키는 것이 아니다. 이런 방식은 결코 성도의 생활 원리나 자세가 될 수 없다.

4. 사랑은 상대를 편드는 것이다. 당신은 교회 안에서 다른 사람을 편들어 준 경험을 가지고 있는가?

14

그리스도를 본받자 (2)

너희 안에 이 마음을 품으라 곧 그리스도 예수의 마음이니 그는 근본 하나님의 본체시나 하나님과 동등됨을 취할 것으로 여기지 아니하시고 오히려 자기를 비워 종의 형체를 가지사 사람들과 같이 되셨고 사람의 모양으로 나타나사 자기를 낮추시고 죽기까지 복종하셨으니 곧 십자가에 죽으심이라 (빌 2:5-8)

우리는 지난 장에 이어서 계속 '그리스도를 본받자'라는 문제를 생각하려고 합니다. 이에 앞서 우리는 하나님을 본받는 문제를 생각했는데 하나님의 높으심과 거룩하심, 즉 하늘이 땅보다 높음 같은 하나님의 아량과 배려와 은혜와 긍휼과 자비를 배웠습니다. '여호와로라 여호와로라 은혜롭고 자비롭고 노하기를 더디 하고 인자와 진실이 풍성한 하나님'에 대하여 살폈습니다. 그리고 '그리스도를 본받자'라는 제목 아래 에베소서 5장 1, 2절에서 본 그리스도의 사랑을 우리 신앙의 한 모델로 삼고 살펴보았습니다. 지난 장에서는 사랑의 특징은 희생적일 수밖에 없다는 것을 핵심으로 말씀드렸습니다.

상대의 유익을 위해 자신을 희생함

사랑은 상대방의 유익을 위하여 자신을 희생하는 것입니다. 그래서 누가 사랑을 가지고 있는가는 '누가 더 손에 땀이 나고 있는가'라는 문제라고 했습니다. 사랑하면 상대방을 위하여 안타까워하고 조마조마하고 손에 땀이 나게 됩니다. 부모가 늘 그렇습니다. 자식은 철이 없어서 '밥 안 먹어, 학교 안 가, 이빨 안 닦을 거야"라고 하며 사랑을 담보로 공갈을 칩니다. 그러면 부모가 집니다. 왜 그렇습니까? 부모가 자식을 더 사랑하기 때문입니다. 사랑이라는 측면에서 본문을 다시 한 번 봅시다.

너희 안에 이 마음을 품으라 곧 그리스도 예수의 마음이니 그는 근본 하나님의 본체시나 하나님과 동등됨을 취할 것으로 여기지 아니하시고 오히려 자기를 비워 종의 형체를 가지사 사람들과 같이 되셨고 사람의 모양으로 나타나사 자기를 낮추시고 죽기까지 복종하셨으니 곧 십자가에 죽으심이라 (빌 2:5-8)

진정한 기독교의 사랑이란 내 자신은 없는 것입니다. '나는 없다'가 되는 것입니다. '누구든지 나를 따라오려거든 자기를 부인하고 자기 십자가를 지고 나를 따를 것이니라'(마 16:24). 자기 부인은 사랑에서 중요한 핵심입니다. 본문에서 예수님이 자기를 비웠다고 표현합니다. 이 말은 예수님이 자신을 주장하실 수 있는 분으로 전제하고 있습니다. 왜냐하면 그는 성자 하나님이시며 창조주시며 섭리자시며 심판자이시기 때문입니다. 그는 모든 존재의 주인이시며 진리와 의미와 가치와 모든 존재에 대한 기준이십니다. 그분은 모든 일에 대하여 의미를 부여하시고 생명을 부여하시며 가치를 창조하시며 채우시며 넘치게 하시는 분입니다. 그런 그분이 우리를 살리고 우리를 복되게 하려고 자기를 비워 종이 되어 오신 것입니다. 성부 하나님의 깊으신 뜻을 따라 자기를 비우고 종이 되어 사람으로 오시되 죽기까지 순종하시어 십자가에 죽으심으로써 우리를 구원해 내십니다.

그러므로 그리스도 안에 무슨 권면이나 사랑의 무슨 위로나 성령의 무슨 교제나 긍휼이나 자비가 있거든 마음을 같이하여 같은 사랑을 가지고 뜻을 합하며 한마음을 품어 아무 일에든지 다툼이나 허영으로 하지 말고 오직 겸손한 마음으로 각각 자기보다 남을 낫게 여기고 각각 자기 일을 돌볼뿐더러 또한 각각 다른 사람들의 일을 돌보아 나의 기쁨을 충만하게 하라 너희 안에 이 마음을 품으라 곧 그리스도 예수의 마음이니 (빌 2:1-5)

예수 그리스도의 비운 마음, 자기 부인, 십자가를 지는 순종을 무엇에다 연결시키고 있습니까? 선한 일을 하며 옳은 일을 하며 하나님의 일을 한다는 것 때문에 자기를 비우는 일에 실패하지 말라는 것입니다. 옳은 사람이 목소리를 높입니다. 자신이 옳기 때문입니다. 그러나 성경은 내가 옳았을 때 웃어넘기라고 합니다. 내가 옳거나 맞았을 때 큰 소리쳐서 상대방을 잡지 말라는 것입니다. '그러므로 그리스도 안에 무슨 권면이나 사랑의 무슨 위로나 성령의 무슨 교제나 긍휼이나 자비가 있거든', 즉 좋은 일을 한다고 할 때 그리스도의 마음을 놓치지 말라는 것입니다.

우리는 앞 장에서 사랑의 중요한 요소가 되는 희생에 대하여 살펴봤습니다. 우리는 상대방을 위하여 희생해야 합니다. 우리는 여러 가지를 희생할 수 있습니다. 물질을 내어놓을 수도 있고, 시간을 내어놓을 수도 있고, 간절한 마음을 가지고 밤을 새워 기도할 수도 있고, 누구를 찾아가 도울 수도 있고, 힘에 지나도록 우리의 열심과 진심을 쏟아 부을 수 있습니다. 그런데 이렇게 하나님의 일을 한다는 그 희생이 하나님 앞에서 내 자랑이 될 수 있습니다. 그 희생을 요구한 성경의 진짜 이유는 그 희생으로 이룬 일들이 그 대상에게 이익이 되기 위함입니다.

우리는 교회에 어떤 마음으로 옵니까? 우리는 신앙생활을 하면서 자신에 대해서 어떻게 평가합니까? 누구를 보러 옵니까? 누구를 보는 낙으로 옵니까? 누구를 보면 우리 마음이 기쁘고 감사합니까? 가정에서는 어떻습니까?

부모가 먹고 싶은 것을 안 먹고 왜 아이들한테 남겨줍니까? 아이들이 맛있게 먹는 모습을 보면 좋기 때문입니다. 그것이 사랑의 가장 중요한 핵심입니다. 내가 교회에 오면 누가 날 알아주나, 누가 날 반기나? 내가 죽으면 누가 와서 울까? 이런 생각을 하는 사람은 바보랍니다. '누가 죽으면 내가 서러워 울 거야.' 이렇게 생각해야 옳습니다. 내가 사랑하는 사람이 있어야지 사랑을 받겠다고 생각하는 사람은 바보입니다. 사랑을 받으려고 하면 불행하게 됩니다. 사랑을 하는 자가 사랑을 받는 자보다 행복합니다.

나는 없고 사랑하는 대상만 있다

사랑의 가장 큰 핵심은 나는 없고 상대방만 있다는 것입니다. 사랑하는 대상만 있을 뿐입니다. 상대방이 잘되면 내가 어떻게 되든 좋은 것입니다. 자기 자신에게는 관심이 없습니다. 아이들이 하는 말이 있습니다. '우리 부모님은 맛있는 것을 싫어하시더라. 딸기도 꼭 짓무른 것만 드시고, 밥도 꼭 누룽지만 긁어서 물에 말아 드시더라. 이상하게 생선도 구우면 내장만 드시고 살코기는 나한테 주시더라.' 누가 맛있고 맛없는 것을 몰라서 그렇게 합니까? 자기 자식에게 좋은 것 먹이려고 그렇게 하는 것 아닙니까?

밤 골에 사시는 어느 할아버님의 이야기입니다. 가을에 밤이 주렁주렁 열리면 주말에 선남선녀가 온답니다. 그들이 오면 서로 큰 것을 먹으라고 권한답니다. '이게 크다. 이것 먹어.' 그렇게 먹고 남는 것은 작은 것뿐이겠지요. 그러나 나이 드신 어른 부부가 오면 서로 상대방에게 큰 것을 먹게 하려고 작은 것부터 드시니까 큰 것만 남는답니다. 이것이 바로 사랑입니다. 사랑이란 혈서 써서 이마에 붙이고 다니는 것이 아니라 상대방이 잘되기를 바라는 것입니다. 여러 해 전에 어느 장로님과 심방을 같이 갔다가 제가 경험한 것입니다. 가게에서 딸기를 사면 위에 있는 것들은 싱싱하지만 밑에 있는 것은 물러집니다. 그 장로님이 계속 무른 것만 드시는 것입니다. 저한테 좋은 것을 먹게 하려고 말입니다. 이것이 사랑입니다.

우리는 각자 자기 신앙생활을 하고 자기 인생을 사는 까닭에 같은 구역에 속하거나 봉사를 같이 하지 않는 한, 한 교회 안에서도 많은 것을 경험할 틈이 없습니다. 그러나 목사는 아무래도 전체 교인들과 관계하다 보니까 그렇지 않습니다. 목회 시작한 지 한 십년쯤 지나니까 기가 막힌 데서 기가 막힌 자리까지 올라오는 삶이 어떤 것인지도 목도했습니다. 세상의 표현을 빌면 '정말 수렁에서 건진 자녀들'입니다. 저희 교회 집사님 중에 이런 분이 계십니다. 그가 부인한테 지은 죄가 있어서 하는 수 없이 주일날 교회에 차를 태워다 주게 되었답니다. 자기는 차 안에서 담배를 피우면서 '이놈의 교회는 예배도 되게 오래 본다'라고 불평하고 기다렸던 분입니다. 그런데 어느 겨울날 너무 추워서 하는 수 없이 교회에 들어왔다가 붙잡힌 것입니다. 그렇게 붙잡힌 후 몇 년 안 가서 교회 봉사도 하게 되었습니다. 저는 그 과정을 다 아니까 그분을 볼 때마다 재미있습니다. 기적이 여기 있습니다. 사랑이 하는 일, 사랑의 힘, 사랑의 기적, 사랑의 가치, 사랑의 자랑, 사랑의 필요를 많이 경험하게 되었습니다. 목사가 된 보람이 있어서 참 좋습니다.

사랑이란 '나는 없다'가 되는 것입니다. 누구를 위해서 '나는 없다'가 되는 것입니까? 그것은 상대방을 위하기 때문입니다. 자신은 상대방 뒤에 숨어 있고, 또 상대방이 혼자 큰 것처럼 굴어도 상대방만 잘되면 아무런 불만이 없습니다. 어떤 나이 많으신 홀 어머님이 아들네 집에 갔다가 천대받고, 딸네 집에 갔다가 천대받자 양로원에 가셨습니다. 자녀들이 있으십니까 물었더니 자녀들한테 누가 되고 또 자식들이 창피해 할까봐 '없다'고 대답하십니다. 사랑은 내리사랑이라고 합니다. 그 말은 철이 들고 실력이 붙어야 할 수 있다는 뜻입니다. 예수를 믿지 않고는 이런 사랑을 할 수가 없습니다. 로마서 15장이 우리에게 이런 사랑에 대하여 중요한 권면을 합니다.

믿음이 강한 우리는 마땅히 믿음이 약한 자의 약점을 담당하고 자기를 기쁘게 하지 아니할 것이라 우리 각 사람이 이웃을 기쁘게 하되 선을 이루고 덕을 세우도록 할지니라 그리스도께서도 자기를 기쁘게 하지 아니하셨나니 기록된 바 주를 비방하는 자들의 비방이 내게 미쳤나이다 함과 같으니라 무엇이든지 전에 기록된 바는 우리의 교훈을 위하여 기록된 것이니 우리로 하여금 인내로 또는 성경의 위로로 소망을 가지게 함이니라 이제 인내와 위로의 하나님이 너희로 그리스도 예수를 본받아 서로 뜻이 같게 하여 주사 한마음과 한 입으로 하나님 곧 우리 주 예수 그리스도의 아버지께 영광을 돌리게 하려 하노라 그러므로 그리스도께서 우리를 받아 하나님께 영광을 돌리심과 같이 너희도 서로 받으라 (롬 15:1–7)

이 말씀의 끝 절을 보면, 예수님은 우리를 받아 아버지께 영광을 돌리셨다고 합니다. 이는 굉장한 내용입니다. 우리는 하나님이 자기의 형상대로 만든 피조물입니다. 그 하나님 앞에 우리가 죄를 범했습니다. 우리가 못할 짓을 했지만 하나님이 우리를 사랑하사 그 아들을 보내셨고, 그가 우리와 같은 몸으로 이 땅에 오셔서 우리의 인생을 체휼하시므로 우리 편을 드셨고, 우리를 구원하시려고 십자가에 죽으십니다. 우리를 그렇게 받으셨습니다. 죄인을 용서하는 정도가 아니라 우리가 받아야 할 죄를 대신 담당하셨고, 그뿐 아니라 용서와 구원의 대상인 우리에게 오해와 조롱과 고통까지 당하셨습니다. 왜 기꺼이 그렇게 하셨습니까? 우리를 사랑하시기 때문입니다. 그것이 사랑입니다.

사랑은 불평하거나 계산하는 것이 아닙니다. 인간은 이 사랑을 할 수가 없습니다. 예수를 믿고 예수의 사랑을 받고 하나님의 사람이 되지 않으면, 이 성품과 본성은 인간에게 없습니다. 그러나 예수 믿는 사람에게는 이것이 생겨났고 신앙의 가장 중요한 요소로 가지고 있어 훈련해야 하고 발전시켜야 합니다. 그렇게 해서 그것이 우리의 모든 것의 중심이 되도록 크고 넓고 높고 깊게 채워져야 합니다. 빌립보서 1장에서 사도 바울이 이런 이야기를 합니다.

나의 간절한 기대와 소망을 따라 아무 일에든지 부끄러워하지 아니하고 지금도 전과 같이 온전히 담대하여 살든지 죽든지 내 몸에서 그리스도가 존귀하게 되게 하려 하나니 이는 내게 사는 것이 그리스도니 죽는 것도 유익함이라 그러나 만일 육신으로 사는 이것이 내 일의 열매일진대 무엇을 택해야 할는지 나는 알지 못하노라 내가 그 둘 사이에 끼었으니 차라리 세상을 떠나서 그리스도와 함께 있는 것이 훨씬 더 좋은 일이라 그렇게 하고 싶으나 내가 육신으로 있는 것이 너희를 위하여 더 유익하리라 내가 살 것과 너희 믿음의 진보와 기쁨을 위하여 너희 무리와 함께 거할 이것을 확실히 아노니 내가 다시 너희와 같이 있음으로 그리스도 예수 안에서 너희 자랑이 나로 말미암아 풍성하게 하려 함이라 (빌 1:20-26)

바울 사도는 내가 있어서 너희에게 자랑할 것이 풍성하기를 바란다고 말합니다. '나 없으면 너희는 아무것도 안 된다. 내가 너희에게 얼마나 필요한 사람인 줄 아느냐.' 이렇게 말한 것이 아니라, 나로 인하여 너희가 더욱 부요한 자리, 더욱 복된 자리에 갈 수 있기를 바란다, 그것을 위하여 나는 더 살기를 소원한다고 말합니다. 이런 이야기는 빌립보서 2장에도 나옵니다.

그러므로 나의 사랑하는 자들아 너희가 나 있을 때뿐 아니라 더욱 지금 나 없을 때에도 항상 복종하여 두렵고 떨림으로 너희 구원을 이루라 너희 안에서 행하시는 이는 하나님이시니 자기의 기쁘신 뜻을 위하여 너희에게 소원을 두고 행하게 하시나니 모든 일을 원망과 시비가 없이 하라 이는 너희가 흠이 없고 순전하여 어그러지고 거스르는 세대 가운데서 하나님의 흠 없는 자녀로 세상에서 그들 가운데 빛들로 나타내며 생명의 말씀을 밝혀 나의 달음질이 헛되지 아니하고 수고도 헛되지 아니함으로 그리스도의 날에 내가 자랑할 것이 있게 하려 함이라 (빌 2:12-16)

사도 바울이 자랑하는 것은 그가 남을 위하여 희생하고 애쓴 것에 관한 것입니다. 즉 예수 그리스도께서 십자가를 지심으로 우리가 구원 얻은 것같이 그는 그리스도를 본받아 희생하고 자기를 부인하고 남을 위하여 온전히 애쓴 것을 말하고 있습니다. 그것이 그의 자랑입니다. 그것이 우리 모든 신앙인에게 있어서도 살아갈 이유요 의미요 내용이요 목적인 것입니다. 내가 있음으로써 내 주변의 모든 사람에게 유익이 되어야 합니다.

상대의 유익을 위해 맡겨진 은사

우리는 고린도전서 13장이 사랑장이고, 12장과 14장이 은사장이라고 알고 있습니다. 이 뒤의 두 장은 은사에 관하여 이야기하고 있는데 그 사이에 13장이 들어가 있습니다. 왜 그렇게 삽입되어 있는지 한 번 생각해 봅시다. 고린도전서 12장 28절 이하를 보면 사랑장으로 들어가는 이유가 나옵니다.

하나님이 교회 중에 몇을 세우셨으니 첫째는 사도요 둘째는 선지자요 셋째는 교사요 그 다음은 능력을 행하는 자요 그 다음은 병 고치는 은사와 서로 돕는 것과 다스리는 것과 각종 방언을 말하는 것이라 다 사도이겠느냐 다 선지자이겠느냐 다 교사이겠느냐 다 능력을 행하는 자이겠느냐 다 병 고치는 은사를 가진 자이겠느냐 다 방언을 말하는 자이겠느냐 다 통역하는 자이겠느냐 너희는 더욱 큰 은사를 사모하라 내가 또한 가장 좋은 길을 너희에게 보이리라 (고전 12:28-31)

특히 "너희는 더욱 큰 은사를 사모하라 내가 또한 가장 좋은 길을 너희에게 보이리라"고 한 31절 말씀입니다. 이 구절을 보면 사랑이 가장 큰 은사인 것 같습니다. 그러나 사랑은 은사가 아닙니다. 은사란 하나님이 당신의 주권으로 특별히 어떤 사람에게만 준 독특하고 특별한 능력입니다. 하지만 사랑은 모든 성도에게 준 것이고 성도가 책임져야 할 신앙의 핵심입니다.

13장에서 사랑을 이렇게 설명합니다. '사랑은 남을 위한 것이다. 사랑은 상대방의 유익이 우선이 되는 것이다. 자기 치장이 아니지 않느냐.' 이것이 사랑입니다. 그런데 왜 두 은사장 사이에다 사랑장을 끼워 넣었겠습니까? 은사야말로 자기 자랑용이 아니기 때문입니다. 은사는 그 사람이 얼마나 잘났느냐를 확인시켜 주는 천상의 도장이 아닙니다. 은사는 그 사람에게 하나님이 그런 능력을 부여하여 모든 사람의 유익을 도모하도록 맡겨주신 은혜입니다. 은사를 사랑과 같이 이해해야 하므로 고린도전서 13장이 두 은사장 사이에 끼어 있는 것입니다. 은사를 자기 확인으로 쓰지 마라. 자기 자랑으로 쓰지 마라. 은사를 가진 것으로 남들 위에 군림하려 하지 마라. 그것은 나누는 것이요 남의 유익을 위하여 네게 맡겨진 것이다. 그것을 가지고 사랑으로 봉사하라. 사랑을 가지고 자기를 치장하는 자가 있느냐? 사랑은 베푸는 것이요 주는 것이지, 사랑으로 면류관을 쓰는 자가 있느냐? 바로 이런 점 때문에 고린도전서 13장이 12장과 14장 사이에 끼어 있는 것입니다.

신앙이 좋다는 것은 무엇입니까? 우리는 신앙이 좋다는 기준을 능력과 열심 위주로 삼고 있습니다. 우리가 믿음의 본질을 확인해 오는 가운데 가장 중요하게 확인한 사실은 무엇입니까? 믿음은 인격적이라는 사실입니다. 신앙이 좋다는 것에서도 인격적인 요소가 우선합니다. 신앙이 좋다는 것은 결국 하나님을 닮는 것이요 우리 주 예수 그리스도를 닮는 것입니다. 우리가 하나님의 형상으로 지음을 받았는데 그것의 가장 중요한 요소는 인격성입니다. 하나님의 사람만이 갖는, 세상이 흉내 낼 수 없고 쫓아올 수 없는 것은 하나님을 닮는 것이고 우리 주 예수를 닮는 것입니다. 하나님의 높으심 같은 아량의 마음을 갖는 것입니다. '너희 원수를 사랑하며 너희를 박해하는 자를 위하여 기도하라 이같이 한즉 하늘에 계신 너희 아버지의 아들이 되리니'(마 5:44-45). "너희 안에 이 마음을 품으라 곧 그리스도 예수의 마음이니 그는 근본 하나님의 본체시나 하나님과 동등됨을 취할 것으로 여기지 아니하시고 오히려 자기를 비워 종의 형체를 가지사 사람들과 같이 되셨고 사람의 모양으로 나타나사 자기를 낮추시고 죽기까지 복종하셨으니 곧 십자가에 죽으심이라"(빌 2:5-8).

예수님은 모멸과 가장 큰 고통인 십자가의 죽음까지도 감수했습니다. 우리를 위하여, 우리를 사랑해서 말입니다. 교회 안에는 늘 이런 불평이 있습니다. 내가 더 신앙이 좋은데 왜 나보다 못한 자가 대접을 받는가? 이는 늘 교회 안에 있는 불평입니다. 장로, 권사, 안수집사 선거에서 누가 되고 안 되느냐는 하나님 손에 달려 있습니다. 하나님이 누군가는 먼저 택하여 훈련을 시키고, 누군가는 늦게 택하여 훈련을 시킵니다. 그 이유는 우리가 알 수 없습니다. 사람들이 뽑는 것 같지만 꼭 그렇지 않습니다. 하나님이 주관하십니다. 그러면 저 사람이 자격이 있다는 말인가, 그럼 나는 없다는 것인가, 이런 생각이 들 수 있습니다. 우리가 교회 안에서 이 문제로 인하여 제일 크게 시험을 받습니다. 그러나 하나님이 하시는 일과 하나님의 생각은 하늘이 땅보다 높음같이 비교할 수 없이 높습니다. 우리

251

가 무슨 일을 맡든지 하나님이 우리를 어떤 길로 인도하시든지 아멘, 할 뿐입니다. 하나님의 지혜와 사랑이 모두에게 넘친다는 것을 우리는 믿습니다. 교회는 사람이 모인 곳이므로 우리가 사람을 속일 수는 있겠지만 하나님을 속일 수는 없습니다. 그래서 우리는 믿고 기다리는 것입니다.

그리고 이렇게 불평하는 사람들이 꼭 생깁니다. '우리 교회는 사랑이 없어. 우리 교회는 열심이 없어.' 그럼 그렇게 느낀 사람이 한 걸음 앞장서서 사랑과 열심을 내 주십시오. 지적을 하는 것은 잘하는 것이 아닙니다. 우리는 아무것도 하지는 않고서 비평을 함으로써 마치 그 일을 한 사람의 머리 꼭대기에 있는 것처럼 자기 확인을 하는 데 일쑤입니다. 이것은 신앙에서 참 어리석은 것이요, 신앙을 떠나서 이 일상적인 세상에서 인간의 수준을 논할 때도 참 가치 없는 못난 짓입니다.

자신이 속한 교회에서 우선 이 두 가지 문제를 해결하십시오. 쉽게 해결될 문제는 아니지만 이 문제를 신앙으로 연습하셔서 이 두 문제를 극복하십시오. 그리고 세상에 나가서 하나님의 사람으로 훈련받은, 세상에는 없는 이 신앙의 실력과 내용으로써 빛과 소금으로 당당히 서십시오. 우리가 그리스도를 닮았고 하나님을 아버지라 부르는 자녀라는 사실을 모두 알아보게 하십시오. 우리에게 복을 주시고 우리를 세상과 다르게 만든, 그 거룩하시고 영광스러운 하나님이 우리의 존재와 인생을 사용하실 것입니다.

하나님 아버지, 은혜를 감사합니다. 우리의 못난 신앙은 경쟁적입니다. 우리는 사람 앞에서 평가를 받고 사람 앞에서 자랑하고 싶어서 하나님이 우리에게 베푸신 것들을 늘 잊고 삽니다. 우리 주님이 친히 우리보고 섬기라 하셨고 희생하라 하셨고 사랑하라 하셨습니다. 주님이 친히 십자가를 지셨고, 아무든지 나를 따르려거든 자기를 부인하고 자기 십자가를 지고 나를 좇으라고 하셨습니다. 이 말씀을 떠난 신앙은 그 무엇으로도 대신할 수가 없습니다. 말씀을 통하여 우리에게 주신 참다운 신앙의 길, 우리 주 예수 그리스도께서 걸어가신 길, 우리를 사랑하사 자신을 비우셨고 희생하시고 모든 것을 감내하신 십자가의 길을 우리로 잊지 말고 그 길을 따르며 주를 본받아 우리의 존재와 삶 속에서 주님만 영광을 받으시는 열매가 있게 하여 주시옵소서. 예수님의 이름으로 기도합니다. 아멘.

요점과 확인

1. 예수님은 우리를 받아 아버지께 영광을 돌리셨다. 이렇게 우리를 기꺼이 받으신 것은 우리를 사랑하셨기 때문이다.

2. 사랑의 가장 큰 핵심은 상대방만 있고 나는 없는 것이다. 이런 원리는 상대가 더 복된 자리에 가기를 원한 바울 사도의 삶의 태도에서 분명히 볼 수 있다.

3. 은사는 상대의 유익을 위해 나에게 맡겨진 것이다. 따라서 성도는 그 은사로 자기 자랑이나 자기 증명이 아닌 다른 사람을 섬기는 데 씀으로써 유익을 주게 된다.

15

바울을 본받자 (1)

··· 오직 너희는 그리스도를 그같이 배우지 아니하였느니라 진리
가 예수 안에 있는 것 같이 너희가 참으로 그에게서 듣고 또한 그
안에서 가르침을 받았을진대 너희는 유혹의 욕심을 따라 썩어져
가는 구습을 따르는 옛 사람을 벗어 버리고 오직 너희의 심령이
새롭게 되어 하나님을 따라 의와 진리의 거룩함으로 지으심을 받
은 새 사람을 입으라 (엡 4:17-24)

좋은 믿음이 어떻게 형성되며, 좋은 믿음의 본을 어디서 구해야 하는지를 계속하여 다루고 있습니다. 대표적인 것은 우리 하나님을 본받는 것과 예수 그리스도를 본받는 것이었고, 이제 사도 바울을 본받는 것에 대하여 생각하려고 합니다. 사도 바울은 서신서에서 '너희는 나를 본받으라'고 하는 표현을 여러 번 사용합니다. 이런 표현이 나오는 여러 구절 중에서 특히 에베소서 4장 17절 이하를 본문으로 택한 것은 '나를 본받으라'고 말한 바울의 핵심 내용이 거기에 나오기 때문입니다. 17절부터 19절에서 말하는 세상 사람들은 감각도 없고 방향도 없고 목표도 없고 내용도 없이 사는 삶인데 반하여 믿는 자들의 삶은 20절 이하에 있는 바와 같습니다.

오직 너희는 그리스도를 그같이 배우지 아니하였느니라 진리가 예수 안에 있는 것 같이 너희가 참으로 그에게서 듣고 또한 그 안에서 가르침을 받았을진대 너희는 유혹의 욕심을 따라 썩어져 가는 구습을 따르는 옛 사람을 벗어 버리고 오직 너희의 심령이 새롭게 되어 하나님을 따라 의와 진리의 거룩함으로 지으심을 받은 새 사람을 입으라 (엡 4:20-24)

이 새 사람의 대표적인 모델은 사도 바울입니다. 예수를 믿고 나면 달라지는 것이 많습니다. 영원한 구원을 얻고 하나님을 의지하여 살며 영원한 소망을 갖게 됩니다. 이런 운명에 관하여, 우리 존재의 가치에 관하여 성경이 약속하는 복들이 있고, 이제 우리가 책임지고 채워 나가야 하고 만들어 가야하고 연습해야 할 믿음의 내용들이 있습니다. 그것을 우리가 그리스도 안에서 그리스도로 말미암아 배우고 채워야 합니다.

하지만 어느 시대에서든 신앙이라는 이름과 기독교라는 이름을 쓰고 있지만 세상의 유혹에 져서 그리스도를 배우지 않고 그리스도로 채워지지 않는 일들은 비일비재합니다. 예를 들자면 교회의 영광은 마치 이런 것과 같습니다. 훌륭한 의사는 병을 잘 고치는 사람이고, 좋은 음식점은 다른 무엇보다도 음식을 맛있게 만드는 곳이어야 하듯이 좋은 교회는 그곳에서 생명이 태어나고 진리가 선포되고 하나님이 영광을 받으시는 공동체여야 합니다. 그러나 사람들의 연약함 때문에 그렇겠습니다만 어느 틈엔가 사람들의 주위를 끄는 것과 사람의 입맛에 맞는 일과 사람들이 좋아하는 것이 좋은 교회의 필수적인 조건들로 대체되고 말았습니다.

저는 그중에 하나가 성가대라고 생각합니다. 찬송은 음악성을 첫째로 내세우지 않아야 한다고 생각합니다. 성가대는 하나님을 향한 진심과 감사가 있어야 한다고 생각합니다.

예전에 제가 신학교를 다닐 때 전도사로 일하던 교회가 성남에 개척교회를 세웠습니다. 그때 마땅한 담임 목사님을 구하기 전이었는데 교육 전도사들이 돌아가며 교대로 설교를 했습니다. 제가 수요일 저녁에 가서 설교를 하였는데 본당은 시멘트를 바른 골조만 세워져 있는 상태였고 바닥에 가마니를 깔고 앉아서 예배를 드리는 건물이었습니다. 물론 성가대도 없어서 가족이 돌아가면서 찬송을 하였습니다. 그런데 그날 순서에 따라서 아버지, 어머니, 아들, 딸 이렇게 네 식구로 구성된 가족이 찬송을 맡았는데 아버지가 완벽한 음치였습니다. 그가 얼마나 힘차게 1절에서 4절까지 부르든지 아이 둘은 견디다 못해서 2절을 부를 쯤에 도망갔고, 부인은 얼굴이 빨개져서 찬송가로 얼굴을 가리고 있었습니다. 남편 혼자 독창을 한 셈이 되었는데 제 평생에 그보다 감동스러운 찬송을 들은 적이 없습니다. 그것이 늘 제 마음에 있습니다.

이것도 다 새 사람 된 표입니다. 자기를 증명하는 차원이라면 이렇게 노래할 수 없습니다. 우리는 옛 사람이 아니고 새 사람인데, 새 사람은 그리스도로 말미암아 만들어졌으며 그리스도를 본받도록 되어 있습니다. 앞에서 살펴본 바와 같이, 그리스도를 본받는 것의 핵심은 사랑이었습니다. 자기를 위하여 살지 않고 남을 위하여 사는 것입니다. 우리 주님께서 죄인을 위하여 십자가를 지신 그 사랑으로 사는 것입니다. 사도 바울이 친히 본을 보인 이야기를 살펴봅시다.

형제들아 너희는 함께 나를 본받으라 그리고 너희가 우리를 본받은 것처럼 그와 같이 행하는 자들을 눈여겨 보라 내가 여러 번 너희에게 말하였거니와 이제도 눈물을 흘리며 말하노니 여러 사람들이 그리스도의 십자가의 원수로 행하느니라 그들의 마침은 멸망이요 그

들의 신은 배요 그 영광은 그들의 부끄러움에 있고 땅의 일을 생각
하는 자라 그러나 우리의 시민권은 하늘에 있는지라 거기로부터 구
원하는 자 곧 주 예수 그리스도를 기다리노니 그는 만물을 자기에
게 복종하게 하실 수 있는 자의 역사로 우리의 낮은 몸을 자기 영광
의 몸의 형체와 같이 변하게 하시리라 그러므로 나의 사랑하고 사
모하는 형제들, 나의 기쁨이요 면류관인 사랑하는 자들아 이와 같
이 주 안에 서라 (빌 3:17-4:1)

새 사람은 주 안에 서 있어야 합니다. 그리스도의 십자가가 근거가
됩니다. 새 사람은 주께서 그의 모든 것이 되는 사람입니다. 그렇지
않은 사람은 그리스도의 십자가의 원수로 행합니다. 그들의 마침
은 멸망이요 그들의 신은 배요 그 영광은 그들의 부끄러움에 있고
땅의 일을 생각하는 자입니다. 그들은 새 사람과 다릅니다. 신앙이
좋다는 것은 그가 그리스도 안에 서 있다는 것입니다.

예수 안에서 부요함을 드러냄

오늘의 한국 교회는 그동안 구원을 대개 칭의의 면에서만 강조했
습니다. 예수를 믿으면 구원을 얻는다는 신분의 구원에 치중한 편
입니다. 또 너무 전도 일변도가 되어서 구원이 갖는 풍성한 내용,
예수 믿은 자의 변화, 전인격적인 영광된 변화, 책임 있는 성화의

259

영광은 약한 것이 사실입니다. 다시 말해서 예수 믿으면 천당 간다는 이 신분의 변화에만 집중되다 보니 감동이나 열심은 늘 있었지만, 예수 믿은 자의 수준의 변화 곧 예수 그리스도를 내용으로 하고 주 안에 서 있는, 하나님이 의도하신 거룩한 창조물로서의 수준과 내용에 대해서는 너무 무지했던 것입니다.

사도 바울이 계속해서 '나를 본받으라'고 말하는데 무엇을 본받으라는 것입니까? 빌립보서 1장에 대표적인 예가 나옵니다.

형제들아 내가 당한 일이 도리어 복음 전파에 진전이 된 줄을 너희가 알기를 원하노라 이러므로 나의 매임이 그리스도 안에서 모든 시위대 안과 그 밖의 모든 사람에게 나타났으니 형제 중 다수가 나의 매임으로 말미암아 주 안에서 신뢰함으로 겁 없이 하나님의 말씀을 더욱 담대히 전하게 되었느니라 어떤 이들은 투기와 분쟁으로, 어떤 이들은 착한 뜻으로 그리스도를 전파하나니 이들은 내가 복음을 변증하기 위하여 세우심을 받은 줄 알고 사랑으로 하나 그들은 나의 매임에 괴로움을 더하게 할 줄로 생각하여 순수하지 못하게 다툼으로 그리스도를 전파하느니라 그러면 무엇이냐 겉치레로 하나 참으로 하나 무슨 방도로 하든지 전파되는 것은 그리스도니 이로써 나는 기뻐하고 또한 기뻐하리라 (빌 1:12-18)

살면서 제일 억울한 것이 무엇입니까? 오해받는 일일 것입니다. 사도 바울은 그런 오해의 중심에 놓여 있습니다. 그는 예수 그리스도의 사도로, 복음의 전도자로 목숨을 걸고 모든 핍박과 환난과 고난을 감수하고 충성스럽게 그 사역을 수행하다가 급기야 로마로 압송되어 감옥에 갇히게 되었습니다. 사도 바울이 예수 그리스도의 사도로서 한 일에 대하여 당시 로마 정권이나 유대인들이 반대하고 그를 핍박하는 것이야 그럴 수도 있겠습니다만, 같은 편인 예수를 믿는 기독교인들 가운데서도 바울이 감옥에 갇히자 이렇게 시기하는 반대파가 있었습니다. '저 사람은 하나님의 종이 아니었다. 정말로 하나님이 부르신 하나님의 사도였다면 하나님이 왜 그를 감옥에 갇히도록 그냥 놔두었겠는가.' 같은 그리스도를 믿는 그리스도인이라는 당시의 작은 믿음의 공동체 내에서 바울을 반대하고 시기하던 자들이 그의 갇힘을 계기로 삼아 더 떠들고 다니며 더 열심을 내어 자기네가 옳고 바울은 아니라고 했던 것입니다. 참 기막힌 일입니다.

그 소식을 접한 바울을 편드는 추종자들은 너무 억울했습니다. '우리 선생님이 얼마나 주를 위하여 애썼으며 목숨조차 각오하셨는데' 하는 마음에서 너무 억울하니까 붙잡힌 선생님 대신에 그 추종자들이 '우리 선생님이 간 길이 맞노라'고 열심을 내어 변명했습니다. 바울이 이 일을 감옥 속에서 들었습니다. 우리 같았으면 참 억울할 일입니다. 그러나 바울의 대답이 참으로 놀랍습니다. '내가 갇히는 바람에 두 배로 되지 않았느냐. 얼마나 잘되었느냐! 외모로 하나 참으로 하나 무슨 방도로 하든지 전파되는 것은 그리스도니 이로써 내가 기뻐하고 또한 기뻐하리라!' 이것은 윤리나 도덕의 차원일 수 없습니다. 무슨 사상의 문제가 아닙니다. 예수 그리스도로 말미암아 구원을 얻고 예수 그리스도를 알며 그 안에서 세움을 받아 예수 그리스도로 채워진 자들이 갖는 부요함에서 나오는 여유입니다.

우리 성도들이 신앙생활에서 실패하는 가장 큰 이유는 믿음이 가난하기 때문입니다. 예수를 믿으면서도 예수 안에 있는 부요한 것들을 알지 못하고, 소유하지 못하고, 누리지 못해서 가난합니다. 누가 우리의 명예에 먹칠을 해서 가난한 것입니까? 우리의 이름에 먹칠할 사람은 아무도 없습니다. 어느 누구라도 하나님이 기록하신 책에서 우리의 이름을 지우거나 나쁘게 쓸 방법은 없습니다. 사람은 속여도 하나님을 속일 수 없습니다. 우리의 진심과 우리가 한 일을 놓고 세상이 평가하는 것이 아니라 하나님이 평가하십니다. 마지막 날 마지막 심판 때에 우리는 세상 앞이 아닌 하나님 앞에 서게 될 것입니다. 우리가 신자로서 가져야 할 내용의 부요함을 놓치면 늘 가난할 수밖에 없습니다. 우리가 가난한 것은 세상 앞에 서 있기 때문이요 세상의 것을 기대하며 그것으로 채워져 있기 때문이라는 점을 늘 기억하십시오.

남의 유익이 되어야 함

빌립보서 1장에서 사도가 '전파되는 것은 그리스도니 이로써 내가 기뻐하고 또한 기뻐한다'고 한 표현에는 복음이 언급되며, 그것은 전도용으로서의 구원에 관한 일차적인 복음을 말하고 있습니다. 그러나 복음을 믿고 구원 얻은 자가 갖는 신분이나 운명의 변화에 함께 따르는, 예수를 믿는 자가 누릴 모든 내용들이 사실 여기에 다 포함되어 있다는 점을 놓치면 안 됩니다. 로마서 14장을 보면 이런 식으로 이야기합니다.

우리 중에 누구든지 자기를 위하여 사는 자가 없고 자기를 위하여 죽는 자도 없도다 우리가 살아도 주를 위하여 살고 죽어도 주를 위하여 죽나니 그러므로 사나 죽으나 우리가 주의 것이로다 (롬 14:7-8)

이 말이 무슨 이야기 끝에 나온 것입니까? 비장한 자리에 처한 사람에게서 튀어 나온 것입니까? 아닙니다. '살아도 주를 위하여 살고 죽어도 주를 위하여 죽을 것이오. 죽이려면 죽이시오.' 이런 비장한 각오의 말이 아니라는 것입니다. 이 이야기가 나온 맥락을 살펴봅시다.

믿음이 연약한 자를 너희가 받되 그의 의견을 비판하지 말라 어떤 사람은 모든 것을 먹을 만한 믿음이 있고 믿음이 연약한 자는 채소만 먹느니라 먹는 자는 먹지 않는 자를 업신여기지 말고 먹지 않는 자는 먹는 자를 비판하지 말라 이는 하나님이 그를 받으셨음이라 (롬 14:1-3)

3부 | 믿음은 어떻게 자라는가

고대사회에서는 육류가 오늘날처럼 식용으로 도살되어 판매되지 않았습니다. 국가가 섬기는 우상에게 짐승을 제물로 바친 후 그 육류가 시장에 나왔습니다. 다니엘과 그의 세 친구가 우리는 고기를 먹지 않겠다고 한 것도 바로 이런 맥락에서 이해되어야 합니다. 우상에게 바쳐진 제물을 먹는 것은 그 우상을 섬긴다는 의미이기 때문에 고기를 먹지 않겠다는 뜻이었습니다.

고린도전서 8장에 우상의 제물에 관한 이야기가 소상히 나옵니다. 우상에게 바치는 제물을 우리가 못 먹을 게 어디 있느냐? 우상은 없는 것이 아니냐! 바보들이나 그런 신이 있다고 자기 스스로 속고 있는 것이지 실상은 없는 것 아니냐! 없는 신한테 바친 것이니 그냥 돌 앞에 차려 놨다가 갖고 온 것이나 마찬가지 아니냐! 그런데 너는 그것이 아무것도 아닌 줄 알고 거리낌 없이 먹겠지만, 그런 우상이 있는 줄로 알고 있는 자는 네가 하나님을 섬기는 것과 우상을 섬기는 것을 동격으로 놓았다고 볼 것이다. 그래서 하나님을 유일하신 신이 아니라 다른 많은 신들 가운데 하나로 오해할 소지가 있을 터이니 너는 먹지 말라, 이런 연유로 이 이야기가 '어떤 사람에게는 모든 것을 먹을 만한 믿음이 있고 그렇지 않은 연약한 자는 채소를 먹는 것이다'라는 말로 이어지게 됩니다. 즉 믿음이 연약한 자가 취할 수 있는 믿음의 방법과, 믿음이 높은 자가 취할 수 있는 믿음의 방법에 차이가 있을 수 있다는 말입니다.

주일날 음식을 사먹을 수 있습니까, 없습니까? 성수주일을 어느 정도로 해야 합니까? 주일날 아무 일도 하지 않는다는 것이 무슨 의미입니까? 저는 재건파에서 컸습니다. 재건파는 성수주일을 어느 정도 엄하게 지켰는가 하면 주일날에는 아예 차를 못 타게 되어 있었습니다. 그래서 먼 곳에 사는 분들은 하루 앞서 토요일에 차를 타고 예배당에 와서 잠을 잤습니다. 그리고 주일을 보내고 또 다시 주일 밤을 자고 월요일 새벽 기도를 마친 후 차를 타고 집으로 돌아가곤 했습니다.

어떤 의미에서 우리는 주일날 짜장면을 사먹을 수 있고, 또 어떤 의미에서는 짜장면을 사먹으면 안 된다고 하자 질문이 들어왔습니다. '목사님, 질문 있습니다. 뭡니까? 그럼 짬뽕은요?' 주를 위하여 산다는 것은 내가 가진 신앙이 옳다는 것만으로 전부가 아니라는 것입니다. 주님은 자신의 옳음을 증명하려고 십자가를 지신 것이 아니라 우리를 옳게 하려고 십자가를 지신 것입니다. 우리에게 왜 십자가를 져야 하는지를 설명하고 십자가를 지신 것이 아니라, 우리가 아직 죄인 되었을 때에 죽으신 것입니다.

'주 안에서 서라. 너희는 그리스도를 이같이 배우지 아니하였느니라.' 이 말씀이 갖는 새 사람의 기준이란 그리스도의 십자가의 정신을 이어받는 것인데 그것은 내가 있음으로써 다른 사람이 유익을 얻는다는 것입니다. 다른 사람이 옳게 되는 것이 주 안에 서는 것입니다. 그런데 우리는 신앙을 동원해서라도 '난 옳고 넌 틀리다'를 이야기하려고 합니다. 그래서 13절 이하를 보면 이렇게 되어 있습니다.

265

그런즉 우리가 다시는 서로 비판하지 말고 도리어 부딪칠 것이나 거칠 것을 형제 앞에 두지 아니하도록 주의하라 내가 주 예수 안에서 알고 확신하노니 무엇이든지 스스로 속된 것이 없으되 다만 속되게 여기는 그 사람에게는 속되니라 만일 음식으로 말미암아 네 형제가 근심하게 되면 이는 네가 사랑으로 행하지 아니함이라 그리스도께서 대신하여 죽으신 형제를 네 음식으로 망하게 하지 말라 그러므로 너희의 선한 것이 비방을 받지 않게 하라 하나님의 나라는 먹는 것과 마시는 것이 아니요 오직 성령 안에 있는 의와 평강과 희락이라 이로써 그리스도를 섬기는 자는 하나님을 기쁘시게 하며 사람에게도 칭찬을 받느니라 그러므로 우리가 화평의 일과 서로 덕을 세우는 일을 힘쓰나니 음식으로 말미암아 하나님의 사업을 무너지게 하지 말라 만물이 다 깨끗하되 거리낌으로 먹는 사람에게는 악한 것이라 고기도 먹지 아니하고 포도주도 마시지 아니하고 무엇이든지 네 형제로 거리끼게 하는 일을 아니함이 아름다우니라 (롬 14:13-21)

나의 옳은 것이 전부가 아닙니다. 자기의 옳은 것이 남에게 유익이 되어야 합니다. 똑똑한 사람이 있으면 그 주변에 있는 모든 사람을 죽입니다. 자기 하나의 똑똑함을 증명하려고 주변에 있는 모든 사람을 바보로 만듭니다. 정말 똑똑하다면 그렇게 하는 것이 아닙니다. 그 똑똑한 사람 때문에 곁에 있는 사람이 덕을 봐야 합니다. 가진 자의 미덕은 베푸는 것입니다. 돈 있는 사람은 팍팍 쓰십시오.

얻어먹는 자의 미덕은 아첨을 떠는 것입니다. 비굴해지라는 것이 아닙니다. 무엇을 얻어먹었으면 감사하십시오. 이렇게 할 때 서로가 떳떳하게 됩니다. 어렵게 얻어먹고 혜택을 입으며 살다 보면 사람이 비굴해지고 못나게 된다고 세상은 말합니다. 이것은 세상이 속이는 말입니다.

남이 좀 가졌다고 재면 그냥 재라고 하십시오. 뭔가를 가지면 생기는 제일 큰 병이 무엇인 줄 아십니까? 말과 행동을 삼가지 않는다는 것입니다. 누구도 어려워하지 않습니다. 자기가 가졌고 성공했다고 여기기 때문입니다. 그쯤이야 우리가 이해할 수 있습니다. 그가 얼마나 오래 재겠습니까? 길면 한 이천 년쯤 재겠습니까? 무엇을 겁내십니까? 지금 안 재면 언제 재겠습니까? 천국에서도 지옥에서도 재는 것이 허락되지 않는데 여기서 재야겠지요. 웃으십시오. 진심으로 박수를 쳐주십시오. 왜 그 만한 실력도 없는 것입니까? 못 가졌으면 그것으로 끝나는 것이지 뭐가 꿀립니까? 그리스도 안에 있다는 것이 무엇입니까? 우리는 주님 안에서 모든 것을 받았는데 뭐가 부족한 게 있다는 것입니까? 우리가 부족하다고 느끼는 것은 다 옛 사람에게 속한 것입니다. 그것을 집어던지자는 것 아닙니까.

지식은 사랑을 동반해야

믿음이 좋다는 것이 무엇입니까? 고린도전서 10장에서 좋은 믿음

267

에 대하여 이렇게 이야기합니다.

모든 것이 가하나 모든 것이 유익한 것은 아니요 모든 것이 가하나 모든 것이 덕을 세우는 것은 아니니 누구든지 자기의 유익을 구하지 말고 남의 유익을 구하라 무릇 시장에서 파는 것은 양심을 위하여 묻지 말고 먹으라 이는 땅과 거기 충만한 것이 주의 것임이라 불신자 중 누가 너희를 청할 때에 너희가 가고자 하거든 너희 앞에 차려 놓은 것은 무엇이든지 양심을 위하여 묻지 말고 먹으라 누가 너희에게 이것이 제물이라 말하거든 알게 한 자와 그 양심을 위하여 먹지 말라 내가 말한 양심은 너희의 것이 아니요 남의 것이니 어찌하여 내 자유가 남의 양심으로 말미암아 판단을 받으리요 만일 내가 감사함으로 참여하면 어찌하여 내가 감사하는 것에 대하여 비방을 받으리요 그런즉 너희가 먹든지 마시든지 무엇을 하든지 다 하나님의 영광을 위하여 하라 유대인에게나 헬라인에게나 하나님의 교회에나 거치는 자가 되지 말고 나와 같이 모든 일에 모든 사람을 기쁘게 하여 자신의 유익을 구하지 아니하고 많은 사람의 유익을 구하여 그들로 구원을 받게 하라 내가 그리스도를 본받는 자가 된 것같이 너희는 나를 본받는 자가 되라 (고전 10:23-11:1)

'내가 그리스도를 본받는 자 된 것같이 너희는 나를 본받는 자가 되라.' 무엇을 본받으라는 것입니까? 남의 유익을 구하라는 것입니다. 자기를 증명하기 위하여 남을 헤치지 말라는 것입니다. 고린도전서

8장을 보면 우상 제물에 관한 이야기를 이렇게 풀고 있습니다.

우상의 제물에 대하여는 우리가 다 지식이 있는 줄을 아나 지식은 교만하게 하며 사랑은 덕을 세우나니 만일 누구든지 무엇을 아는 줄로 생각하면 아직도 마땅히 알 것을 알지 못하는 것이요 또 누구든지 하나님을 사랑하면 그 사람은 하나님도 알아 주시느니라 그러므로 우상의 제물을 먹는 일에 대하여는 우리가 우상은 세상에 아무것도 아니며 또한 하나님은 한 분밖에 없는 줄 아노라 비록 하늘에나 땅에나 신이라 불리는 자가 있어 많은 신과 많은 주가 있으나 그러나 우리에게는 한 하나님 곧 아버지가 계시니 만물이 그에게서 났고 우리도 그를 위하여 있고 또한 한 주 예수 그리스도께서 계시니 만물이 그로 말미암고 우리도 그로 말미암아 있느니라 그러나 이 지식은 모든 사람에게 있는 것은 아니므로 어떤 이들은 지금까지 우상에 대한 습관이 있어 우상의 제물로 알고 먹는 고로 그들의 양심이 약하여지고 더러워지느니라 음식은 우리를 하나님 앞에 내세우지 못하나니 우리가 먹지 않는다고 해서 더 못사는 것도 아니고 먹는다고 해서 더 잘사는 것도 아니니라 그런즉 너희의 자유가 믿음이 약한 자들에게 걸려 넘어지게 하는 것이 되지 않도록 조심하라 (고전 8:1-9)

지금 이 우상의 제물을 놓고 하는 이야기는, 앞서 말씀드린 바와 같이, 그 제물을 먹을 수 있다는 것입니다. 왜 그렇습니까? 우상은 원

269

래 아무것도 아니기 때문입니다. 다른 신은 원래 없기 때문입니다. 따라서 옳다, 그르다가 전부는 아니라는 것입니다. 이 사실을 아직 분별하지 못하는 자가, 네가 가진 믿음의 지식과 자유를 보고 연약한 믿음에 시험을 받는다면, 네가 잘못하는 것이라는 뜻입니다. 그래서 신앙의 핵심은 지식이 아닙니다. 물론 지식이 믿음의 중요한 내용이기는 하지만 지식 하나로 믿음이 되지는 않습니다. 지식은 무엇을 앞세워야 합니까? 8장 1절 이하를 다시 봅시다.

우상의 제물에 대하여는 우리가 다 지식이 있는 줄을 아나 지식은 교만하게 하며 사랑은 덕을 세우나니 만일 누구든지 무엇을 아는 줄로 생각하면 아직도 마땅히 알 것을 알지 못하는 것이요 (고전 8:1-2)

사랑을 동반하지 않는 지식은 틀렸다는 것입니다. 사랑이 동반되지 않는 지식은 '나 옳다, 나 맞다, 나 잘났다, 너 틀렸다, 너 못났다'가 됩니다. 사랑이 동반되면 상대방을 위하여 내 지식을 절제하고 내 자유를 기꺼이 양보합니다. 그래서 고린도전서 10장에서 '먹든지 마시든지 무엇을 하든지 다 유익을 위해서 하라'라는 말이 나오게 됩니다. '우리가 살아도 주를 위하여 살고 죽어도 주를 위하느니라'가 나오는 것입니다. 이런 표현은 혈서를 쓰고 돌격하라는 비장한 말이 아닙니다. 누가 와서 머리에 권총을 들이대고 '너 예수를 믿을래, 안 믿을래'라고 위협할 때 쓸 말이 아니라는 것입니다. 그 말은 평화로운 일상생활 속에서 우리가 생각하는 것과 달려가는 길과 목표와 내용과 원칙과 성격에 관한 것입니다.

한국 교회는 능력과 업적만을 내세우고 왔기 때문에 주 예수를 본받고 새 사람이 되는, 하나님의 영광을 위해서 살며, 주를 위해서 살며, 내가 있음으로써 모든 사람이 유익을 얻는 일에는 너무 무지한 것 같습니다. 밖에 나가도 '나 잘났어'라고 하며, 교회에 와서도 '나 잘났어'라는 식이 되었습니다.

이번 주일 날에 장로 권사 투표를 합니다. 장로나 권사로 뽑히신 분이야 표정 관리가 어렵지 않겠지만, 안 되시는 분이 더 많을 터이니 그분들은 어떻게 그 일을 감당할 것인가를 생각하셔야 합니다. 하나님은 실력이 없는 사람을 뽑아 주실 것입니다. 그 일을 아무나 감당할 수 없기 때문입니다. 무엇이 우리가 맡은 일의 영광이겠습니까? 하나님이 시키신 일을 함으로써 하나님 앞에 충성했다고 칭찬 받는 것입니다. 우리의 모든 주변이 성공을 추켜세우니까 믿는 사람들마저도 다 거기에 장단을 맞추고 있습니다. 우리는 열심을 내어 교회에서 봉사하겠다는 마음을 가져야 합니다. 그러나 그 봉사를 하나님이 어떤 모습으로 받으실지는 아무도 모릅니다. 어떤 것을 우리에게 요구하시든 내가 있음으로써 거기에 예수 그리스도의 십자가가 빛나는, 우리 하나님이 영광을 받으시는, 먹든지 마시든지 무엇을 하든지 다 하나님의 영광을 위하는, 다른 것으로 대체할 수 없고 핑계 댈 수 없는, 신자 된 자의 마땅한 믿음의 굵은 원칙이 무엇인지를 기억하고 승리하기로 합시다.

하나님 아버지, 은혜를 감사합니다. 하나님의 자녀가 되어 그리스
도를 본받으며 주 안에 있으며 주님으로부터 우리의 모든 것을 허
락 받는 복된 자리에 있음을 확인했습니다. 우리에게 있어야 할 것
은 관용입니다. 나누는 것입니다. 내가 희생하고 져서 하나님이 영
광을 받으시는 것입니다. 이 충성된 길을 걸을 수 있게 하여 주시옵
소서. 세상의 자랑일랑 다 등 뒤로 돌려버리고, 하나님이 기뻐하시
는 일을 위하여, 주를 본받아 십자가를 질 수 있게 하여 주시옵소
서. 예수님의 이름으로 기도합니다. 아멘.

요점과 확인

1. 새 사람을 입으라. 새 사람의 기준은 그리스도의 십자가 정신을 이어받는 것이다. 사도 바울은 새 사람의 대표적인 모델로 우리 앞에 서 있다.

2. 예수 안에 있는 부요함을 드러내라. 옥중에 갇힌 바울은 자신을 비난하는 자들이 복음 전파에 열심 내는 것에 시기하지 않고 도리어 그리스도가 전파되는 것을 기뻐하였다.

3. 자기의 옳음을 증명하려는 심사에서 남을 해치지 말라. 믿음의 지식에 사랑이 동반되지 아니하면 남을 해칠 수밖에 없다. 그래서 지식에는 늘 사랑이 동반되어야 한다.

4. 예수는 자신의 옳음을 증명하려고 십자가를 지시지 않았다. 그가 십자가를 지신 것은 우리의 무엇을 위하여 지신 것인가?

273

16

바
울
을
본
받
자
(2)

우리 중에 누구든지 자기를 위하여 사는 자가 없고 자기를 위하여
죽는 자도 없도다 우리가 살아도 주를 위하여 살고 죽어도 주를
위하여 죽나니 그러므로 사나 죽으나 우리가 주의 것이로다 이를
위하여 그리스도께서 죽었다가 다시 살아나셨으니 곧 죽은 자와
산 자의 주가 되려 하심이라 (롬 14:7-9)

우리는 믿음을 어떻게 자라나게 할 것이냐 하는 문제에서 그 믿음을 키우기 위한 모델로 하나님을 본받는 것과 예수 그리스도를 본받는 것을 살폈습니다. 그리고 지금 바울을 본받는 것에 대하여 살펴보고 있습니다. 이를 성경이 요구하는 우리의 신앙에 대한 올바른 내용과 표준으로 삼고자 합니다. 앞장에 이어 다시 한 번 바울을 본받는 문제에 대하여 생각해 보고자 합니다.

주님을 위하여 사는 것

이 본문의 말씀에 따르면, 불신자와 신자의 차이를 말하는 근본적인 신앙의 핵심은 신자는 더 이상 자기를 위하여 살지 않는다는 것입니다. 그는 주를 위하여 삽니다. 주를 위하여 사는 것은 쉽지 않습니다. 주를 위하여 산다는 것이 열심을 내는 것이고 주를 위하여 무엇을 해드리는 것이라고 우리는 지금껏 들어왔습니다. 그래서 우리는 성경이 이야기하는 깊은 내용에 들어가지 못하고, 몇 가지 행동들 혹은 몇 가지 특별한 주제들을 가지고 주를 위하여 산다고 생각하는 경향이 있습니다.

그 대표적인 것으로 몇 가지 종교적인 형태를 취하는 것이 있습니다. 기도생활, 전도하는 것, 말씀 보는 것, 봉사하는 것들입니다. 이런 것들은 분명히 신앙에서 나타나는 행동들이지만 그런 것만이 주를 위하는 것이라고 오해되는 측면이 있습니다. 본문에 자기를

275

위하여 사는 자가 없고 살아도 주를 위하여 산다, 죽어도 주를 위하여 죽는다고 표현한 것은 무슨 장렬함이나 열정을 말하는 것이 아닙니다. 자신의 이기심이나 우월감을 증명하려는 모든 생각에서 떠나, 내가 있음으로 말미암아 우리 주 예수 그리스도의 주되심과 그로부터만 나오는 은혜, 구원, 축복, 진리, 생명이 모두에게 결실되기를 바라는 신앙의 자세를 말하는 것입니다. 다시 말해 우리 자신을 그렇게 이해하고 복종시킨다는 뜻입니다.

대개 청년 시절에는 열심히 신앙생활 하는 분위기 속에서 성장하기 마련인데 제 후배 하나가 특별한 열심을 가지고 교회에 봉사하였습니다. 그런데 어느 날 그의 열심에 대하여 같이 신앙생활을 하는 청년 그룹 내에서 누군가 이런 공격을 하였습니다. '네가 지금 열심을 내는 것은 주를 위한 봉사가 아니라 잘난 척하는 것이다. 넌 교만한 것이다. 네 열심은 결국 자기 증명에 불과하다.' 그러자 이 말을 들은 후배가 맘에 계속 걸린 것입니다. 우리 주변에서 열심을 빙자해서 자신의 신앙을 증명하려는 사람이 없지 않기에 그런 것에 대하여 우리가 조심하고, 또 그렇게 열심을 내는 사람들의 순수함을 확인하기까지는 의심을 품는 것도 사실입니다.

그러나 그때 제가 보기에는 그 후배가 정당한 열심을 내는 것으로 여겨졌습니다. 그 후배가 그런 도전을 받고 그만 어쩔 줄 몰라 하자 안타까운 마음이 들었습니다. 그래서 나중에 후배한테 이런 답을 줬습니다. '네가 교만해서 하나님이 이익을 본다면 교만한 것이 낫지 않겠느냐! 너는 지금 신앙의 내용과 하나님의 거룩하심이 증명되는 것을 네 판단의 우선순위로 두고 있느냐? 아니면 네 자신이 겸손하고 결백하다는 것을 증명하고 싶어 하는 것이 우선순위이냐?' 이 말을 듣고 그 친구가 시험에서 벗어났습니다.

주를 위한다는 것이 무슨 뜻이겠습니까? 우리가 주를 위한다고 할 때 분명히 조심해야 될 것은 외식입니다. 겉으로 꾸미는 거짓된 탈, 누구를 속이는 기만입니다. 우리가 이것에 대하여 부정적인 마음을 갖는다는 것은 나는 그렇게 하지 않고 정도(正道)를 걷겠다는 차원에서 스스로 다짐하고 분별하자는 데 있습니다. 그런데 나는 외식하지 않았으니 다 된 것 아니냐 하는 것이 아닙니다. 자랑하지 않는다는 것은 단지 입을 다물고 가만히 있는 것이라든지, 아무것도 안 하고 욕도 먹지 않는다는 것을 뜻하지 않습니다. 이것은 분명히 짚고 넘어가야 합니다.

자신의 못남을 바로 인식함

우리가 살아도 주를 위하여 살고 죽어도 주를 위하여 죽는다는 바울의 고백과, '이를 위하여 그리스도께서 죽었다가 다시 살으셨다'는 9절의 말씀은 예수 그리스도로 말미암아 거듭난 인생이 어떤 것인지를 말하고 있습니다. 즉 자신의 존재와 삶과 운명에서 그리스도를 기초로 삼은 사람들은 예수 그리스도를 주로 모시고 산다는 이야기입니다. 그러면 무엇이 달라집니까? 디모데전서 1장에서 그

대표적인 예를 볼 수 있습니다.

나를 능하게 하신 그리스도 예수 우리 주께 내가 감사함은 나를 충성되이 여겨 내게 직분을 맡기심이니 내가 전에는 비방자요 박해자요 폭행자였으나 도리어 긍휼을 입은 것은 내가 믿지 아니할 때에 알지 못하고 행하였음이라 우리 주의 은혜가 그리스도 예수 안에 있는 믿음과 사랑과 함께 넘치도록 풍성하였도다 미쁘다 모든 사람이 받을 만한 이 말이여 그리스도 예수께서 죄인을 구원하시려고 세상에 임하셨다 하였도다 죄인 중에 내가 괴수니라 그러나 내가 긍휼을 입은 까닭은 예수 그리스도께서 내게 먼저 일체 오래 참으심을 보이사 후에 주를 믿어 영생 얻는 자들에게 본이 되게 하려 하심이라 (딤전 1:12-16)

사도 바울은 자신을 증인의 역할을 하는 자로 이해하고 있습니다. 우리는 바울의 위대한 생애를 칭송하고 기리고 흠모하면서 그가 위대한 사도가 된 것은 그럴 만한 조건이 있었다고 쉽게 생각합니다. 그는 일류 교육을 받았고 좋은 가문에서 태어났고 하나님이 그를 여러 방면에서 완벽하게 훈련시키셨다고 우리는 즐겨 말합니다. 그는 베냐민 지파이며 히브리인 중에 히브리인이고 율법대로 할례를 받았고 또 바리새인 중에 바리새인이라고 스스로 소개하였듯이, 애국심과 이스라엘 민족이 가졌던 신앙에 철저하였고 고급한 교육을 받은 가말리엘 문하의 사람이었습니다. 우리는 이런 것들을 바울의 바울 된 그 모든 결과와 업적의 원인으로 즐겨 생각합니다.

그러나 바울이 자신에 대하여 의식하는 것은 우리와 다릅니다. 내가 다른 어떤 사람들보다도 못나서 이 일을 내게 시키셨다. 나를 보는 자들이 바울이 하는 것이라면 나도 할 수 있겠다. 이런 이유로 나를 부르신 것이다. 바울이 자신을 죄인 중에 괴수라고 고백한 이면에는 그가 스데반을 죽인 사건을 염두에 두었을 것입니다. 그는 하나님을 향한 열심이 뛰어난 자라서 예수 그리스도를 제대로 인식하지 못했습니다. 바울은 스데반을 생각할 때 이스라엘의 모든 신앙의 체계를 흔드는 자 곧 이단이라 여기고서 예수 그리스도를 반대했고 그 추종하는 모든 무리를 가장 앞장서서 박해했습니다.

스데반은 성경이 묘사한 하나님의 일꾼 중에 가장 뛰어난 묘사를 받은 인물입니다. 성령이 충만하고 지혜가 충만하며 하나님과 사람 앞에 칭찬을 받는 사람이었고 또 죽을 때에도 얼굴이 천사같이 빛났습니다. 그가 이러한 스데반을 앞장서서 죽였습니다. 이 사건은 사도 바울에게 평생 잊지 못할 사건이 되었고, 자신이 얼마나 어리석은가, 자신이 얼마나 무지한가를 일깨웠을 것이며, 그가 하나님 앞에 쓰임 받을 때 내가 참 쓸모 있다, 나는 준비됐다고 생각할 수 없게 한 경험이었을 것입니다. 그래서 그는 '그래도 나니까 이 일을 하지'라는 생각을 평생 해본 적이 없었습니다. 하나님이 나를 부른 것은 내가 가장 못났기 때문에 부르셨다. 그래서 모든 사람이 나를 보면 희망을 가질 수 있을 것이다. 나를 보면 하나님이 얼

279

마나 은혜로우신 분인가, 전능하신 분인가를 알 수 있을 것이다. 그는 이렇게 고백하고 있습니다.

자기를 내세우는 것은 잘못임

그런 고백은 우리 모두에게 필요합니다. 특히 성도들과 목사 사이에서 굉장히 필요합니다. 우리는 한 교회 안에서 설교와 목회를 맡은 목자와 양육을 받는 양으로 만났습니다. 우리는 한 편입니다. 마치 제가 다른 설교자들 혹은 다른 목사님들과 구별된 재능을 갖고 있다고 생각해서 '뭐, 예수를 안 믿어? 그럼 우리 교회에 한번 데리고 와!' 이렇게 말하는 성도가 있습니다. 언젠가 한 동네에서 저와 테니스를 치는 우리 교인 한 분이 누군가에게 이렇게 말한 적이 있습니다. '너, 딱 한 번만 나와 봐. 내가 두 번 나오라고 하면 개아들이다.' 이것이 어떤 자신감인지 아십니까? 우리 목사님 설교 딱 한 번만 들으면 넌 그대로 케이오 된다는 말입니다. 저는 할 말이 없습니다. 저와 만나서 우리가 서로 하나님의 말씀을 나누는 것은 제가 잘해서가 아닙니다. 하나님이 여러분의 심령에 크신 은혜와 능력으로 역사하셨기 때문입니다. 제가 잘 한 것이 아닙니다. 우리끼리 서로 위로하는 말로는 쓸 수 있습니다. 여러분이 '목사님, 은혜 받았습니다'라고 하면 저는 '알아듣는 귀가 있군요'라고 할 수 있습니다. 그러나 내면은 그것이 아닙니다. 제가 잘하는 것은 없습니다. 하나님이 설교를 잘하는 것에도, 잘 듣는 것에도 똑같이 간섭하셔야 합니다.

간혹 듣는 이야기 중에 이런 말이 있습니다. '목사님은 다른 무엇을 하셨어도 성공하셨을 것입니다.' 이런 이야기를 들을 때는 난처하기도 하지만 속아 넘어가지 않으려고 애를 씁니다. 기분이야 그 말을 안 들었을 때보다는 좋지만 진정으로는 믿지 않습니다. 제성격으로는 목사하지 않았으면 벌써 죽었을 것입니다. 더럽고 치사해서 못 살았을 것 같습니다. 세상 사는 것은 만만치 않습니다. 이 나라에서 사는 데에는 대단한 인내심이 필요합니다. 목사이기에 간신히 버티며 삽니다. 고백하건대 저는 주일마다 강단에 서는 것이나 특별히 수요일 날 교회에 나오는 일에 자신이 없습니다. 목사가 되었으니 하는 수 없이 나오고 있습니다. 우리끼리만 아는 비밀입니다. 이것이 제가 고백하는 저의 현주소입니다. 저를 미화하지 마십시오. 하나님의 일하심과 하나님의 베푸시는 은혜를 혼동하지 마십시오. 우리 목사님이니까 말씀을 쪼개고 자르고 한답니다. 제가 욕 하나는 잘합니다. 그러나 하나님이 그것을 쓰신다는 사실 앞에 저는 늘 감동할 뿐입니다. 제가 한 것은 욕밖에 없는 것 같은데 하나님은 이런 저를 사용하십니다. 하나님이 수술을 잘하십니다. 그게 바울이 인식하는 자신입니다. 그것을 우리 모두가 인식해야 합니다.

우리는 보통 '나 아니면 우리 교회 안 되지'라고 이야기합니다. 예전에 제가 어느 교회에 집회하러 갔는데 그 교회의 여전도회 회장이라는 분이 자기를 이렇게 소개하였습니다. '우리 교회에서 저 모르면 간첩입니다.' 물론 할 수 있는 이야기입니다. 그런 말을 할 때는 유머의 차원에서 쓰면 좋습니다. 정말 자기가 없으면 그 교회가 쓰러진다는 식으로 자신의 중요성을 상대방에게 확인시켜 주려는 말이었다면 참 난감한 일입니다. 중요한 일을 하는 사람은 다른 사람들에게 자신을 납득시키려 하거나 설명하려고 할 것이 아니라 자신의 일을 묵묵히 수행하면 됩니다. 그 책임을 수행해야지 자신을 설명할 필요는 없습니다. 그것이 바울의 마음 자세입니다.

하나님의 일에 참여시킴

바울은 디모데전서 1장 12절 이하의 결론으로 17절에서 자신의 마음을 이렇게 드러냅니다. "영원하신 왕 곧 썩지 아니하고 보이지 아니하고 홀로 하나이신 하나님께 존귀와 영광이 영원무궁하도록 있을지어다 아멘." 나 같은 것을 구원하셨습니다. 나 같은 것을 쓰십니다. 나 같은 것을 통하여 일하십니다. 하나님은 과연 하나님이십니다. 우리도 이렇게 이야기할 수 있어야 합니다. 바울은 자신의 열심이나 능력이나 업적으로 하나님을 가리지 않습니다. '하나님, 가서 쉬세요. 이 정도는 제가 하겠어요.' 그에게는 이런 게 없습니다. 이 대목이 아주 중요한 부분입니다.

그런 태도는 나의 영혼과 하나님 사이에 장벽이 된다는 것입니다. '나한테 이야기하세요. 내가 해결하겠습니다. 하나님은 가서 쉬세요. 제가 사무실 지키겠어요.' 이런 태도는 신앙이 아닙니다. 하나님은 직접 일하시는 것이 훨씬 쉽습니다. 그러나 나를 통해 일하기를 기뻐하십니다. 왜 그렇습니까? 우리를 사랑하시기 때문입니다. 하나님께서 나를 쓰시는 것은 내가 아니면 그 일이 안 되기 때문이 아닙니다. 하나님은 내 안에 있는 써먹을 어떤 것이 필요한 분이 아닙니다. 그런데 나를 쓰십니다. 나를 사랑하시기 때문입니다.

아버지가 어린 자식과 함께 개집을 짓습니다. 물론 혼자 지으면 훨씬 빠르고 일도 잘 됩니다. 어린 자식은 방해만 되고 개집 모양도 엉성해집니다. 그런데 같이 일을 합니다. 왜 그렇습니까? 자식을 사랑해서 자식에게 자신감과 성취감을 주고, 개집을 짓는 것보다 자식을 더 중하게 여기고 있다는 것을 확인시킬 목적이 있기 때문입니다.

우리가 하나님 앞에 도움되는 것이 무엇이 있겠습니까? 방해된 적이 더 많지 않겠습니까? 그러나 하나님은 우리가 안 하면 기다리십니다. 우리가 돌아올 때까지 기다리시며, 하나님 앞에 무릎을 꿇고 순종할 때까지 기다려 주십니다. 우리의 손을 붙잡고 일하시기를 좋아하십니다. 그때 우리가 할 수 있는 말은 돌아온 탕자의 고백 같은 것이 아니겠습니까? '나는 아버지의 자식이라 일컬음을 감당할 수 없습니다. 종의 하나로 쳐주십시오.' 그러자 아버지는 '아니다, 그에게 좋은 옷 입혀라. 반지를 끼워라. 소를 잡아라. 돼지를 잡아라. 양을 잡아라'라고 하십니다. 그것이 아버지의 심정입니다.

우리는 자신의 능력 때문에 쓰임 받고 있는 것이 아니라 아버지의 사랑에 힘입어 쓰임을 받고 있는 것입니다. 그래서 우리는 이런 증인으로 서 있어야 합니다. '나를 쓰시는 하나님이 나를 사랑해서 나와 함께 하십니다. 내가 받는 이 사랑과 이 은혜를 모두에게 나눠주시려고 이렇게 하고 계십니다.' 그런 까닭에 '나 아니면 당신은 하나님을 만날 수 없습니다. 나 아니면 이 일이 이루어질 수 없습니다'라는 식으로 서 있지 말라는 것입니다. 이런 문제에 대하여 바울 사도가 고린도 교회에 보낸 편지 내용을 봅시다.

형제들아 내가 너희에게 나아가 하나님의 증거를 전할 때에 말과 지혜의 아름다운 것으로 아니하였나니 내가 너희 중에서 예수 그리스도와 그가 십자가에 못 박히신 것 외에는 아무것도 알지 아니하기로 작정하였음이라 내가 너희 가운데 거할 때에 약하고 두려워하고 심히 떨었노라 내 말과 내 전도함이 설득력 있는 지혜의 말로 하지 아니하고 다만 성령의 나타나심과 능력으로 하여 너희 믿음이 사람의 지혜에 있지 아니하고 다만 하나님의 능력에 있게 하려 하였노라 (고전 2:1-5)

바울의 고백은 굉장히 재미있습니다. 고린도교회 교인들은 자기네들이 똑똑해서 기독교 신앙을 이해하고 받아들인 것으로 믿고 있습니다. 그래서 그들의 자랑을 바울이 꾸짖고 있습니다. '내가 너희에게 복음을 전할 때 제일 걱정했던 것이 무엇인지 아느냐? 내가 똑똑하고 너희가 똑똑하다는 것이 결론이 될까봐 제일 걱정했다.

내가 전하는 것은 사상도 아니요 철학도 아니요 윤리도 아니요 도덕도 아니라, 구원이요 생명이다. 이것은 십자가를 통한 하나님의 구원의 능력과 은혜 없이는 이루어지지 않는 것이다. 너희는 십자가와 하나님의 은혜로, 그 능력으로 구원함을 얻은 것이지 너희가 잘나서 받은 것이 아니다. 너희가 이 일을 깨닫고 이 구원을 받아들인 일에서 너희 안에 무슨 조건이나 원인 같은 것은 없었다. 너희는 자랑하지 마라. 너희는 왜 다른 사람과 너희가 다른 종족인 것처럼 이야기하느냐? 나한테 배웠는데도 왜 그렇게 하느냐!' 바울은 지금 이런 이야기를 하고 있습니다.

그런데 우리도 이 문제에 대하여 많이 실수합니다. 우리는 스스로 하나님을 위하는 자요, 하나님의 일을 대신하는 자요, 하나님 없이 하나님의 일을 할 수 있다고 생각해서 나 없으면 안 된다는 것을 확인하고 싶어 합니다. 이번에 잠시 여행을 다녀왔는데 저에게 들린 달콤한 유혹 중에 이런 말이 있었습니다. '목사님, 한 3개월쯤 자리를 비우십시오. 그래야 교회 교인들이 목사님의 중요성을 압니다.' 그것은 가장 나쁜 표현입니다. 우리 성도들이 저 없을 때 수고하신 목사님들에게 잘못했다는 말을 들었습니다. 수고하신 목사님 앞에서 '다음 주에도 목사님이 하세요?'라는 말까지 했다는 것을 들었습니다. 아주 무례하고 몰상식한 발언입니다. 설교를 잘하는 목사와 못하는 목사가 있다는 구별에 대하여 저는 아직도 분명한 기준이 없습니다. 저는 신학교에서 설교학을 가르치는 사람입니다. 저에게 배우는 학생들에게 첫 번째로 요구하는 것은 이것입

285

니다. '잘하려고 하지 마라. 네가 할 수 있는 만큼만 해라. 그리고 힘을 다하여 하나님의 편을 들어라.' 제가 학생들의 설교에 대하여 비평할 때 테크닉을 문제 삼는 일은 없습니다. 우리가 잘함으로써 잘되는 일은 없습니다. 하나님이 우리를 통하여 일하시는 때는 언제나 우리가 하나님의 은혜를 구할 때요, 하나님 앞에 엎드렸을 때요, 우리가 그의 손에 붙잡혔을 때입니다.

그것을 고린도전서 4장에서는 능력이니 기술이니 하는 식으로 표현하지 않습니다. "사람이 마땅히 우리를 그리스도의 일꾼이요 하나님의 비밀을 맡은 자로 여길지어다 그리고 맡은 자들에게 구할 것은 충성이니라"(고전 4:1-2)라고 이야기합니다. 어느 목사님이 오셔서 설교를 했는데 우리가 은혜를 받지 못했으면 그것은 우리의 잘못입니다. 우리가 겸손히 하나님 앞에 엎드려 있지 않아서 그렇습니다. 하나님은 그 시간에 그 목사님을 통하여 하나님의 말씀을 선포하셨는데 우리는 우리의 편견과 선입관을 가지고 '저 분이 하나님의 말씀을 잘 전할 리가 없다'고 거부한 것입니다.

예수 그리스도께서 메시아로 오셨다는 여러 사람의 증언에 대하여 당시 이스라엘 백성들의 냉담한 반응 중에 하나가 이것이었습니다. '나사렛에서 무슨 선한 것이 나겠느냐!' 예수 그리스도께서 공생애를 사시던 때에 예수님을 부인하고 외면하고 대적한 자들에 대하여 신약시대의 교인들은 늘 저들의 무지함과 어리석음을 통탄해 마지않을 뿐더러 조롱까지 합니다. 우리도 늘 그렇게 하고 있습니다. 사람은 자기의 실수는 모릅니다.

우리가 나는 저 사람을 본받겠다고 하는 것이 무엇인지 한 번 보십시오. 사도 바울을 본받겠다는 사람은 많습니다. 요셉을 좋아하는 사람도 많습니다. 하지만 왜 좋아하는지 스스로에게 곰곰이 따져 보십시오. 바울이 얻은 명성, 요셉이 얻은 결과에 대해서만 관심이 있을 뿐입니다. 요셉이 겪은 고난이나 바울이 겪은 고난, 죽음을 무릅쓸 정도로 아무것도 의지할 것 없는 상황에서 보인 그의 충성이 과연 우리의 목표입니까?

하나님의 사람으로 충성되기 위하여 우리는 성경이 무엇을 말하는지 공부해야 합니다. 세상은 천재를 높이 평가하고 거기에 조명을 맞춥니다. 우리도 거기에 따라가고 있습니다. 좋은 신앙이 무엇입니까? 교회에 큰 몫을 해서 그 이름을 자기의 명예로 삼는 것입니까? 이것은 너무 흔한 잣대입니다. 우리는 그런 것을 좋은 신앙이라고 서로 속고 속이고 있습니다. 그렇지 않습니다. 바울이 보여준, 자신을 증명하지 않는 신앙, 이것이 가장 중요합니다.

고린도후서 4장을 보면 사도 바울은 하나님께서 자신을 쓰시는 방법에 대하여, 이런 깊은 이해를 갖고 있었다는 것을 알 수 있습니다. 이 본질을 놓치지 마십시오.

우리가 이 보배를 질그릇에 가졌으니 이는 심히 큰 능력은 하나님께 있고 우리에게 있지 아니함을 알게 하려 함이라 우리가 사방으로 욱여쌈을 당하여도 싸이지 아니하며 답답한 일을 당하여도 낙심하지 아니하며 박해를 받아도 버린 바 되지 아니하며 거꾸러뜨림을 당하여도 망하지 아니하고 우리가 항상 예수의 죽음을 몸에 짊어짐은 예수의 생명이 또한 우리 몸에 나타나게 하려 함이라 우리 살아 있는 자가 항상 예수를 위하여 죽음에 넘겨짐은 예수의 생명이 또한 우리 죽을 육체에 나타나게 하려 함이라 그런즉 사망은 우리 안에서 역사하고 생명은 너희 안에서 역사하느니라 (고후 4:7-12)

이 기록에 대하여 여러 각도로 설명하고 인용했었습니다. 그러나 지금 이 내용을 보려는 시각은 조금 다릅니다. 하나님의 사람들은 죽음이라는 방법을 갖지 않고서는 하나님의 일을 할 수 없다는 것입니다. '질그릇이 보배가 되는 법이 없이 이 보배를 증명해 내야 한다. 그래서 이 보배가 나타나려면 질그릇은 부서져야 한다.' 이런 뜻입니다. 질그릇이 깨지는 일들이 연속적으로 일어나야 합니다. 핍박을 받으며 사망에 넘겨지는 자 같은 인생을 걸어야 합니다. 그렇게 할 때 비로소 보배가 드러날 것입니다.

이것은 예수 그리스도의 십자가 사역을 염두에 두고 하는 말씀입니다. 예수님이 죽으심으로 비로소 우리에게 생명이 결실된 것 같이 하나님이 하시는 모든 일에는 십자가의 방법이 아닌 방법은 없습니다. 언제나 하나님은 십자가의 방법을 최고의 방법으로 쓰십니다. 그 앞에 쓰임을 받는 사람마다 그 자신이 십자가에 죽는 것 같은 순종의 길을 걷지 않는 이상 생명을 결실할 수가 없습니다.

성경은 어느 곳에서도 '모세를 보라, 다윗을 보라, 다니엘을 보라, 엘리야를 보라, 바울을 보라'고 한 적이 없습니다. 그들을 위인화해서 모델로 제시한 적이 없습니다. '아브라함이 믿은 하나님! 모세가 순종한 하나님! 엘리야가 목숨을 걸고 편을 든 하나님!' 이렇게 성경에 기록되어 있습니다. 아브라함이나 모세나 엘리야나 다윗이나 다니엘을 부러워하지 마십시오. 그들을 통하여 일하신, 그들이 목숨을 걸고 항복한 하나님, 저들을 통하여 저들과 함께 역사하신 능력과 저들에게 허락한 은혜와 약속들을 지금도 얼마든지 주시는 하나님에게 초점을 맞추십시오. 우리의 신앙을 이렇게 정리해야 합니다.

대체 신앙이란 무엇입니까? 그것은 사람 앞에 박수 받는 것이 아닙니다. 하나님 앞에 칭찬 받는 것입니다. 하나님이 무엇을 좋아하십니까? 십자가보다 더 좋아하시는 것은 없습니다. 하나님의 하나님 되시는 가장 멋진 증거는 십자가입니다. 하나님 앞에 범죄한 우리를 구원하기 위하여 그 아들을 매어단 십자가입니다. 우리에게 원하시는 신앙의 가장 아름다운 표본이 이것입니다. 주님께서도 직접 그렇게 가르치셨습니다. 아무든지 나를 따르려거든 자기를 부인하고 자기 십자가를 지고 나를 좇을 것이니라. 바울은 자신의 인생을 걸었습니다. 바울에게서 무엇을 본받으려고 하십니까?

우리 중에 누구든지 자기를 위하여 사는 자가 없고 자기를 위하여 죽는 자도 없도다 우리가 살아도 주를 위하여 살고 죽어도 주를 위

하여 죽나니 그러므로 사나 죽으나 우리가 주의 것이로다 (롬 14:7-8)

주의 영광이 드러난다는 것이 무엇인지 기억하십시오. 학창시절에
교과서에서 이런 글을 본 적 있으십니까? 어린 소녀가 어머니를 따
라서 장에 갔습니다. 어머니가 물건을 많이 샀더니 체리를 파는 가
게 아주머니가 말합니다. '애야, 네 마음껏 두 손으로 체리를 집어
가거라. 아줌마가 그냥 줄게.' 그런데 이 소녀가 손을 뒤로 한 채 안
집습니다. 옆에 계신 어머니가 채근합니다. '어서 집어라. 아주머니
가 주신다는 데 뭘 망설이니.' 그런데도 소녀가 안 집습니다. 결국
어머니가 받았습니다. 집으로 돌아오는 길에 어머니가 묻습니다.
'너, 왜 아까 새침을 뗐니.' 이렇게 묻자 아이가 말합니다. '엄마! 아
줌마 손이 내 손보다 크잖아.' 어린 소녀의 손하고 아줌마의 손 중
에 어느 손이 크겠습니까? 우리의 손과 주님의 손이 비교나 될 것
같습니까?

신앙이란 그 소녀의 마음과 같은 것이어야 합니다. 하나님이 우
리가 만나는 사람을 직접 만나셔야 합니다. 그 앞을 가로막지 마십
시오. 내가 아니면 하나님이 그 일을 못하실 것처럼 굴지 좀 마십
시오. 하나님이 우리를 통하여 일하시는 것에 대하여 감사해 하십
시오. 바울의 고백이 바로 그런 고백입니다. "영원하신 왕 곧 썩지
아니하고 보이지 아니하고 홀로 하나이신 하나님께 존귀와 영광이
영원무궁하도록 있을지어다 아멘"(딤전 1:17).

하나님 아버지, 은혜를 감사합니다. 우리를 사랑하셨으며 우리를 구원하셨으며 우리에게 귀한 하나님의 자녀라는 이름을 주셨습니다. 우리의 인생을 주와 함께 살게 하셨습니다. 우리가 매면 하늘에서도 매일 것이요 우리가 풀면 하늘에서도 풀릴 것이며 주께서 우리와 함께하지 아니하시고는 아무것도 하지 않으신다는 사실을 이제 압니다. 그러므로 충성하게 하시옵소서. 십자가를 지게 하시옵소서. 하나님의 영광이 드러나는 우리의 존재와 생애가 되게 하시옵소서. 연습하게 하시고 기도하게 하시며 노력하게 하시며 잊지 않고 늘 훈련하여 인내와 순종과 충성을 가지고 우리에게 허락한 인생을 하나님의 사람으로 살아 승리하게 하시옵소서. 예수님의 이름으로 기도합니다. 아멘.

1. 신앙의 핵심은 주를 위하여 사는 것이다. 주를 위하여 산다는 것은 주님으로부터 나오는 은혜, 구원, 축복, 진리, 생명이 모두에게 결실되도록 자신을 복종시키는 것이다.

2. 하나님은 우리를 사랑하시기 때문에 우리를 사용하신다. 바울은 다른 사람보다 못났지만 하나님이 자기를 사랑하사 사도의 직무를 맡기셨고 이를 통해 영생 얻는 자들에게 본이 되게 하신 것이라고 고백한다.

3. 좋은 신앙은 자신을 증명하려고 하지 않는 것이다. 바울은 십자가에 죽는 것과 같은 순종의 길을 걸음으로써 하나님이 자신을 통하여 일하시는 것에 감사드렸다.

4. 요셉을 좋아하는 사람이나 사도 바울을 본받겠다고 하는 사람은 많다. 나도 그런 사람이라면 요셉과 바울이 겪은 고난과 충성의 삶조차도 나의 목표로 삼을 수 있겠는가?

IV

좋은

민음이란 ─── 무엇인가

17

인격의 성숙으로 표현된다

우리는 그리스도 안에서 그의 은혜의 풍성함을 따라 그의 피로 말미암아 속량 곧 죄 사함을 받았느니라 이는 그가 모든 지혜와 총명을 우리에게 넘치게 하사 그 뜻의 비밀을 우리에게 알리신 것이요 그의 기뻐하심을 따라 그리스도 안에서 때가 찬 경륜을 위하여 예정하신 것이니 하늘에 있는 것이나 땅에 있는 것이 다 그리스도 안에서 통일되게 하려 하심이라 (엡 1:7-10)

우리는 그동안 믿음의 본질을 추적해 오면서 믿음이란 무엇이고, 어떻게 생기며 자라나는가를 살폈습니다. 이제부터는 좋은 믿음이란 어떤 것이며, 믿음에서 조심해야 될 것은 무엇이고, 잘못된 믿음은 어떤 것인가를 다루겠습니다. 우리가 좋은 믿음이 어떤 것인지 분별해 내고 또 믿음에 대한 전체적인 안목을 가지려면 이제까지 살폈던 믿음에 대한 설명들을 포괄적으로 간략히 요약해 볼 필요가 있습니다.

믿음은 인격적 관계

믿음이란 일차적으로 인격적 존재와 인격적 존재 사이의 관계에 관한 것이지, 우리의 열심에 관한 문제는 아니라고 했습니다. 기독교 신앙에서 믿음이란 신앙의 대상인 하나님에 대한 이해요, 앎이요, 교제입니다. 그래서 믿음이 생겨날 수 있는 유일한 방법은 다른 데 있지 않습니다. 믿음이란 하나님께서 자신을 우리에게 알리시고 찾아오시는 것에서부터 시작됩니다. 하나님은 우리를 조작하거나 조종하시기를 원치 않으시고 설명을 통해 납득시키기를 원하십니다. 비록 우리가 피조물이지만 우리를 당신과 대등한 위치에 올려놓고 대접하십니다.

하나님이 창조 시에 우리를 자신의 형상대로 만드셨다는 것이나, 구원하시는 일에서 예수 그리스도를 보내어 우리로 예수를 믿게 함으로써 하나님의 자녀로 만드시는 일들은 하나님이 우리를 어떤 존재로 인정하고 대하는가를 알려주는 척도입니다. 따라서 하나님을 아는 것이란 믿음의 성장과 직결된 믿음의 필수적이고 유일한 요소라 할 수 있습니다. 여기서 안다는 것은 정보를 가지고 있다는 정도가 아니라 인격적 관계를 맺고 지낸다는 것을 뜻합니다. 이런 터 위에서 인격적 관계가 깊어지는 것도 가능합니다. 요한복음 17장에서 '영생은 곧 유일하신 참 하나님을 아는 것'이라고 말할 때 그 '아는 것'이 바로 그런 인격적 관계를 말하는 표현입니다.

이처럼 믿음은 하나님이 당신을 우리에게 보여주시는 것으로 시작되는 것이고 그것만이 유일한 원인입니다. 동시에 믿음이란 말이 갖는 인격적 대등성 때문에 하나님이 자신을 알리신 것에 대한 자발적이고 열심을 내는 인간의 반응이 요구된다는 차원에서 은혜 못지않게 책임 또한 믿음에서 중요한 부분을 차지하게 됩니다.

한국 교회에서 믿음에 관하여 가장 혼동하고 있는 것 하나가 있습니다. 그것은 생기는 믿음과 책임져야 하는 믿음의 구별이 모두에게 모호하다는 것입니다. 은혜로 받는 믿음이 있고, 내가 책임져야 하는 믿음이 있습니다. 그래서 믿음의 성장을 위해 요구되는 것은 하나님이 우리를 찾아오시고 항복시키시기를 원하는 하나님의 하나님 되심, 곧 그 성품과 인격에 대한 우리의 책임 있는 반응입니다. 그것은 하나님을 닮는 것, 예수 그리스도를 닮는 것, 그리고 바울을 닮는 것에서 살펴본 바와 같이 성품과 인격에 관계되는 것입니다.

우리가 기도를 하거나 성경을 보는 것은 이 인격자이신 하나님을 만나고 하나님께 영향을 받기 위해서 하는 것입니다. 기도를 한다는 것은 주문을 외우는 것이 아니라 하나님 존전에 나아가는 것이요, 그의 품에 안기는 것이라는 점을 분명하게 인식해야 합니다. 하나님 앞에 열심을 내어 자기의 소원을 관철시키는 것을 믿음이라고 하지 않습니다. 좋고 강한 믿음은 하나님을 인격적이고 성품적인 차원에서 아는 것이고 닮는 것이고 기대하는 것입니다. 반대로 거짓되고 잘못된 믿음은 닮아야 할 믿음의 내용과 목표를 놓치고, 하나님을 수단으로 쓰려는 것이고 자신의 믿음의 책임을 놓치고 상대방에게만 짐을 떠넘기는 것입니다. 이런 것들이 대표적으로 신앙상의 잘못된 것들입니다.

상식에서 드러남

이제 전체적인 이해와 안목을 갖고 보자면 신앙이 좋다는 것은 어떤 특별한 초월성이나 종교적인 형태로 나타나는 것이 아니라 상식과 일반으로 나타나는 것이라고 정의할 수 있습니다. 이렇게 말하는 것은 더 이상 좋은 단어가 떠오르지 않기 때문이기도 하지만 좋은 신앙이라는 것이 자꾸 초월적인 것으로 주장되는 것을 교정하고자 하는 목적도 있습니다. 신앙이 좋으면 상식에서 드러나게 되어 있습니다. 그런 차원에서 본문을 다시 한 번 보겠습니다.

우리는 그리스도 안에서 그의 은혜의 풍성함을 따라 그의 피로 말미암아 속량 곧 죄 사함을 받았느니라 이는 그가 모든 지혜와 총명을 우리에게 넘치게 하사 그 뜻의 비밀을 우리에게 알리신 것이요 그의 기뻐하심을 따라 그리스도 안에서 때가 찬 경륜을 위하여 예정하신 것이니 하늘에 있는 것이나 땅에 있는 것이 다 그리스도 안에서 통일되게 하려 하심이라 (엡 1:7-10)

그리스도 안에서의 통일이란 구원, 회심 이런 것만 그리스도 안에서 일어나는 것을 말하지 않습니다. 그리스도로 말미암아 만물이 하나님과 화목하며 하나님의 크신 재창조 사역으로 그리스도로 말미암아 모든 세상이 변하는 것까지 말합니다. 아직 우리의 육체나 자연은 저주 아래 있고 사망 아래 있는 것이 현실입니다. 나중에 새 하늘과 새 땅이 시작되면 우리는 변화된 육체를 입을 것이며, 자연 세계는 하나님의 영광으로 가득 찬 흠 없는 세계가 될 것입니다. 그러나 이미 믿는 자들은 예수 그리스도로 말미암아 영원한 삶에 속하는 것들을 지금 누릴 수 있습니다. 변화된 신자와 믿지 않는 자와의 가장 큰 차이는 자연을 보는 눈, 일반을 보는 눈, 자연과 일반을 쓰는 시각과 목적과 내용에서 실제로 드러나게 됩니다.

그런데 우리는 자꾸만 신앙이 좋다고 하면 초월과 자연을 서로 나누고 성스러운 것과 속된 것으로 자꾸 나누는 버릇이 있습니다. 자연과 상식에 속한 것은 다 속된 것이고, 종교적인 형태와 명분을 가진 것만이 초월에 속한 것이고 신앙의 영역과 내용이라고 생각합니다. 그래서 신앙이 좋다는 것을 자꾸만 하나님의 사람으로서 가져야 할 안목과 부요함에서 어느 한쪽에 치중하고 무언가를 폐쇄시키는 것으로 알고 있습니다. 이런 태도를 취하게 되면 수도승처럼 수도원으로 숨어들게 됩니다. 원리와 내용이 아닌 어떤 형태에서 스스로를 세상과 자꾸 분리시키려는 신앙관을 갖게 됩니다. 이것은 잘못하는 것입니다.

예수를 잘 믿는 신앙의 고급한 경지에 들어가면 그 사람은 표정부터 달라집니다. 기도를 해야 신앙인이 된 사실이 증명되고, 성경을 들고 다녀야 신자라는 표가 나는 것이 아닙니다. 믿는 사람만이 가지는, 온 천하 만물을 주장하시고 역사를 움직이시는 하나님의 자녀로서 갖는, 하나님의 의로우심과 선하심과 복되심에 참여한 자가 갖는 시각, 변화 등에서 신자 된 표가 나타나게 됩니다.

하나님의 성품의 발현

이런 교양과 상식이라는 형태로 신앙이 좋다는 것이 표현되어야 한다고 할 때 조심해야 될 점이 있습니다. 뭐냐 하면 그것이 윤리 도덕과는 어떻게 차이가 나느냐 하는 문제입니다. 세상 사람들이 예수 믿는 사람들에게 가장 많이 따지는 것 중에 하나가 뭔지 아십니까? '예수 믿는 사람들이 믿지 않는 사람보다 정직하느냐, 믿지 않는 사람 중에도 얼마든지 착한 사람이 있다'라고 하는 식의 지적입니다. 세상 사람들이 윤리와 도덕을 실천하는 것은 어쨌든 그 기준이나 목표가 자기의 의에 있습니다. 자기의 잘난 것을 증명하는 방식의 하나로 윤리와 도덕을 지킵니다. 그러나 우리 예수 믿는 사람들이 교양과 상식에서 드러내는 의로움과 선함은 윤리나 도덕의 차원이 아닌 우리를 지으신 하나님의 인격과 성품의 발현이라는 것입니다.

믿지 않는 자의 정직함, 불신자들의 성실함의 배후에는 나는 너와 다르다고 하는 자기 증명, 자기 자랑이 있습니다. 그러나 우리 믿는 자들의 윤리나 도덕 또는 상식이나 교양에서 드러나는 아름다움과 선함의 배경에는 하나님의 영광이 있다는 것입니다. 즉 하나님이 우리를 그의 형상대로 만들어서 이것이 가능합니다. 하나님이 그리스도 예수 안에서 나를 구원하사 이렇게 바꿔놓았습니다. 이것이 하나님이 의도하신 인간의 진정한 아름다움입니다. 이 차이를 이해하시겠습니까? 얼핏 봐서는 믿지 않는 자와 믿는 자가 윤리와 도덕의 차원에서 차별이 없어 보입니다. 그러나 의나 선과 같은 어떤 덕목들을 실천하는 동기와 이유와 목표에서 보면 믿는 자와 믿지 않는 자는 근본적으로 다르다는 사실입니다. 이것이 바로 좋은 신앙은 이런 것이다 하는 기준이 되며, 그 기준으로 우리의 신앙을 점검해 볼 수 있습니다. 그것은 또한 성경이 요구하는 것이기도 합니다.

그런데 이런 도덕과 윤리의 차원에서 신자의 신앙이 검증되지 않으면 안 된다고 이야기를 하다보면, 기독교 종교를 하나의 관념으로 바꾸려는 도발이 일어날 수 있습니다. 우리가 보통 자유주의 신학 혹은 신신학이라고 말하는 신학이 있습니다. 이런 신학에 따르면, 하나님이 실제로 계시거나 성경에 기록된 역사가 실제로 있었던 것이 아닙니다. 이스라엘 사람들이 인간의 고귀한 도덕성을 고취시킬 목적을 가지고 신화적인 형태로 기록한 것이 성경이라는 것입니다. 우리가 어렸을 적에 들었던 말로서 '너 말 안 들으면 망태 할아버지가 잡아간다'라고 하는 식의 동기 유발을 겨냥한 것이 성경이라는 것입니다. 이 신신학 혹은 자유주의 신학이 주장하는 가장 중요한 핵심은 '하나님은 실제로 없다'는 것입니다. 인격적 존재인 하나님과 그의 권위와 그의 다스림을 부인합니다. 제가 알고 있는 자유주의 신학을 하신 목사는 교회의 표어로 '하나님은 사랑이시다'라는 것을 내걸었습니다. 표현이야 우리와 다르지 않습니다. 그러나 그 표어가 뜻하는 바는 하나님이 존재한다는 것도 아니고, 하나님의 가장 중요한 성품을 사랑이라고 말하고 있는 것도 아닙니다. 사랑이 곧 하나님인 것입니다. '사랑하라'를 가르치려고 하나님을 등장시켰다는 것입니다. 하나님이 실제로 존재하는 것이 아니라 인간들이 어떻게 멋지게 살아갈 수 있겠는가를 가르치기 위하여 하나님을 등장시킨 것에 불과합니다. 사람들에게 사랑을 가르치고 교훈하기 위한 가공의 신으로 등장시킨 것입니다.

신앙이 자연과 상식과 교양에서 자연스럽게 나타난다는 것은 굉장히 어렵습니다. 믿는 사람보다 믿지 않는 사람이 더 정직할 수 있습니다. 세상 사람들이 '저 사람은 예수 안 믿어도 천국 갈 사람이야'라고 말하는 것은 세상 사람들이 몰라서 하는 이야기입니다. 착한데 지옥 갈 사람들이 많다는 것을 우리는 인정합니다. 그리고 못났어도 천국 갈 사람이 많다는 것도 인정합니다. 예수를 믿으면 그 사람이 어떻든 간에 구원을 얻고 천국에 갑니다. 물론 예수 믿는 사람 중에 세상 사람들보다 더 약삭빠르고 교활하고 음흉하고 거짓말 잘하고 엉터리인 사람도 있습니다. 그렇다고 착하다고 해서 천국에 가는 것은 아닙니다. 그러니 기도를 열심히 한다든가, 전도를 열심히 한다든가, 성경을 많이 본다든가, 특별히 헌신을 했다든가 하는 것으로 본인의 신앙을 점검하지 말라는 것입니다.

욕조의 물기둥 비유

목욕탕 욕조에 물을 받으려면 수도꼭지를 틀어야 합니다. 이때 수도꼭지는 욕조 높이보다 당연히 높습니다. 수도꼭지에서 욕조 바닥까지 물기둥이 이어진다 해서 욕조 전체가 찬 것은 아닙니다. 한참 있다 들여다봐도 절반도 안 차 있습니다. 일정한 시간을 두고 물이 쏟아져 내려야 전체가 차는 법입니다. 우리는 어떤 물기둥들을 가지고 있습니까? 이를테면 기도하는 물기둥, 어떤 감격으로 인해 헌금하는 물기둥 등을 가지고 있습니까? 수도꼭지에서 밑바닥까지 물기둥이 이어져 있으니까 내 높이는 수도꼭지라고 생각할지 모르겠지만 그렇지는 않습니다.

좋은 신앙이란 우리가 가진 어떤 특별한 것들도 다 포함시켜 일반적인 것, 자연적인 것, 상식과 교양에 속하는 것들로 온전히 채워지는 것입니다. 그것이 우리의 신앙 수준이 되어야 합니다. 내가 가진 어떤 물기둥 하나로 자신의 믿음이 크다고 생각하는 것은 유치한 수준입니다. 그렇지 않습니다. 하나님의 형상대로 지음을 받은 인간이 갖는 지, 정, 의가 그가 사는 사회에서 정신과 삶과 문화의 모든 면에서 책임을 질 수 있을 만한 능력을 갖추는 지점까지 성숙해야 합니다. 줄 서는 것, 차를 타고 가다 성질내는 것 등 이런 모든 것에서 여러분의 수준이 드러나는 것이지, 몇 가지 물기둥을 가진 것으로 자신의 신앙을 좋은 것이라고 잘못 판단하지 말라는 것입니다. 그런데 우리는 그러기 일쑤입니다. 이 물기둥을 타고 물이 내려와서 욕조 전체가 채워져야 하는데 누군가는 이 물기둥을 보존할 목적으로 그것을 얼리려고 합니다. 그러나 물이 쏴 하고 내려와 전체를 채우면 그 기둥은 흔적도 없이 사라지고 맙니다. 그 흔적도 없이 사라진 경험이 많지 않습니까?

어떤 집회에서 어느 순간에 은혜를 받은 경험들이 있을 것입니다. 맞다, 이거다! 벅찬 희열을 안고 집으로 돌아왔는데 며칠 지나자 '꽝'이었다는 기억이 없습니까? 그것은 꽝인 것이 아니라 그 물기둥이 욕조 전체에 퍼져서 수위가 2밀리미터 쯤 상승한 것입니다. 우리의 인격의 수위가 2밀리미터 정도 높아진 것입니다. 그러나 어느 날 '나 이제 알았어!' 하는 사람은 보통 꽝입니다. 이것이 좋은 신앙인가 아닌가를 점검해 볼 수 있는 아주 중요한 측면입니다. 그

305

래서 좋은 신앙이냐 혹은 잘못된 신앙이냐를 점검하고자 할 때 자신이 내건 몇 가지 것을 두고서 '이것이 신앙이다. 하나님은 이것을 좋아하실 것이다'라고 스스로 우기고 있는지를 조심하십시오.

평생의 싸움

믿음이 좋다는 것이 무엇입니까? 다음의 말씀은 제가 즐겨 인용하는 성구입니다. "그 날에 많은 사람이 나더러 이르되 주여 주여 우리가 주의 이름으로 선지자 노릇 하며 주의 이름으로 귀신을 쫓아내며 주의 이름으로 많은 권능을 행하지 아니하였나이까 하리니 그때에 내가 그들에게 밝히 말하되 내가 너희를 도무지 알지 못하니 불법을 행하는 자들아 내게서 떠나가라 하리라"(마 7:22-23). 그런데 이와 비교되게 성경은 다음과 같이 말하는 곳도 있습니다. '너희가 내 이름으로 여기 있는 소자 하나에게 물 한 그릇 준 것도 내가 기억하리라. 너희가 여기 있는 어린 소자 하나를 돌아보지 않은 것은 내게 하지 않은 것이다.' 우리는 이 부분을 놓치고 있습니다.

신앙이 좋다는 것은 우리가 생각하는 것과는 다릅니다. 우리가 믿음의 본질을 추적하면서 확인했던 질문이 있습니다. 우리라는 존재가 무엇인가? 하나님의 형상대로 지음을 받았으며 예수 그리스도로 말미암아 구원을 얻었다는 '우리'라는 존재가 무엇인가? 우리는 하나님 앞에 쓸모 있는 기계가 되어야 할 존재가 아닙니다. 하나님은 우리를 무슨 수단이나 도구로 쓸 마음이 없으십니다. 하나님은 우리 자체가 목적이십니다. 우리가 나중에 잡아먹으려고 자식을 키웁니까? 부모의 최고의 목표는 자식이 잘되는 것입니다. '저걸 잘 키워서 늙어 힘없을 때 빼먹어야 하는데…' 이런 목적으로 자식을 키우지는 않습니다. 그것이 성경이 우리에게 가르치는 바입니다.

그런데 우리는 왜 자꾸 쓸모 있는 자가 되려고 합니까? 그것이 꼭 나쁜 것은 아닙니다만 몇 가지 쓸모 있는 것으로 인하여 꼭 있어야 할 다른 부분들을 놓치는데도 본인은 좋은 신앙인이라고 생각하는 것이 문제입니다. 그래서 한국 교회는 좋은 신앙이라고 할 때 그것을 능력 있는 것이나 열심 있는 것으로 간주하고 말았습니다. 어느 곳에서나 자랑과 심판이 난무합니다. 믿는 사람끼리 친하지 않습니다. 조금 쓸모 있는 일을 했다고 생각하는 사람은 언제나 자랑스럽게 다른 사람들을 흉보고 비난하고 심판할 자격이 있다고 생각합니다. 예수 믿는 사람들의 공통된 자세는 언제나 감사하고 겸손해야 하는 것입니다. 한국 교회에서 이것이 사라진 이유를 생각해 보자면, 성경이 말하는 하나님과 하나님이 자기 백성들을 향해 가지신 목적이 무엇인지를 놓친 데 있다고 생각합니다.

우리의 신앙은 지금 어느 자리에 와 있습니까? 이 질문에 대하여 '내가 너무 한두 가지 것 가지고 기고만장했네'라고 자신을 경고하는 분도 있을 것입니다. 그러나 이 질문은 '여러분이 잘못하고 있는 것이 아니다'라는 것을 더 많은 분들에게 권하고 싶어서 하는 것입니다. 우리는 쓸모 있어야 하나님 앞에 칭찬 받는 신앙인이 아니고, 그저 누가 알아주지 않고 특출 나지 않지만 속이 조금씩 차가고 자라나고 있다면 하나님의 참다운 백성이요, 하나님 안에서 복 받은 자녀들일 것입니다. '난 이런 거 못하고 있어. 난 저런 거 못하고 있어. 나는 하나님을 위해서 보란 듯이 해놓은 게 없어.' 이런 것들로 걱정하지 마십시오. 우리가 자녀들에게 요구하는 것이 무엇입니까? 단 하나, 공부 아닙니까? 홍수 나면 댐으로 달려가서 밤새 지키고, 교통사고 나면 거기 가서 울고, 남북 정상회담 하러 가시는 대통령에게 '잘 다녀오십시오'라고 태극기나 흔들지 말고, 공부나 하라는 것입니다.

그런데 잘나고 경쟁하고 생색내는 몇몇 사람들의 잘못 때문에 하나님의 사람으로 부름을 받은 한국 교회의 더 많은 이들이 '난 아닌가봐'라는 이상한 절망과 열등감을 갖게 되었습니다. 그것이 더 무섭습니다. 우리는 잘하고 있습니다. 앞서는 사람이 꼭 잘난 것이 아닙니다. 신앙이란 한평생을 놓고 만들어 나가는 싸움이지 어느 한 순간에 앞섰다고 해서 그 사람이 일등은 아니라는 것입니다. 우리 모두 하나님의 크신 은혜 가운데서 어떻게 부르심을 받았는지 알아야 합니다. 에베소서 1장의 말씀을 다시 한 번 확인합시다.

우리 주 예수 그리스도의 하나님, 영광의 아버지께서 지혜와 계시의 영을 너희에게 주사 하나님을 알게 하시고 너희 마음의 눈을 밝히사 그의 부르심의 소망이 무엇이며 성도 안에서 그 기업의 영광의 풍성함이 무엇이며 그의 힘의 위력으로 역사하심을 따라 믿는 우리에게 베푸신 능력의 지극히 크심이 어떠한 것을 너희로 알게 하시기를 구하노라 (엡 1:17-19)

십자가의 감격이 있습니까? 그러면 그 이후도 기대하십시오. 십자가는 시작입니다. 그의 부르심의 소망, 그 기업의 영광의 풍성, 이것을 기대하십시오. 그것을 위하여 십자가를 세웠고 그것을 위하여 예수 그리스도를 못 박았습니다. 그리고 예수를 교회의 머리로, 우리의 머리로 주셨으며 우리는 그의 몸입니다. 아시겠습니까? 신앙이라는 것은, 날뛰는 게 아닙니다. 묵묵히 자라나는 것입니다. 멋지게 자라나십시오. 씨름하는 소를 키울 것이 아니라, 젖이 잘 나오고 살찌는 소가 되십시오. 그리스도 예수 안에서 우리를 불러내신 하나님의 뜻과 인도하심과 마침내 영광의 자리에 앉히고야 말겠다는 하나님의 의지와 목표를 확실히 이해하시고, 감사하고 충성하고 승리하는 우리 모두가 다 됩시다.

기도

하나님 아버지, 은혜를 감사합니다. 우리 모두는 다 고귀하신 예수 그리스도의 피로 주 앞에 하나님의 자녀라는 이름으로 구원함을 받은 영혼들입니다. 우리 중에 누구 하나 남보다 못한 자가 있으며 누구 하나 하나님이 기억치 못하는 자가 있겠습니까? 우리가 하나님 앞에서 보답해야 할 믿음의 책임은 우리 아버지를 닮는 것입니다. 하나님의 의로우심과 선하심과 은혜로우심과 자비하심과 높으심을 닮아가며 그 뒤를 따라 부지런히 하루하루 싸워 나가는 것입니다. 이 싸움에서 우리를 자꾸 끌어내리려는 여러 유혹과 시험이 많습니다. 그러나 우리에게는 말씀이 있고 가르치심이 있습니다. 깨닫게 하시고 말씀을 따라 승리하게 하심으로써 드러나게 될 신자된 자랑들, 하나님의 백성들이 나타낼 하나님의 영광을 우리 모두가 서로 맛보고 확인하고 결실이 있게 하여 주시옵소서. 우리의 자랑이 우리 안에 있음을 알게 하시고, 그 자랑이 언제나 우리를 만드시고 부르신 하나님의 영광인 것을 잊지 말게 하여 주시옵소서. 예수님의 이름으로 기도합니다. 아멘.

요점과 확인

1. 좋은 믿음은 하나님을 아는 것이 드러나는 것이다. 하나님을 안다는 것은 하나님에 대한 정보를 가지고 있는 것이 아니라 하나님과 인격적으로 관계를 맺고 있는 것을 말한다.

2. 좋은 믿음은 하나님의 성품을 닮고 기대하는 것이다. 그러나 잘못된 믿음은 믿음의 내용과 목표를 놓치고 하나님을 수단으로 쓰는 것이요 자신의 책임을 놓치고 상대방에게 짐을 떠넘기는 것이다.

3. 좋은 믿음은 상식과 교양의 차원에서 드러난다. 따라서 자연과 일반에 속한 것을 모두 속된 것이고 종교적인 형태와 명분을 가진 것을 성스러운 것으로 여기는 태도는 그릇된 것이다.

4. 한국 교회가 일반적으로 좋은 신앙이라고 생각하는 것은 무엇인가? 당신도 그것을 좋은 신앙이라고 생각하는가?

18

순
종
하
라

이에 제자들이 나아와 이르되 바리새인들이 이 말씀을 듣고 걸림
이 된 줄 아시나이까 예수께서 대답하여 이르시되 심은 것마다 내
하늘 아버지께서 심으시지 않은 것은 뽑힐 것이니 그냥 두라 그들
은 맹인이 되어 맹인을 인도하는 자로다 만일 맹인이 맹인을 인도
하면 둘이 다 구덩이에 빠지리라 하시니 (마 15:12-14)

순종은 우리의 위치를 확인시켜 주는 것

이번 장에서는 좋은 믿음의 예가 되는 순종하는 믿음에 대해서 살펴보려고 합니다. 순종하는 믿음에서 우선적으로 고려해야 할 것은 하나님이 순종의 근거가 되고 순종의 내용을 이룬다는 점입니다.

본문은 예수님이 바리새인들을 향하여 그들이 가진 율법의 이해를 비난하는 장면입니다. 이것은 믿음의 순종에 대한 이해를 제시해주는 요체가 됩니다. 예수님의 말씀을 근거로 이해하자면, 율법이란 도덕성이나 기능성보다 먼저 하나님의 권위의 측면에서 가치와 의의를 두어야 한다는 것입니다. 율법을 지키라는 것은 하나님만이 온 천하 만물의 창조주시고 통치자시라는 뜻입니다. 우리가 율법을 지킨다는 것은 도덕성과 윤리성을 지키는 것 이전에 유일하신 하나님의 통치 아래 있는 존재로서 우리의 위치를 하나님 앞에서 확인하는 행위입니다. 그래서 순종은 기독교 신앙의 가장 중요한 본질이 됩니다. 순종이란 맹종이나 굴종을 말하지 않습니다. 하나님은 모든 존재하는 것들의 유일한 주인이 되시고, 모든 존재하는 것의 가치와 의미와 복을 베푸시는 자이시고, 유일한 복의 근원이시요, 질서와 진리와 생명의 주인이심을 인정하는 행위인 것입니다.

창세기를 보면, 맨 처음에 창조된 아담과 하와는 피조물이면서도 하나님의 모든 창조물들을 다스리는 권세를 위임받았습니다. 그들은 생육하고 번성하도록 복을 받았으며, 하나님이 지으신 자

313

연 세계를 다스리도록 되어 있었습니다. 그런데 혹 저들이 이 권세를 가진 것으로 인하여 잘못될까봐 자기의 본분을 잊지 않도록 해놓은 장치가 있습니다. 그것이 바로 선악과입니다. 이 선악과를 먹지 말라는 금령이 내려졌고 그것만 먹지 않으면 되었습니다. 그런데 우리는 왜 하나님이 선악과를 만들었을까, 왜 먹지 말라는 것을 만들었을까, 만든 이상 선악과를 왜 먹지 못하게 안 하셨을까 하는 것이 늘 불만입니다. 하지만 선악과가 존재하는 의미는 먹으면 안 된다는 금령을 주심으로써 인간에 의하여 자연계가 다스려진다 할지라도 인간이 모든 것의 최종적인 권위가 아니라는 것을 확인시켜 주려는 데 있었습니다.

이것을 놓치면 안 됩니다. 우리도 인생살이 속에서 하고 싶은 대로 마음껏 할 수 없는 여러 가지 금령들을 가지고 있습니다. 불을 예로 들면, 불은 맨 손으로 만지면 안 됩니다. 그것을 맨 손으로 만지면 우리가 화상을 입습니다. 심하면 타서 손이 없어질 수도 있습니다. 그렇다면 그것은 어떤 것을 하고 싶은 자유나 권리를 제한하는 것이 아니라, 이롭게 쓰이는 데 있어서 손해가 없게 하려 한 것입니다. 순종을 한다는 것은 곧 우리가 누구인가를 밝히는 것입니다. 우리가 어떤 제한 속에 있으며, 그런 제한 속에서 우리에게 허락된 것들을 누릴 수 있고, 그것이 우리에게 유익하다는 것을 알게 해줍니다. 그래서 아담과 하와가 선악과를 따먹은 행위에는 하나님의 하나님 되심을 거부한 죄의 본성이 들어 있는 것입니다. 하나님과 동등하게 되려고 선악과를 따먹은 것은 하나님을 의존하여 살며 하나님의 보호 아래 있다는 것을 거부한 것이 되어, 마침내 그들은 에덴동산에서 쫓겨나게 됩니다.

우리는 비가 올 때 머리에 쓰는 우산에 대하여 불평하지 않습니다. 추운 겨울날에 입는 두꺼운 옷에 대해서도 불평하지 않습니다. 그것은 제한이나 무슨 속박이 아니라 우리한테 편리한 것이고 이익을 주는 것입니다. 순종이란 인간이 어느 위치에 있는가, 누구로부터 복과 필요한 것들을 얻는가에 대하여 가르쳐 줍니다. 우리는 최종 권위자이신 하나님에게서 허락된 복과 필요한 것들을 얻습니다.

하지만 우리가 굴종에 의해서 얻지 않는다는 것을 신명기 8장의 '떡과 하나님의 말씀' 사건에서 확인할 수 있습니다. 이스라엘 백성은 하나님이 그들의 하나님이 되시고, 모든 필요한 것이 하나님에게서 나온다는 것을 저들이 마음으로 믿지 않고서 떡을 달라, 먹을 것을 달라고 우겼습니다. 인류를 대표한 이스라엘 백성의 40년 광야 생활을 통하여 하나님은 인간의 신분, 위치, 현실을 확인하십니다. 사람은 떡으로만 살지 않고 하나님의 입으로 나오는 말씀으로 살아야 한다는 것이었습니다. 인간은 물질적인 필요만 하나님께 의존하고 있는 것이 아니고, 정신과 영혼에 속한 모든 것도 하나님께 의존하고 있다는 것을 확인시켜 주십니다. 인간은 의와 선과 진리와 생명과 복에 관한 모든 것을 하나님께 의존하고 있습니다. 그 일을 하나님이 힘으로 누르시지 않고 40년 광야 생활을 통하여 이스라엘 백성의 항복을 받아내시는 것입니다.

히브리서 5장을 봅시다.

그는 육체에 계실 때에 자기를 죽음에서 능히 구원하실 이에게 심한 통곡과 눈물로 간구와 소원을 올렸고 그의 경건하심으로 말미암아 들으심을 얻었느니라 그가 아들이시면서도 받으신 고난으로 순종함을 배워서 온전하게 되셨은즉 자기에게 순종하는 모든 자에게 영원한 구원의 근원이 되시고 하나님께 멜기세덱의 반차를 따른 대제사장이라 칭하심을 받으셨느니라 (히 5:7-10)

예수님이 육체에 계실 때 즉 이 땅에 계실 때에 받으신 고난으로 순종함을 배워 온전하게 되었다고 기록합니다. 예수님이 무슨 부족한 것이 있어서 순종함을 통하여 온전하게 되었다는 뜻이 아닙니다. 예수님은 성자 하나님이시고 성부 하나님과 동등한 권세와 영광을 가지신 분입니다. 그러나 우리를 구원하기 위하여 육신을 입고 이 땅에 오셨습니다. 빌립보서 2장에 따르면, 그때 모든 권세와 영광을 내어놓고 자신을 비우고 종의 형태로 오셨습니다. 그래서 예수님은 이 땅에 오셔서 그가 메시아 되시는 것과 하나님이 예수 그리스도를 보내사 우리를 구원하시려고 한다는 것을 확인시키는 표적으로는 기적을 행하셨어도 자신의 현실과 환경과 조건을 개선해서 편안하게 되시려는 일에는 기적을 베풀지 않으신 것입니다. 그는 필요한 것을 언제나 하나님께 구하셨지, 혼자 스스로 하시지 않습니다.

예수님이 십자가에 돌아가실 때 저가 다른 사람은 구원하면서 왜 자신의 목숨은 구원하지 못하는가라는 조롱을 받습니다. 또 예수님은 심한 고통과 눈물로 하나님 앞에 호소한 적이 있습니다. 기도하는 것은 제삼자에게 도움을 구하는 것입니다. 예수님은 필요한 모든 것을 혼자서 하실 수 있는 그런 조건으로 이 땅에 오시지 않았습니다. 예수님은 성자 하나님이시지만 오직 하나님께 의존하심으로써 그의 사명과 생애를 마치셨고 십자가의 마지막 말씀대로 다 이루셨습니다. 그래서 순종함을 배워서 온전하게 되었다는 것은 하나님을 의존하고 사는 자의 온전함을 증거하는 것입니다.

우리가 하나님 앞에 순종하는 존재로 서 있다는 것은 우리의 모든 필요가 하나님의 손안에 있는 까닭에 그것을 빼앗기 위하여 다른 종교들처럼 행할 필요가 없다는 뜻입니다. 하나님은 우리에게 복 주시기를 기뻐하시고 우리를 사랑하시며, 우리를 자기의 형상대로 지으셨고, 그 아들을 아끼지 아니하시고 우리를 위하여 주신 우리의 아버지이시기 때문입니다. 성경이 순종을 요구하는 것, 즉 율법을 지키라는 것은 그것이 우리의 복이기 때문입니다.

인간은 태어날 때 모두 죄의 본성을 가지고 태어납니다. 죄의 본성 중에 핵심은 하나님 앞에 무릎 꿇기를 거부하는 것입니다. 믿지 않는 세상 사람들은 믿는 사람들을 향하여 조롱합니다. '뭐가 꿀려서 예수를 믿느냐? 부족하면 부족한 대로 살지, 뭐하러 가서 비느

317

냐?' 그들은 하나님 앞에 복종하고 싶지 않은 것입니다.

자랑으로 삼을 수 없는 불순종

미국은 역사가 짧고 자랑할 만한 인물이 많지 않기 때문인지 별사람이 영웅입니다. 하다못해 빌리 더 키드*나 선댄스 키드** 같은 강도도 자랑스러운 자기네 선조입니다. 영화 〈내일을 향해 쏴라〉에서 로버트 레드퍼드가 선댄스 키드 역을 맡아 열연하기도 했습니다. 이런 사람들이 미국인에게는 자기네 나라의 선조요 영웅들입니다.

이름은 기억나지 않지만 유명한 악당이 하나 더 있는데 이 악당이 왜 영웅적인 선조의 반열에 올랐느냐 하면 교수형으로 멋지게 죽었기 때문입니다. 예전에 미국에서는 악당들을 처리할 때는 교수형을 시켰습니다. 성경을 근거로 해서 나무에 목매달아 처형하는 것이 하나님 앞에 가장 크게 저주받은 모습이라고 생각해서 나무로 형틀을 만들어서 목매달아 죽였습니다. 그런데 이 악당이 죽는 자리에서도 구경나온 모든 사람 앞에 싱글벙글 웃으면서 '밧줄이 튼튼해야 할 텐데' 이 말을 남기면서 죽었다는 것입니다. 그래서 미국인들은 속없이 영웅적인 위인의 반열에 이 악당을 올려놓았습

---

* Billy The Kid, 1859-1881. 서부개척 시대 때 뉴멕시코에서 활동한 전설적인 무법자
** The Sundance Kid, 1867-1908. 서부개척 시대 때 와일드 번치 갱단의 일원

니다. 자기가 죽는데 큰소리치는 것이 대단한 것이겠습니까? 어리석은 사람들만이 갖는 어처구니없는 자존심입니다.

갱단 사회에서 한 집단의 두목이 다른 집단의 두목을 찾아가서 용기내기 싸움을 걸었습니다. 한 겨울날이었는데 그 두목이 조개탄 난로 불을 쬐고 있다가 담배를 피려고 입에 물자 찾아간 두목이 맨손으로 벌건 조개탄을 꺼내어 담뱃불을 붙여줬습니다. 그러자 이 불을 담배에 붙인 두목이 '얘야, 술 두 잔 가져와라' 이렇게 시켜놓고 바짓가랑이를 걷어붙이고 허벅지 살을 떼어낸 다음 반 잘라 나눠먹었다는 것 아닙니까? 그게 무슨 용감한 것입니까? 성경으로 이야기하면 양심이 화인을 맞은 짓이요, 그 마음이 굳어진 것입니다.

인간이 얼마나 못났는가는 자신의 경험을 되돌아보아도 압니다. 옛날에 고등학교 다닐 때, 뭐 조금 앞선 자존심을 가졌다는 날라리들이 있었습니다. 지금 생각해보면 고등학교 교복은 굉장히 멋진 옷이었던 것 같습니다. 무명 광목에 까만 물감을 들였을지언정 원래 모습은 까만 비로도에 금단추 다섯 개를 단 모양입니다. 차이나 칼라에 호크를 달고 그 칼라 안에다 하얀 칼라를 대었고, 소매에도 금색 단추를 세 개씩이나 단 하여간 너무나 멋진 옷이었습니다. 그런데 호크를 단정하게 걸고 나오는 놈은 모범생이라고 해서 바보 취급을 당했습니다. 잘난 척하는 친구들은 호크는 물론 단추도 풀고 속에 하얀 티셔츠나 빨간 티셔츠를 받쳐 입고, 워커는 줄칼로 허옇게 긁어서 비듬이 일어나게 해놓고 끈은 다 풀어 제친 채 덜거덕거리면서 신고 다녔습니다. 모자는 칼로 난도질을 해서 재봉틀로

수백 바늘을 누벼 비딱하게 쓰고 다녔습니다.

그렇게 하는 것이 무슨 독립심이나 자주성을 갖고 있는 하나의 형태라고 생각했던 것입니다. 공부만 하는 친구들은 부모와 선생의 위협에 굴복한 초라하고 못난 사람들로 치부하고, 자신들은 무슨 독립투사들의 뒤를 잇는, 세상이 감당치 못할 무슨 위인들인 줄 알았던 것입니다. 숙제는 늘 안 해오고 공부는 쳐다보지도 않고, 선생님이 때리면 떳떳이 매 맞고, 매 맞고 나서도 싱글벙글 해서 들어오는 것이 무슨 잘난 것입니까? 못난 짓입니다. 사람이 무엇을 해야 되는지, 어떻게 하는 것이 자기한테 유익인지, 사람의 가치가 무엇인지 전혀 모른 채 맹목적인 반항으로 일관했습니다. 질서도 없고 쌓아 가는 것도 없고 자신을 연습하는 것도 없이 그저 본성대로 무질서와 파괴와 성깔을 부리는 일에만 열심을 내는 것으로 잘난 척을 한 것입니다.

그런데 그것이 학생 시절의 경우에만 있는 것입니까? 아닙니다. 세상 모두가 그렇습니다. 양심을 따르는 것, 윤리와 도덕을 따르는 것, 정직하게 사는 것, 하나님을 믿고 하나님의 통치 아래 자신을 순종시키는 것, 이런 것들에 무조건 반대합니다. 본성을 따라 살며 성질대로 살며 자기에게 조그마한 짐을 지우는 것조차도 반대하는 것이 무슨 커다란 싸움거리나 되는 양 세상은 그렇게 살고 또 우리를 유혹합니다.

그러나 우리가 배우는 것은 그렇지 않습니다. 성경은 우리에게 예수 그리스도를 신앙의 모델로 삼으라고 합니다.

그러므로 너희가 그리스도 예수를 주로 받았으니 그 안에서 행하되 그 안에 뿌리를 박으며 세움을 받아 교훈을 받은 대로 믿음에 굳게 서서 감사함을 넘치게 하라 누가 철학과 헛된 속임수로 너희를 사로잡을까 주의하라 이것은 사람의 전통과 세상의 초등학문을 따름이요 그리스도를 따름이 아니니라 그 안에는 신성의 모든 충만이 육체로 거하시고 너희도 그 안에서 충만하여졌으니 그는 모든 통치자와 권세의 머리시라 (골 2:6-10)

예수 그리스도를 믿는다는 것은 오직 예수 그리스도로부터 모든 것을 공급받기로 하는 것입니다. 예수 그리스도로부터만 물질에 관한 것 이전에 영에 속한 것, 정신에 속한 것, 가치와 생명과 진리에 속한 것이 공급된다는 것을 아는 것입니다. 세상은 우리에게 줄 것이 없습니다. 우리는 모든 것을 그리스도로부터만 받습니다. 우리 주님만이 우리에게 필요한 모든 것을 주십니다. 거기에만 하늘로부터 오는 영원에 속한 것, 진리에 속한 것, 생명과 자랑과 의미와 가치가 있습니다. 성경이 우리에게 가르치는 바는 우리는 하나님께 무엇을 해드릴 수 있는 존재가 아니라는 것입니다. 우리는 하나님 앞에 유익을 드리기를 바랍니다. 자녀들이 부모에게 유익한 적은 언제입니까? 자녀가 자녀 노릇 잘하고 있을 때입니다. 자녀가 부모를 위해서 대신 돈 벌어 오는 것으로 유익하지 않습니다.

세례 요한은 예수님의 길을 준비하러 온 자입니다. 그는 자기 뒤에 오는 예수를 사람들이 믿고 예수를 통하여 하나님의 백성이 되어야 할 것이라고 준비시킵니다. '회개하라, 천국이 가까워 왔느니라.' 유대인들이 쫓아 나오자 호통을 치며 꾸짖습니다. 독사의 자식들아, 누가 너희로 하여금 회개하여 임박한 진노를 피하라 하더냐? 너희도 회개해야만 한다. 너희가 아브라함의 자손이라고 믿지 마라. 하나님이 능히 이 돌들로도 아브라함의 자손이 되게 하실 수 있느니라. 이렇게 의미심장하게 꾸짖습니다. 하나님은 우리가 무엇인가를 도와드려야 할, 부족한 부분이 있는 분이 아닙니다. 하나님에게는 부족한 것이 없습니다.

신앙이 좋다는 것은 그가 하나님을 얼마만큼 의존해서 하나님이 만들고 인도하고 보호하고 기르시는 하나님의 복 주심 안에서 멋지게 커 가느냐 하는 데 있습니다. 우리가 보답을 한다면 그것이 보답일 뿐이지, 하나님의 어떤 부족분을 채우는 데 인간이 필요하다는 것이 아닙니다. 그러나 우리는 마치 우리가 하나님께 필요하다는 듯이 이야기합니다. 나 없으면 안 되는 것처럼 사람 앞에서 자랑합니다. '하나님, 내가 쟤보다 낫죠?' 사람들 앞에 서서 하나님이 자기 아니었으면 그 일을 못하셨을 것같이, 하나님의 부족한 부분을 채워준 것처럼 이야기합니다. 이와 같이 우리는 하나님을 의존하지 않습니다.

　제가 자라난 교회에 한번은 아주 좋은 목사님이 오셨습니다. 그 목사님 덕분에 제가 목사가 될 하나의 동기를 부여받았습니다. 그 때까지 들었던 모든 설교보다 훨씬 뛰어난 설교를 하셨습니다. 흑백 텔레비전을 보다가 컬러 텔레비전을 보는 것 같았습니다. 성경 말씀을 해석하며 적용하는 깊이와 높이가 남다르셨습니다. 그런데 저희 교회에 오신 지 한 3년쯤 지나 병이 드셨습니다. 꼼짝 못하고 2년 동안 누워만 계시다가 돌아가셨습니다.

　교회에 부임하셨을 때가 쉰 살 이전이셨고 설교를 너무 잘하셔서 우리 모두가 주일을 기다렸습니다. 그분이 아파 누웠을 때 모두가 기도하고 이 분이 없으면 안 된다고 하나님께 매달렸으며 당연히 일어나실 줄 알았습니다. 하지만 점점 병세가 악화되어 나중에는 중환자실에서 인공호흡기를 달고 있었습니다. 그러나 그렇게 악화되면 될수록 더욱 극적인 반전이 있을 것이라고 모두 기대했습니다. 그런데 결국 허망하게 돌아가셨습니다. 우리 교인들 모두 충격을 받았습니다. 제 마음에도 적지 않은 충격이 있었는데 하나님께서 깨우침을 주셨습니다. 하나님은 유능한 사람이 필요한 것이 아니라는 답을 주셨습니다. 하나님 앞에 누가 유능하겠습니까? 하나님이 무슨 방해를 받으시며 어떤 도움을 받으시겠습니까? 하나님이 일하시는 데에 우리 모두가 무슨 필요가 있겠습니까? 우리에게 하나님이 필요한 것이지, 하나님이 하시는 일에 우리가 무슨 필요가 있겠습니까? 하나님이 우리를 쓰신다면 하나님이 우리를

323

위하여 쓰시는 것이지, 하나님이 나 아니면 못하실 일이 무엇이 있겠습니까?

깊도다 하나님의 지혜와 지식의 풍성함이여, 그의 판단은 헤아리지 못할 것이며 그의 길은 찾지 못할 것이로다 누가 주의 마음을 알았느냐 누가 그의 모사가 되었느냐 누가 주께 먼저 드려서 갚으심을 받겠느냐 이는 만물이 주에게서 나오고 주로 말미암고 주에게로 돌아감이라 그에게 영광이 세세에 있을지어다 아멘 (롬 11:33-36)

하나님 앞에 항복하는 이 찬탄의 고백은 이스라엘의 실패로 인하여 등장합니다. 이스라엘이 제사장직으로 부름을 받아서 모든 민족이 구원을 얻게 되는 것입니다. 아브라함을 부른 것은 아브라함만 부른 것이 아니라 아브라함이 복의 근원이 되어 열방으로 복을 얻게 하기 위함이었듯이 이스라엘도 그렇게 부름을 받았습니다. 그런데 이스라엘은 실패합니다. 제사장직에서 실패할 뿐 아니라 하나님의 백성으로서의 아주 기초적인 자격에서도 실패합니다.

그러면 이스라엘이 성공하고 제사장 직분을 완수해야 이방이 구원을 받을 것인데 이방은 고사하고 자기도 구원을 얻지 못하는 자리에 있게 되었으니 이방이 어떻게 구원을 얻겠습니까? 하나님이 어떻게 하셨느냐 하면 이스라엘이 실패하자 이방을 구원하여 이스라엘로 샘나게 해서 하나님께 돌아오게 하신다는 것입니다. 우리가 생각할 때는 이스라엘이 실패하면 이방은 시작도 못해보고 실패할 줄 알았는데 이스라엘이 실패하자 그것이 빌미가 되어서 오히려 이방이 구원을 얻습니다. 하나님은 그가 하시려는 일의 방법과 수단에 방해를 받지 않으십니다. 그래서 이 찬탄의 고백을 하는 것입니다. "깊도다 하나님의 지혜와 지식의 풍성함이여, 그의 판단은 헤아리지 못할 것이며 그의 길은 찾지 못할 것이로다 누가 주의 마음을 알았느냐 누가 그의 모사가 되었느냐 누가 주께 먼저 드려서 갚으심을 받겠느냐"(롬 11:33-35).

하나님이 무엇이 부족한 것이 있어서 우리를 가져다 메우겠느냐는 것입니다. 우리도 기도하면서 '세계를 내게 주십시오' 하는 이런 허황된 꿈을 꾸지 마시고 자신을 돌아보십시오. 우리는 하나님 앞에 의존적인 존재가 되어야 합니다. 이것이 바로 순종이며 율법을 주신 이유입니다. 하나님은 온 천하 만물의 주인이십니다. "이는 만물이 주에게서 나오고 주로 말미암고 주에게로 돌아감이라 그에게 영광이 세세에 있을지어다 아멘." 이런 고백이 저절로 나오는 것입니다. 우리는 하나님의 이런 인도하심을 받는 삶을 살고 있습니다. 우리가 필요한 모든 것은 하나님의 손안에 있습니다. 그가 우리를 지키시며 필요한 것들로 채우시며 우리를 통하여 영광 받으시기를 기뻐하십니다.

지금 우리 손에 쥐어준 것이 없다고 해서 낙심하거나 불평하거나 불안해 할 필요가 없습니다. 히브리서 5장에서 배우지 않았습니까? 예수님도 그의 필요한 것을 손에 들고 오시지 않았습니다. 필요한 것을 그때마다 하나님 앞에 구하여 얻었고 인도함을 받아 십자가를 지시고 죽는 자리까지, 아버지의 뜻을 다 이루는 자리까지 갔습니다. 우리의 신자 된 자랑이 어디에 있습니까, 힘이 어디에 있습니까? 우리를 지으시고 우리를 위하여 그 아들을 아끼지 않으신 하나님의 손에 있음을 바라보며 승리하는 신앙 현실을 살기 바랍니다.

기도

하나님 아버지, 은혜를 감사합니다. 우리 하나님은 우리의 아버지시며 우리에게 필요한 모든 것을 주십니다. 우리 주 예수 그리스도의 이름으로 당당히 하나님 앞에 나아가게 하시고 필요한 모든 것을 구하여 얻게 하셨습니다. 우리가 구하지 않아서 얻지 못하였고, 구하여도 받지 못한 것은 욕심으로 구하였기 때문이라고 지적하셨습니다. 이제 우리의 자랑과 우리의 마땅한 책임을 주 안에서 확인하고 하나님의 사람으로 살며 우리 주를 힘입어 살게 하사 마땅히 하나님의 사람으로 인생을 걸어나가게 하셔서 하나님이 함께 하시는 자녀로서의 인생에 복된 것과 자랑과 승리와 영광을 누리는 자들이 되게 하옵소서. 예수님의 이름으로 기도합니다. 아멘.

요점과 확인

1. 순종은 우리의 위치를 확인시켜 준다. 순종은 하나님이 모든 존재하는 것들의 유일한 주인 되심을 인정하는 행위요, 질서와 진리와 생명의 주인이심을 인정하는 행위다.

2. 예수님은 순종함을 배워서 온전하게 되셨다. 예수님에게 어떤 부족이나 결핍이 있어서 순종으로 온전하게 되었다는 것이 아니라 예수님이, 하나님을 의존하고 사는 자의 온전함을 증거했다는 뜻이다.

3. 순종은 하나님께 대한 의존을 드러내는 행위이다. 우리에게 필요한 모든 것은 하나님의 손안에 있다. 하나님은 우리의 필요를 채워주시며 우리를 통해 영광 받으시기를 기뻐하신다.

4. 우리는 믿음이 좋다는 것을 하나님의 어떤 부족한 부분을 채워드리는 것으로 잘못 생각할 수 있다. 이런 태도는 왜 잘못되었는가?

19

의의 무기로 하나님께 드리라

우리는 그리스도 안에서 그의 은혜의 풍성함을 따라 그의 피로 말미암아 속량 곧 죄 사함을 받았느니라 이는 그가 모든 지혜와 총명을 우리에게 넘치게 하사 그 뜻의 비밀을 우리에게 알리신 것이요 그의 기뻐하심을 따라 그리스도 안에서 때가 찬 경륜을 위하여 예정하신 것이니 하늘에 있는 것이나 땅에 있는 것이 다 그리스도 안에서 통일되게 하려 하심이라 (엡 1:7-10)

앞 장에서 좋은 신앙의 특징은 상식과 교양이라는 일반적인 면에서 확인된다고 말씀드렸습니다. 기독교 신앙을 가장 크게 오해하는 것 중의 하나는 초월성을 너무 강조하는 나머지 신앙이 좋다는 것에 세상의 모습과 자연의 모습이 잘 나타나지 않는다는 문제입니다. 기독교의 특징은 초월이 아닌 계시에 있습니다. 다른 모든 종교에서는 신에 대한 설명이 없습니다. 그러나 기독교는 하나님이 자신을 우리에게 나타내시며 설명하시며 인격적으로 찾아오시는 종교입니다. 하나님이 우리를 기다려주시고 반복적으로 계속 기회를 주시고 설득하시고 이해할 기회와 경험을 주십니다. 이런 것들이 기독교의 가장 중요한 특징입니다.

초월주의와 자연주의를 경계해야

우리는 본성적으로 초월주의를 좋아해서 신앙이라 하면 세상에서 볼 수 없는 모습을 갖는 것으로 생각합니다. 이를테면 좋은 신앙인은 흙을 밟지 않고 다니는 사람, 비가 내려도 안 맞는 사람으로 되어 있습니다. 그래서 무엇이 좋은 신앙이고 무엇이 잘못된 신앙인가 하는 문제에 대하여 초월주의와 자연주의라는 양극단이 갖는 문제점들을 살피면서 우리의 신앙을 점검하고자 합니다. 자연주의는 초월주의를 반대하며 하나님을 제외시키고, 세상은 제 스스로 갖는 원칙에 따라 움직인다고 합니다.

초월을 논할 때에는 그 내용이 얼마나 초월적이냐 하는 점에서 논하는 것이 아닙니다. 초월은 권위의 측면을 이해할 때 쓰는 것입니다. 초월을 이야기할 때는 언제나 하나님만이 유일한 창조주시며 통치자시며 심판자라는 것을 확인하는데 초월을 동원시켜야 합니다. 방법으로서의 초월이나 형태로서의 초월은 사실 성경에서는 그렇게 강조하고 있지 않습니다. 우리가 초월에 대하여 잘못 이해하면 자연적인 모든 것들, 신학적인 표현으로 하자면, 일반은총의 영역들에 대하여 무시할 수 있습니다. 그래서 우리는 마태복음 5장 43절 이하에 있는 말씀을 늘 기억해야 합니다.

또 네 이웃을 사랑하고 네 원수를 미워하라 하였다는 것을 너희가 들었으나 나는 너희에게 이르노니 너희 원수를 사랑하며 너희를 박해하는 자를 위하여 기도하라 이같이 한즉 하늘에 계신 너희 아버지의 아들이 되리니 이는 하나님이 그 해를 악인과 선인에게 비추시며 비를 의로운 자와 불의한 자에게 내려주심이라 너희가 너희를 사랑하는 자를 사랑하면 무슨 상이 있으리요 세리도 이같이 아니하느냐 또 너희가 너희 형제에게만 문안하면 남보다 더하는 것이 무엇이냐 이방인들도 이같이 아니하느냐 그러므로 하늘에 계신 너희 아버지의 온전하심과 같이 너희도 온전하라 (마 5:43-48)

이 말씀은 하나님이 불의한 자와 의로운 자를 구별하지 않고, 선인과 악인을 구별함이 없이 해를 비추시며 비를 내려주시는 일반 은총에 대하여 설명합니다. 하나님이 초월의 영역에서만 하나님이실 뿐만 아니라 자연과 믿지 않는 자들에게도 하나님은 하나님이시며, 저들에게도 필요한 은혜를 베푸신다는 것입니다.

본문으로 택한 에베소서 1장의 말씀도 바로 이런 점을 함의하고 있습니다. 예수 그리스도 안에서의 통일, 즉 하늘에 있는 것이나 땅에 있는 것이 다 그리스도 안에서 통일된다는 것입니다. 구원 얻은 자만 그리스도 안에서 어떤 혜택을 받는 것이 아니라, 이 세상의 만물이 다 그리스도로 말미암아 원래 하나님이 지은 창조의 영광으로 회복된다는 것입니다. 이것이 그리스도의 큰 비밀입니다. 그래서 우리가 예수를 믿고 나면 예수 믿은 표가 종교적인 형태와 명분을 취하는 측면에서만 나타나야 할 것이 아니라 일상적인 모든 것, 상식이나 교양이나 경우에서도 나타나야 합니다.

초월주의를 취하게 되면 우리의 신앙은 건강하지 아니한 극단으로 내몰리게 됩니다. 예수를 믿는 믿음이 우리를 자꾸 자연과 일반상식에서 제외시켜 극단적으로 초월로 몰아가게 되는데 이것은 신앙에서 가장 큰 오류 중의 하나입니다. 이렇게 하면 자연이라는 일반 세상은 마치 하나님의 통치 영역이 아닌 것처럼 되어 버립니다. 지옥은 누가 다스립니까? 거기도 하나님이 다스리는 곳입니다.

여름철에 주로 등장하는 공포 영화들 중에 기독교 신앙을 묘하게 상업적으로 채색해서 하나님을 대적하는 죄악의 힘을 하나님과 대등한 것처럼 만든 것이 있습니다. 악한 세력의 공격에 대하여 신부가 기도하거나 심지어 성경책을 찢어서 벽에 붙이고 십자가를 그랬는데도 악한 세력의 공격을 막아내지 못하는 장면들이 나옵니다. 그것은 다 사기입니다. 악한 무리들이 하나님을 대적하고 있는 것은 사실이지만 그것들은 하나님과 대등한 힘을 가지고 있지 않습니다. 저들은 우리를 유혹하고 위협할 수 있습니다. 그러나 하나님의 손에서 우리를 건드릴 수는 없습니다. 그것은 할리우드가 장사하려는 목적으로 꾸며낸 이야기일 뿐입니다. 사탄과 그의 휘하들이 하나님의 뜻을 거스른다고 해서 하나님의 통치와 그 힘에 대등한 힘으로써 항거할 수 있다는 것은 아닙니다. 지옥은 하나님을 거스르고 그 뜻을 방해한 심판 받아 마땅한 모든 자들을 가두는 일종의 감옥이요 형벌의 장소로서 그곳의 통치자도 역시 하나님이십니다. 우리는 마치 지옥의 왕은 사탄이고 천국의 왕은 하나님인 것처럼 선과 악을 대등하게 충돌시키고 있는데 그렇지 않습니다.

그래서 우리는 세상을 꼭 도망가야 할 영역으로 이해하면 안 됩니다. 성경이 세상에 대해서 경계하는 것은 우리에게 세상의 원리, 그 죄악 된 흐름에 따라가지 말라는 것입니다. 성경은 우리에게 세상을 등지거나 세상으로부터 도망가라고 가르치지 않습니다. 세상으로부터 도망가고 초월로 치장하는 것을 좋은 신앙이라고 믿는 것은 성경이 주장하는 좋은 신앙과는 사실 거리가 멉니다.

이 초월이 강조되는 지점에서 가장 경계해야 할 점은 초월이 강조되면 은혜가 강조되고, 초월과 은혜가 강조되면 책임이 설자리가 없어진다는 사실입니다. 우리가 책임져야 할 어떤 과정이나 노력이나 훈련 등이 설자리를 잃게 됩니다. 이런 것들이 없어지면 무슨 문제가 생기겠습니까? 하나님이 우리를 인격적으로 대접해서 그의 형상대로 지은 그 자리에 서는 것이 없어지게 되고, 하나님께서 우리 안에 채우시려는 것들이 내 것이 되는 과정도 사라지게 됩니다. 하나님의 뜻에 내가 기꺼이 순종하고 그 뜻을 받들어 섬기는 일에 자신을 단련시키는 일들이 제외됩니다. 좋은 신앙을 갖기 위해 자꾸 은혜만 구하는 나머지 세상을 등지고 기도원으로 산으로 소나무 뿌리를 찾아가게 됩니다. 일상적인 연습뿐 아니라 일상 속에서 나타나야 하는 신자 된 자의 고급한 격이나 변화된 내용의 부요한 모습이나 참는 일이 자꾸만 외면을 당하게 됩니다.

심지어는 아우성을 치며 기도하기도 하고, 말끝마다 아멘을 해서 도무지 설교도 할 수 없게 만듭니다. 아멘 하는 것이 신앙의 최고의 표현이 아니라는 것이 아니라, 말을 알아듣고 아멘을 해야 하는데 침만 삼켜도 아멘을 외쳐대니 설교를 할 수가 없습니다. 그리고 기도할 때도 생각하면서 해야 하는데 짧은 시간 동안에 누가 더 많은 단어를 내뱉느냐 하는 싸움이 되고 말았습니다. 자신이 뭐라고 기도했는지 하나도 모르고 나옵니다. 기도를 마치고 나오는 교인들의 얼굴을 보면 얼이 빠진 것 같습니다. 그런 것은 신앙이 아닙니다. 그런 식으로 열심 내는 것을 신앙이라고 하지 않습니다.

우리가 이렇게 된 것은 우리의 신앙이 원색적이고 단세포적이 되었기 때문입니다. 신앙이 얼마나 부요하고 풍성한가 하는 것들에 대한 소개나 교육을 받은 적이 없어서 조금만 부요한 자리로 가더라도 길을 잃고 맙니다. 도대체 무슨 소린지 모릅니다. 그저 악을 쓰는 것에만 익숙하고 고급한 표현에는 하나도 익숙하지 않습니다. 하나님의 사람이 되었다는 고급한 내용들은 그 내용의 질뿐 아니라 그것들이 빚어지는 과정 내에서도 평가를 받는 것입니다.

머리가 우수한 것과 성실한 것은 다릅니다. 머리가 좋은 것은 일종의 은사이지만 성실한 것은 은사라고 하지 않습니다. 우리가 사람을 대해 보면 똑똑한 것 이상으로 성실한 것을 높이 평가하지 않는 경우를 보게 됩니다. 그러나 그것은 높이 평가되어야 할 덕목입니다. 우리는 똑똑한 것만 너무 쳐주는 사회 분위기 속에 있는데 사실은 그렇지 않습니다. 성실하다는 것은 한 사람을 평가하는 데 있어서 똑똑한 것보다 점수를 더 쳐주어야 할 덕목입니다. 똑똑한 것은 노력으로는 안 되는 것이지만 성실한 것은 얼마든지 가능하다는 차원에서, 하나님이 더 고급하고 복된 것들을 모두에게 혜택을 입도록 열어놓으신 것임을 알아야 합니다.

초월에 대한 일방적인 편애와 치중도 경계해야 하지만 동시에 자연주의도 경계해야 합니다. 자연주의는 우리가 보통 이야기하는 인본주의입니다. 하나님 없이 이성이나 자연법칙이나 일반적인 과학에 의해서 인간이 필요한 모든 것을 얻을 수 있다고 생각합니다. 자연주의는 초월적 권위를 외면합니다. 가장 큰 잘못은 초월적 권위를 외면하고 인간의 능력을 절대시함으로써 인간이 필요로 하는 모든 것을 자급자족할 수 있다고 믿는 것입니다. 기독교가 다른 종교에 비해서 늘 크게 비판받고 공격받는 점이 여기에 있습니다. 우리는 필요한 것을 하나님께 구하여 얻는 은혜의 종교입니다.

그러나 다른 종교들은 인간 안에 내재되어 있는 신적 요소들을 개발하는 종교입니다. 따라서 기독교를 제외한 다른 종교들은 근본적으로 범신론인 것입니다. 인간 자신의 힘의 소양을 개발하는 것이 목적으로 되어 있습니다. 다른 종교들은 모두 다 득도하는 것이 목적입니다. 그러나 기독교는 그렇지 않습니다. 하나님을 알고 닮고 순종하고 사랑하는 것에 초점이 모여져 있습니다. 이것이 다른 종교들과 차이나는 점입니다. 우리는 모든 선한 것과 의미 있는 것들을 하나님으로부터 은혜로 얻는다고 믿습니다. 하나님이 아니시면 어떤 의미나 가치나 진리나 생명이나 영원에 속한 것을 만들어낼 수도 없으며 줄 수도 없다고 알고 있습니다. 이것이 우리가 자연주의를 반대하고 경계하는 근본 이유입니다.

그러나 하나님은 '당신만이 모든 가치와 의미와 영원과 생명과 진리에 속한 근원이시다'라는 것을 우리에게 주입시키려 하지 않습니다. 하나님은 우리에게 그것을 가르치시고 설명하시며 납득시키십니다. 그렇게 하여 그것이 나의 것이 되게 하십니다. 나의 실력이 되게 하십니다. 우리는 초월주의로만 흘러서도 안 되고, 자연주의로만 흘러서도 안 됩니다. 우리의 신앙에서 이 초월과 자연을 조화시킨다는 것은 하나님만이 절대 권위자이시나 그만이 주실 수 있는 은혜로 우리를 부르셨다는 차원을 나타냅니다. 권위적 차원에서는 초월이지만 하나님은 우리를 조종하는 방법으로 그것을 쓰시지 않습니다. 하나님은 우리를 당신을 닮은 자녀로 만드십니다. 우리를 이해시키고 습득하게 하여 내 것으로 만들게 하십니다. 이런 차원에서 우리는 일반은총의 영역, 말하자면 과정이 있고 연습이 있고 훈련이 있고 책임이 있음을 소홀히 하면 안 되는 것입니다.

연습과 훈련이 필요함

이것이 좋은 신앙과 나쁜 신앙을 둘로 나눌 수 있는 중요한 기준선이 됩니다. 초월로만 기독교를 이해하면 우리는 은혜라는 이름으로 내가 져야할 모든 책임을 하나님께 떠넘기게 됩니다. 우리는 이웃을 네 몸과 같이 사랑하라고 하신 말씀을 연습해야 합니다. 그것은 기도해서 생기지 않습니다. 이웃을 사랑하는 것에서 더 나아가 성경은 원수를 사랑하라고 합니다. 이 원수를 사랑하라는 것도 연습해야 됩니다. 어떻게 연습해야 합니까? 살아가면서 미워하는 사람이 안 생길 수는 없습니다. 우리는 좋은 신앙을 갖게 되면 모두를 향해서 마음이 환히 열릴 것이라고 믿는데 그렇지 않습니다. 변화된 몸으로 완전해질 때까지는 이런 죄의 본성들과 불완전해서 겪는 어떤 약점들을 가지고 살 수밖에 없습니다.

꼴 보기 싫은 사람이 있으면 그를 어떻게 사랑해야 할까요? 기도하고 또 기도해도 괜찮아지지 않습니다. 만나면 도망가든지 또는 정 못 참겠거든 뒤에서 욕을 하는 데서부터 연습하십시오. 그런데 우리는 몰라서 꼭 이렇게 말합니다. '치사하게 뒤에서 욕을 해. 와서 면전해서 하라고 해!' 그러나 욕을 면전에서 하는 것은 정말 무례한 짓입니다. 뒤에서 하는 것은 그나마 예의를 갖춘 것입니다. 그렇게 하다 보면 얼굴을 보고 잠깐 참을 수 있는 경지, 한 5분 정도 참을 수 있는 경지에까지 갑니다. 그렇게 연습하는 것입니다.

우리가 살다보면 내 마음에 들지 않는 사람이 생기게 됩니다. 우리는 마음에 안 들면 어떻게 합니까? 내 편을 만들기 위해 모으러 다닙니다. 내가 누구를 미워하는 것이 자기의 잘못이 아니라는 것을 모든 사람에게 확인시키기 위해 그 사람의 잘못된 것을 꺼내어 이야기합니다. 내가 저 사람을 싫어하는 것은 내가 못나서가 아니라 저 사람이 싫어할 수밖에 없는 조건을 가지고 있다고 만들어 나갑니다. 그래 누군가를 만나면, '누구는 이래, 누구는 기도할 때 떨어.' 이런 흥부터 보기 시작합니다. 그런 말은 해서는 안 됩니다. 누가 마음에 안 들거든 계속 좋은 말을 하십시오.

한동안 유명했던 사람으로 데일 카네기(1888-1955)라는 미국 작가가 있습니다. 그는 대인관계에 관한 글을 많이 썼습니다. 그가 대인관계의 기본으로 내놓은 것 중에 하나가 이런 것입니다. '상대방을 칭찬하라.' 그런데 무엇을 칭찬하라고 했느냐면 없는 것을 칭찬하지 말고 있는 것을 칭찬하라고 했습니다. 누구나 한 가지는 칭찬할 것이 있다는 것입니다. 어느 날 은행 창구에서 일하는 직원이 카네기한테 와서 손님 사진을 보여주면서 '이 사람은 제가 보기에 도무지 칭찬할 곳이 없으니 어떻게 하면 좋겠습니까?' 하고 묻습니다. 사진을 유심히 보니까 정말 얼굴 전체나 키나 입은 옷이나 어디 하나 칭찬할 만한 곳을 찾을 수가 없었는데 머리카락이 예쁘더랍니다. 그래서 머리카락을 칭찬해주라고 했더니 다음날 그 직원이 '손님께서는 어쩜 그렇게 머리를 예쁘게 잘 가꾸세요'라고 칭찬해서 점수를 땄다고 합니다. 누구나 칭찬할 것은 한 가지씩 가지고 있습니다.

우리는 모두 가서 붙들고 기도하면 된다고 믿습니다. 그러니까 신앙의 성숙을 위해 연습하고 훈련할 과정은 생략되고 맙니다. 이런 과정이 없이는 어떻게 해서 성숙한 위치에 올라가는지도 알 수가 없습니다. 늘 그런 소망과 기대만 있을 뿐입니다. '나는 좋은 신앙 갖고 싶습니다.' 그것이 전부입니다.

좋은 신앙을 어떻게 해야 가질 수 있습니까? 연습해야 합니다. 너무 초월로 가면 안 됩니다. 공짜로 얻어먹는 것으로 가면 안 됩니다. 물론 하나님이 초월을 동원하실 때가 없지는 않습니다. 모든 선한 것이 하나님으로부터 나왔기 때문에 그 일을 시작하실 때에는 초월을 동원하십니다. 그러나 우리를 만드시고, 우리에게 생명을 주시고, 우리에게 지식을 주시려고 할 때 하나님은 우리를 로봇처럼 조종하시지 않습니다. 나라는 인격적 존재를 향해 하나님의 사

람이 되라고 하십니다. 구원 자체에서도 그렇습니다. 골로새서 3장
을 보겠습니다.

위의 것을 찾으라

그러므로 너희가 그리스도와 함께 다시 살리심을 받았으면 위의
것을 찾으라 거기는 그리스도께서 하나님 우편에 앉아 계시느니라
(골 3:1)

너희가 구원을 얻었느냐? 그러면 할 일이 있다. 위의 것을 찾으라.
우리는 그것을 찾아야 합니다. 우리는 우리 자신을 키워 나가야 합
니다. 그 위의 것이란 무엇입니까?

위의 것을 생각하고 땅의 것을 생각하지 말라 이는 너희가 죽었고
너희 생명이 그리스도와 함께 하나님 안에 감추어졌음이라 우리 생
명이신 그리스도께서 나타나실 그 때에 너희도 그와 함께 영광 중
에 나타나리라 그러므로 땅에 있는 지체를 죽이라 곧 음란과 부정
과 사욕과 악한 정욕과 탐심이니 탐심은 우상 숭배니라 이것들로
말미암아 하나님의 진노가 임하느니라 (골 3:2-5)

그래서 위의 것을 찾는 방법 중의 하나로서 부정적이고 소극적인

339

것에 대하여 말합니다. '음란과 부정과 사욕과 악한 정욕과 탐심이 니 탐심은 우상숭배니라.' 이런 것을 하지 말라는 것입니다.

이제는 너희가 이 모든 것을 벗어 버리라 곧 분함과 노여움과 악의와 비방과 너희 입의 부끄러운 말이라 너희가 서로 거짓말을 하지 말라 옛 사람과 그 행위를 벗어 버리고 새 사람을 입었으니 이는 자기를 창조하신 이의 형상을 따라 지식에까지 새롭게 하심을 입은 자니라 (골 3:8-10)

우리는 이런 연습을 해야 합니다. 이런 연습을 통해 어떤 격에 이르러야 합니다. 로마서 6장에서 대표적인 예를 들고 있습니다.

그런즉 우리가 무슨 말을 하리요 은혜를 더하게 하려고 죄에 거하겠느냐 그럴 수 없느니라 죄에 대하여 죽은 우리가 어찌 그 가운데 더 살리요 무릇 그리스도 예수와 합하여 세례를 받은 우리는 그의 죽으심과 합하여 세례를 받은 줄을 알지 못하느냐 그러므로 우리가 그의 죽으심과 합하여 세례를 받음으로 그와 함께 장사되었나니 이는 아버지의 영광으로 말미암아 그리스도를 죽은 자 가운데서 살리심과 같이 우리로 또한 새 생명 가운데서 행하게 하려 함이라 (롬 6:1-4)

구원이 무엇입니까? 은혜로 죄와 사망에서 우리를 꺼낸 것입니다. 구원을 얻은 이들이 처음에 당황해하는 것은 '내가 한 일이 뭐가 있느냐'라는 문제입니다. 구원에서 우리가 한 일이 아무것도 없었다는 데 놀라게 됩니다. '그럼 내가 죄와 사망으로 돌아가면 또 꺼내주실 것 아닌가, 이제 우리가 할 것이란 없지 않은가.' 이런 의문을 가질 수 있습니다.

이것을 출애굽 사건과 대비시켜 이야기해 보겠습니다. 하나님이 이스라엘 백성을 애굽에서 꺼내주신 것이 구원이고, 그들을 애굽에서 꺼내실 때는 목적지가 있었습니다. 그들을 가나안에 보내려고 애굽에서 꺼내신 것입니다. 젖과 꿀이 흐르는 땅, 하나님께서 기업으로 주실 땅으로 가라고 그들을 애굽에서 꺼내주신 것입니다.

의의 무기로 드리라

로마서 6장의 말씀도 그와 같습니다. '너희가 은혜로 죄와 사망에서 구원함을 얻었는데 아무것도 할 일이 없다는 것이냐? 아니다. 구원함을 얻은 자로서 걸어야 할 삶의 노정이 있다.' 새 생명 가운데서 행하라는 것입니다.

우리가 알거니와 우리의 옛 사람이 예수와 함께 십자가에 못 박힌 것은 죄의 몸이 죽어 다시는 우리가 죄에게 종 노릇 하지 아니하려 함이니 이는 죽은 자가 죄에서 벗어나 의롭다 하심을 얻었음이라 만일 우리가 그리스도와 함께 죽었으면 또한 그와 함께 살 줄을 믿

341

노니 이는 그리스도께서 죽은 자 가운데서 살아나셨으매 다시 죽지 아니하시고 사망이 다시 그를 주장하지 못할 줄을 앎이로라 그가 죽으심은 죄에 대하여 단번에 죽으심이요 그가 살아 계심은 하나님 께 대하여 살아 계심이니 이와 같이 너희도 너희 자신을 죄에 대하 여는 죽은 자요 그리스도 예수 안에서 하나님께 대하여는 살아 있 는 자로 여길지어다 (롬 6:6-11)

구원을 얻었다는 것이 무엇입니까? '이제는 너희가 죄 아래 있지 않고 하나님 아래 있다는 것을 알고 하나님 아래 있는 자로 살라' 는 것입니다.

그러므로 너희는 죄가 너희 죽을 몸을 지배하지 못하게 하여 몸의 사욕에 순종하지 말고 또한 너희 지체를 불의의 무기로 죄에게 내 주지 말고 오직 너희 자신을 죽은 자 가운데서 다시 살아난 자 같이 하나님께 드리며 너희 지체를 의의 무기로 하나님께 드리라 죄가 너희를 주장하지 못하리니 이는 너희가 법 아래에 있지 아니하고 은혜 아래에 있음이라 (롬 6:12-14).

자신의 신앙을 매일 점검해야 합니다. '매일 매일의 삶에서 나를 의 의 병기로 바치고 있는가. 죄에게 나를 맡겼는가 아니면 하나님께 나를 맡겼는가.' 그것은 결코 명분과 형태의 싸움이 아닙니다.
　갈라디아서 5장에서 성령의 열매, 즉 사랑과 희락과 화평 등의 열매는 일상적인 모든 일들에서 의의 병기로 자신을 바쳤는가, 성령을 따라 살았는가를 점검해 줄 성경적인 기준입니다. 우리의 삶을 보면, 신앙적으로 사는 것을 포기하고 세상 사람들과 똑같이 살며 그들과 똑같은 식으로 돈을 벌어 주를 위하여 쓰겠다고 생각합니다. 아닙니다. 또 어떻게 해서든 시간을 남겨 기도하는 시간과 성경 보는 시간을 갖는 것을 신앙이라고 생각합니다. 아닙니다.

우리는 일상생활을 할 때 세상 사람들과 모두 똑같은 조건과 환경 속에 처해 있습니다. 그렇지만 저들은 죄에 팔려서 살고 있으나, 우리는 자신을 의의 병기로 드리는 하나님의 사람으로 삽니다. 지지고 볶는 이 인생살이를 하나님의 사람으로 사는 것입니다. 거기에 매우 중요하고 책임 있는, 실제적인 신앙 현실이 있습니다. 우리가 이 일들을 지금 못하고 있습니다. 그래서 신앙인이 된 표가 어떤 특별한 종교적인 형태와 명분으로 나타날 때, 즉 기도하고 전도하고 성경을 볼 때는 뛰어나지만 일상적인 면에서는 점수 미달입니다.

하는 말, 표정, 대인관계, 자신이 속한 시대와 사회와 세상 앞에서 하나님의 사람으로 살아나가는 인생을 살지 못하고 있습니다. 매일매일의 생활을 하나님의 사람으로 살지 못하고 있습니다. 그것은 기도를 하고 성경을 보는 것과 같은 간단한 것이 아닙니다. 우리는 의의 병기로 살아야 합니다. 예수를 믿는다는 것은 믿는 사람들끼리 경쟁하는 싸움이 아닙니다. 보냄을 받은 각자의 삶의 현장에서, 시간을 더 많이 보내는 삶의 현장에서 하나님의 사람으로 버티고 서 있어야 합니다. 부정적으로는 세상 사람들과 다르게 살며,

긍정적으로는 하나님의 사람으로 적극적으로 살아야 합니다. 그는 정직하며 성실하며 자신을 위하지 않고, 이웃을 위하며, 십자가를 지며, 하나님의 은혜와 통치와 복 주심을 자신의 유일한 힘으로 삼고, 누가 보든지 말든지 손해가 되든지 말든지, 하나님 앞에서 자신의 삶을 사는 자입니다. 우리가 접하는 모든 장소와 모든 부딪히는 사건과 모든 생각에서 그러한 삶이 드러나야 합니다.

신앙이 좋다는 것은 마치 수도꼭지에서 쏟아지는 물기둥이 욕조 전체를 넓게 채워 나가는 것과 같다고 할 수 있습니다. 쏟아지는 물기둥은 처마 끝에 고드름이 매달려 있듯이 그냥 매달려 있는 것이 아니라, 욕조 전체를 채우게 될 것입니다. 이와 같이 신앙이 좋다는 것은 그의 신앙이 그의 인격과 존재와 사고와 습관과 버릇에 충분히 녹아든 것과 같다고 할 수 있습니다. 좋은 신앙이란 단지 높은 물기둥 하나로 평가받는 것이 아닙니다. 이 점을 명심하시고 이 세상을 살면서 모든 생각과 열심과 힘과 부딪쳐야 할 모든 사건에 자신의 신앙이 깊이 스며들게 해야 합니다. 그렇게 우리 인격과 인생에 가득 채워질 때 '저 사람은 신앙이 좋은 사람이다'라는 평가를 성경의 기준에 따라 하나님 앞에서 비로소 받게 될 것입니다. 그렇지 못하면 우리는 고드름 같은 몇 개의 물기둥을 가지고 좋은 신앙이라고 우기는 가난한 신앙에 처하게 될 것입니다. 그래서 신앙이 좋아 보이는 것 같지만 만나보면 재미가 없는, 향기가 없는 신자들을 보게 됩니다. 균형도 없고 어느 한 군데만 기형적으로 자라나서 나머지는 전부 볼품이 없는 인격만 드러낼 뿐입니다. 만나면 무슨 잘난 소리라고 계속 지껄이며, 입을 다물고 있을 때인데도 그냥 떠들고 있습니다. 신앙이 좋다는 사람이 그런 눈치 하나 없습니다.

신앙이 좋으면 사람이 멋있어집니다. 사람보다 더 멋있는 것은 없습니다. 사람보다 보기 싫은 것도 없고, 사람보다 보기 좋은 것도 없습니다. 무엇을 하느냐가 재미있는 것이 아니라 누구하고 하느냐가 재미있는 것입니다. 여행이 좋습니까? 누구하고 함께 가느냐가 핵심입니다. 얼마나 인간들이 꼴 보기 싫으면 자기 혼자 산에 가겠습니까. 아예 돌을 보는 게 낫고 나무를 보는 게 낫다고 하겠습니까. 이런 지경에까지 이른 것은 죄로 말미암은 비참한 현실입니다. 우리가 그것을 고칩시다. 이웃들이 만나고 싶어 하는 사람이 되십시오. 만나면 사랑스럽고 힘이 나고, 자꾸만 보고 싶은 사람이 되십시오. 그것이 진정한 신앙의 성숙이요 자랑입니다.

_____ **기도**

하나님 아버지, 은혜를 감사합니다. 하나님이 우리를 필요한 곳에 써먹으려고 하시지 않고 우리 자신을 목적으로 삼으시고 우리 자신을 하나님의 영광으로 삼으셨음을 감사드립니다. 우리에게 아버지를 닮도록 요구하시고 아버지의 마음을 품으라고 요구하셨사옵니다. 마태복음 5장에 분명하게 기록한 것같이 '이렇게 하여 하늘 아버지의 온전하심과 같이 너희도 온전하라'고 하셨습니다. 그것은

345

원수를 사랑하는 것이요, 우리를 핍박하는 자를 위하여 기도하는 것입니다. 그렇게 하는 것이 아버지의 뜻이요, 아버지의 아량이요, 아버지의 마음인 줄 압니다. 이 경지에 이르게 하여 주시옵소서. 이 것을 우리의 실력으로 버릇으로 생각으로 천성으로 가질 때까지 쉬지 말고 연습하여 아버지께서 칭찬하는 자리에 우리 모두 서게 하시옵소서. 예수님의 이름으로 기도합니다. 아멘.

요점과 확인

1. 좋은 믿음은 초월만을 강조하지 않는다. 왜냐하면 믿음은 절대자의 초월적인 권위도 인정하는 동시에 일상적인 삶의 영역에서도 절대자의 권위에 기초를 두는 것이기 때문이다.

2. 좋은 믿음은 할 일이 무엇인지 아는 데서 출발한다. 구원 받은 자는 이제 죄 아래 있지 않고 하나님 아래 있으므로 그러한 존재답게 산다는 것이 무엇인지 알아야 좋은 믿음을 갖기 시작할 수 있기 때문이다.

3. 좋은 믿음은 자신을 의의 무기로 드리는 데서 생긴다. 신자도 세상 사람과 똑같은 조건과 환경 속에 놓여 있기 때문에 그런 현실에 대하여 책임 있게 반응하려면 자신을 의의 무기로 하나님께 드려야 한다.

4. 신앙에서 초월만 강조하면 우리의 책임은 약화될 수밖에 없다. 한국 교회에서 초월을 강조함으로써 나타난 편향된 신앙생활에는 어떤 것들이 있는가?

20

민음은 성화다

그런즉 우리가 무슨 말을 하리요 은혜를 더하게 하려고 죄에 거하겠느냐 그럴 수 없느니라 죄에 대하여 죽은 우리가 어찌 그 가운데 더 살리요 무릇 그리스도 예수와 합하여 세례를 받은 우리는 그의 죽으심과 합하여 세례를 받은 줄을 알지 못하느냐 그러므로 우리가 그의 죽으심과 합하여 세례를 받음으로 그와 함께 장사되었나니 이는 아버지의 영광으로 말미암아 그리스도를 죽은 자 가운데서 살리심과 같이 우리로 또한 새 생명 가운데서 행하게 하려 함이라 (로마서 6:1-4)

지난 장에서 우리는 기독교 신앙의 올바른 모습과 내용들을 초월로만 평가하지 말아야 한다는 것에 대하여 생각했습니다. 기독교의 기독교 된 특징은 초월에 있지 않고 계시에 있습니다. 기독교의 자랑은 하나님만이 유일한 창조주이며 통치자며 심판자라는 데에 있습니다. 하나님이 자신을 우리에게 나타내시며 설명하시기를 바라십니다. 그래서 기독교 신앙은 하나님을 아는 것이 가장 중요한 특징입니다. 주문과 부적으로 특징을 보이는 다른 종교와는 달리 우리는 하나님을 알며 믿습니다. 믿는다는 것은 주문을 외우는 것과 다릅니다. 주문과 부적은 그것이 왜 그 결과를 만들어내는지 알지 못하고, 다만 그 주문을 외우고 또 그 부적을 붙이면 어떤 결과가 생긴다는 것만 알 뿐입니다.

그러나 우리 기독교인이 갖는 하나님에 대한 신앙은 그렇지 않습니다. 우리가 하나님에 대해서 알며, 아는 것만큼 믿으며, 믿는 것만큼 응답을 받습니다. 기독교의 핵심은 초월에 있지 않고 계시에 있으며, 하나님의 하나님 되심은 초월의 영역만 아니라 자연의 세계에서도 드러납니다. 그래서 좋은 신앙은 초월의 영역에서만 나타나지 않고, 상식이나 교양이나 예의에서도 더 많이 드러납니다. 하나님은 복음 전파를 통해 그의 자녀들을 부르실 뿐만 아니라, 온 세상과 화목하시고 그리스도 안에서 온 세상을 통일시키려 하십니다. 자연과 일반에 속한 모든 세상의 것들도 그리스도 예수 안에서 변화될 것이며, 이제 초월에 속하지 아니한 영역인 자연에 속하는 영역, 곧 종교의 영역이 아니라고 여겼던 것들도 이제 예수를

349

믿는 자들에게는 전과 다르게 보이는 것입니다. 이것은 예수를 믿는 자가 가지는 큰 축복 중의 하나입니다.

우리가 예수를 믿고 나면 모든 것이 다르게 보입니다. 하나님이 온 천하 만물의 주인이시기 때문입니다. 구름을 봐도 다르고 비를 봐도 다르고 서산에 지는 해를 봐도 다르며 산천초목을 봐도 다르고 모든 것이 다르게 보입니다. 거기서 하나님이 베푸시는 은혜와 하나님께서 모든 것에 선과 복으로 간섭하시는 손길과 함께 드러나는 모든 자연계의 영광을 보는 것입니다. 그래서 예수 믿는 자의 신앙의 기준이 어느 정도 되는가를 점검하는 관점은 그가 전 성품과 인격에서 일반적인 모든 행동거지가 얼마나 변했는가 하는 것에 있으며, 초월적인 모습으로만 바꾸어 놓은 것에 대하여는 점수를 주지 않습니다. 그런데 초월이라는 내용과 형태로만 신앙을 고집하는 것은 실은 우리가 가지는 기독교 신앙의 제일 중요한 것들, 예를 들면 구원론, 교회론, 성령론에 대한 이해가 부족하기 때문입니다. 이제 이 세 가지 것이 어떤 필요에 따라 어떤 내용으로 우리에게 허락된 것인지 살펴보고자 합니다.

신분의 구원에만 치중됨

먼저 구원론입니다. 예수를 믿으면 누구나 구원을 얻습니다. 이 구원은 즉각적이며 영원하며 완전합니다. 구원은 서서히 얻지 않습니다. 구원은 단번에 얻습니다. 믿지 않은 때와 믿는 때의 선이 분명합니다. 그리고 한번 믿은 것에 무엇을 더 붙일 필요가 없습니다. 이 말은 전에도 여러 번 설명했던 바와 같이 신분의 구원에 있어서 그렇다는 말입니다. 우리는 하나님의 자녀로 새롭게 출생합니다. 출생은 애를 낳았다 안 낳았다 하는 문제와만 관계될 뿐이지, 애를 낳았는데 눈, 코가 잘생겼다 못생겼다 하는 문제와는 상관이 없습니다.

그러나 이 구원은 출생으로 끝나는 것이 아니라 자라나는 과정이 있습니다. 그 자라나는 과정을 성화라 하고, 저는 '수준의 구원'이라고 말합니다. 구원에는 세 가지 시제가 있습니다. 완료형은 구원을 받았다는 것을 말하고, 진행형은 구원을 받는 중이라는 것을 말하고, 미래형은 장차 구원을 받을 것을 말합니다. 구원을 받았다는 것은 신분에 관한 것이고, 구원을 받는 중이라는 것은 성화의 수준에 관한 것이며, 구원을 받을 것이라는 말은 우리가 변화된 육체를 갖는, 하나님께서 장차 우리에게 허락하셔서 하늘나라에서 누릴 영화의 상태를 말합니다.

그런데 한국 교회에서는 구원이 주로 신분의 구원에만 치중되어 있고 그다음을 아직 잘 설명해 내지 못하고 있습니다. 다시 말해 즉각적으로 받고 영원히 확정되는 이 신분의 구원을 성화의 과정에다 즉각 대입시키는 잘못을 범했다는 것입니다. 신분의 구원은 자라나는 것이어야 하고, 책임지는 것이어야 하고, 연습하는 것이어야 하고, 훈련해야 하는 것이어야 하는데도 말입니다. 우리가 칭의라고 하는 이 신분의 구원을 단번에 영원히 즉각적으로 그리고 완전하게 받듯이 성화의 내용들도 하나님 앞에서 은혜로 초월적인 방법으로 단번에 영원히 완전하게 받을 수 있다고 믿는 것입니다.

이처럼 신분의 구원을 성화의 영역에다 대입시킨 대표적인 집단이 구원파입니다. 이 구원파에서도 여러 유파가 있습니다. 베뢰아파, 레마파, 다락방 운동, 워치만 리가 이 파에 속합니다. 이들은 우리가 연습하고 훈련하는 일없이도 오직 하나님의 은혜로 구원을 얻었듯이 신앙의 고급한 경지도 은혜로 얻는다고 믿습니다. 그래서 하나님 앞에 늘 매달려 어떻게 해서든지 은혜로 믿음의 고급한 경지를 유지하려고 애를 씁니다. 그들은 연습하는 것이 아니라 하나님이 은혜를 베풀 때 제일 먼저 은혜를 받아 가기 위해서 하나님 앞에서 하는 일들만 강조합니다. 세상을 등진 채 늘 기도하면서 가능한 한 하나님 옆에 붙어 있고자 합니다. 하나님이 은혜를 언제 던질지 모르기 때문에 던지시는 그때 제일 먼저 받아 취하려고만 합니다.

이 집단들의 큰 약점은 훈련하고 연습해야 하는 과정에 속한 구원이 무엇인지 모르기에 시행착오를 인정하지 않는 것입니다. 어떤 일에 있어서나 믿음을 가진 자가 받아야 할 대접을 못 받는 일이 현실에서 생기면 구원 자체를 못 받은 것으로 생각합니다. 이것은 책임지고 훈련해야 하는 성화라는 수준의 구원에 대한 정당한 이해가 전혀 없기 때문에 일어납니다. 마치 수준의 구원을, 받은 것이 결코 취소될 수 없는 영원한 신분의 구원처럼 생각합니다. 믿음에서 넘어지면 구원이 취소될 수 있다고 생각합니다. 조금 봐주면 중간에 갑자기 타락한다고 생각합니다.

그들은 늘 이런 희열과 최상의 신앙의 상태에 있다고 스스로 믿고 있고, 그 자부심이랄까 자기 최면이 대단히 강합니다. 실제로 저들의 감정 상태는 매우 행복하고, 완전의 상태에 있는 것 같은 느낌 가운데 있습니다. 그래서 그들은 건전하고 실력 있고 정상적인 신자들을 볼 때, 저들은 우리가 열심을 내지도 않고 제대로 구원도 못 얻었고 가르침도 못 받은 자들이라고 생각합니다. 본말이 전도된 것입니다. 틀린 사람이 맞는 사람보고 틀렸다고 할 때는 도무지 어떻게 대화할 방법이 없습니다.

연습하고 훈련해야 하는 나날들

로마서 6장이 바로 그 이야기입니다. 이 말씀의 핵심은 1절에 잘 나타나 있습니다.

그런즉 우리가 무슨 말을 하리요 은혜를 더하게 하려고 죄에 거하겠느냐 그럴 수 없느니라 죄에 대하여 죽은 우리가 어찌 그 가운데 더 살리요 (롬 6:1-2)

로마서에서 말하는 구원은 일차적으로 신분에 관한 구원입니다.

그래서 구원을 전적인 은혜로 받는다고 하면 사람들은 이렇게 반문합니다. '그렇다면 우리는 가만히 있어도 될 것 아니냐? 믿음 생활이라든가 믿음에서 책임 같은 것을 우리가 질 게 없지 않느냐? 하나님이 혼자 다 해주신다는 데 우리가 뭐 열심 낼 게 있느냐?' 바울의 대답은 이렇습니다. 하나님께서 너희를 구원하신 것은 하나님의 백성답게 살게 하려고 구원시켜 준 것이다. 그러므로 여기서 말하는 신분의 구원이란 이제 종자를 다른 것으로 만들어 주신 것이다. 그러니 다른 종자로서의 책임을 져라. 이런 점을 뒤에 가서는 달리 표현합니다. 즉 '너희를 의의 무기로 하나님께 드리라'고 한 말입니다. 은혜로 되는 것이 아니라 책임져야 하고 연습해야 한다는 것입니다.

우리는 기독교를 초월로 이해하고, 모든 신앙적인 것들은 하늘로부터 은혜로 받는다는 개념을 너무 강하게 갖고 있습니다. 그런 이유로 우리 마음속에 늘 가지고 있는 생각은 세상일에 바쁘다가 주일날 하루만 교회 가서 멍하니 앉아 있다 돌아오는 것이 너무 죄송스럽다는 것입니다. 그래서 어느 날 작심하고 시간을 뚝 잘라서 하나님 앞에 그냥 한번 쳐들어가야지 하고 생각합니다. 우리는 날을 잡아서 기도원에 한 번 들어가는 것을 제일 좋아합니다. 묵은 때를 벗기듯이 여태까지 못했던 금식이나 철야라도 한 번 하면, 하나님이 됐다 하시면서 유산을 넘겨주실 것이라고 믿습니다. 아닙니다. 우리가 하나님이 어떤 분이신 줄 알고, 예수 그리스도로 말미암는 모든 신앙의 내용과 행위를 알게 된 이후로는, 우리의 하루 중 어느 하루도 그냥 있는 것이 아닙니다. 그렇다고 우리가 신앙적으로 책임을 지고 증인이 되고 하는 사명을 맡은 자로서 갖는 나날이라고 생각하는 것은 너무 앞서나가는 것입니다. 모든 하루는 하나님의 사람으로 내가 얼마만큼 실력이 있는가 시험을 치고 부대끼는 나날들인 것입니다. 내가 예수를 믿는다고 하는데 예수를 믿는 자로서 어떻게 살아야 하는가를 물어봐야 하고, 예수를 믿는 자는 어떤 힘으로 살아야 되는가를 생각하고 연습해야 하는 나날들인 것입니다. 엿새 동안 세상에 있다가 주일날 하루 하나님 품에 온 것 같이 생각하는 것은 실은 대단히 잘못 생각하는 것입니다.

우리의 공기도는 이렇습니다. '지난 일주일 동안도 세상 속에서 그저 잊고 떠밀려 살다가 오늘에야 정신을 차리고 왔습니다. 지난 일주일 동안 생각 없이 살았던 것을 용서해 주십시오.' 이것은 사실 잘하는 기도가 아닙니다. 우리가 일주일 동안 하나님을 잊고 있었고 신앙과 상관없는 자리에 있었다고 생각하는 것은 초월만 생각하고 있어서 그렇습니다. 그러니까 내 자신이 초월의 형태와 초월의 내용에 있는 곳에 있지 않았던 것에 대한 죄책감입니다.

그러나 우리가 있는 곳에 하나님이 함께하시며, 우리는 늘 예수 그리스도를 믿는 사람으로 존재합니다. 우리는 세상이 도전하고 위협하는 모든 것 앞에서 하나님의 사람으로 서 있습니다. 우리가 그것을 외면하고 살았든 타협하고 살았든 그것은 우리의 신앙 수준입니다. 그것이 나의 실력이고, 그 나날들은 값없는 나날들이 아닙니다. 내가 교회에 와서 큰소리치고 저녁 시간에 기도하는 것이 실제 생활과 얼마만큼 거리가 있는가를 확인하게 하는 나날들입니다. 그 나날들이야말로 내 자신이 하나님 앞에 어떻게 살아야 하는가를 확인하게 하고, 내 실력이 어느 정도인가를 보게 하는 것입니다. 저녁마다 하나님 앞에 절망의 기도를 하지 않는 자는 그 하루를 모르고 산 자입니다. 우리는 신앙인으로서 거의 실패합니다. 그러나 이것은 부끄러운 일이 아닙니다. 신앙이란 하루아침에 생기는 것이 아니고 연습하고 훈련해야 하는 것입니다.

요즘 학생들은 영어를 많이 배우지만 옛날에 우리는 영어를 십 년 동안 배웠습니다. 그런데 영어를 못합니다. 한국 사람이 제일 잘하는 영어가 'I can not speak English'입니다. 그런데 그 다음부터 묵묵부답입니다. 그 외에는 할 줄 아는 게 없습니다. 왜 그렇습니까? 영어로 말하는 사람과 만날 기회가 없기 때문입니다. 영어를 자꾸 쓰는 사람이 영어를 잘합니다. 그래서 유학을 가면 한국 사람들 많은 곳에 가지 말라는 것 아닙니까? 영어를 배울 목적으로 갈 때는 한국 사람이 없는 데로 가야 합니다. 영어를 하는 사람들 속에 있어야 하기 때문입니다. 신앙생활에서도 그 이치는 똑같습니다.

신앙이 좋다는 것은 내가 하나님의 사람으로서 마땅히 가져야 할 신앙의 실력들을 가지는 것인데 그 실력은 세상 앞에서 드러나게 됩니다. 우리끼리 있을 때는 실력이 안 드러납니다. 한국 사람끼리 있을 때 영어를 쓸 일이 뭐가 있겠습니까? 영어를 잘하느냐 못하느냐는 영어를 쓰는 사람을 만났을 때 드러납니다. 우리의 신앙이 얼마나 좋으냐 하는 것도 세상 앞에 나갔을 때 드러나게 됩니다.

실력이 필요할 때 실력이 드러나는 법입니다. 영어에서 제일 어려운 게 무엇인지 아십니까? 예스, 노를 할 줄 알면 영어를 다 안다고할 수 있습니다. 사실 알아들어야 예스, 노를 합니다. 모르는 상태에서 예스, 예스해서 몽땅 덤터기를 뒤집어쓰는 그런 추억들이 우리에게 있습니다.

제가 유학을 가서 학교 기숙사 생활을 했는데, 이층 침대 두 개를 놓는 방 하나를 네 명이 사용했습니다. 저는 침대의 아래층을 쓰고 위층은 캐나다 학생이 사용했습니다. 한 달쯤 지나서 이 친구가말하기를 사실은 내가 이 방으로 배정을 받았을 때 좀 실망했다고합니다. 왜 그랬는가 물었더니 이 방에 바울이라는 학생이 있었는데 성격이 괴팍했다는 것입니다. 제가 가기 전에 학생 두 사람도 이바울하고 못 지내겠다고 해서 다른 방으로 옮겨갔답니다. 그래서이 캐나다 학생이 기도를 했답니다. 이 방에 신앙 인격이 좋은 사람을 보내주십시오. 그런데 제가 나타났다는 것입니다. 무표정한 동양인이라 처음에 이 친구가 보통 실망한 게 아니었다는데, 한 달이지나고 나서 제게 왜 이 말을 했겠습니까? 기도의 응답을 받았다는것입니다. 왜 기도의 응답이 되었겠습니까? 제가 가서 다 양보했습니다. 왜 양보했겠습니까? 말을 알아들어야 싸우죠. 모든 일을 양보했습니다. 나도 모르게 기도의 응답자가 됐으니 그다음에 어떻게 했겠습니까? 끝날 때까지 내내 신앙 인격자인 것처럼 사느라고나도 모르게 그만 실력이 배가 되었습니다.

좋은 신앙이란 그가 살면서 겪는 모든 일과 모든 사람 앞에서 하나님의 사람으로 반응하는 데서 나타납니다. 종교의 형태나 종교의 내용을 띠고 나올 때만이 아니라, 우리가 사는 현실에서 일어나는 모든 사건과 일에 대한 반응에서 그의 실력은 드러나게 됩니다. 그런데 우리는 명분으로만 갔습니다. 신앙의 형태와 신앙의 명분이 있는 곳에서는 목청을 높였지만, 당장 교회밖에 나가서 밥 한 그릇 같이 사 먹고, 차 한 잔 같이 먹을 때에는 형편없더란 말입니다. 왜 밥 먹고 나올 때는 꼭 구두끈을 다시 매냐는 말입니다. 다섯 번 얻어먹었으면 한 번은 내야 할 게 아닙니까? 돈이 없으면 처음부터 따라가지 말았어야 합니다. 이런 것들이 신앙입니다. '난 그 돈 아꼈다가 선교사를 위해 헌금했다.' 그것은 잘난 척하는 것입니다. 그런 명분을 내세우는 것으로 일상사에서 만나는 일들에 대한 본인의 책임을 회피하지 마십시오. 우리는 교양 있고 경우 있고 예의 있고 사람을 만나면 반가워해야 합니다. 내가 얼마나 큰소리를 치고 얼마나 큰일을 했는가는 상관이 없습니다. 피라미드처럼 밑에 넉넉한 기초가 쌓여서 위로 높이 올라가야 합니다. 벽돌을 한 장씩 높이 쌓아놓은 것처럼 자신의 키를 높여서는 안 됩니다. 그것을 신앙이 좋다고 이야기하면 안 됩니다.

우리나라의 어지간히 신앙 좋다는 사람은 가서 툭 건드리면 대부분 무너집니다. 기도도 잘하고 무슨 회의할 때마다 말도 잘하는

데 어디 가서 툭 부딪치면 무너집니다. 사소한 데서 실력이 드러납니다. 신앙 인격이 두텁고 넓고 풍성하게 쌓여 있지 않습니다. 그중에 제일 먼저 해야 하는 것이 예의를 갖추는 것입니다. 우리는 자기 자신이 얼마나 세고 얼마나 많은 것을 알고 얼마나 유명하고 그리고 대단히 높다 할지라도 사람을 대할 때는 언제나 상대방을 높이며 상대방에게 예의를 갖추어야 합니다. 그것이 성경이 요구하는 신앙 인격의 기본입니다. 우리가 옳고 우리가 잘났고 우리가 앞섰다고 하면 상대방을 경멸하는 것이 됩니다. 상대방을 없이 여기는 것입니다. 이것만은 하지 마십시오. 언제나 큰소리는 치지 마십시오. 절대 큰소리는 치지 마십시오. 정 답답하면 집에 가서 껌이나 씹으십시오.

우리나라 교회들이 일은 많이 하는데 어느 교회를 가든, 우리 교회는 사랑이 없어, 이런 말을 듣습니다. 그래서 우리는 교회에 와도 마음이 편하지 않습니다. 교인을 만나는 것이 편하지 않습니다. 오히려 고등학교 동창 만나 포장마차에서 술 한 잔 먹고 속 이야기하는 것이 더 편합니다. 그 친구는 나를 이해하고 내 편이 돼서 말을 받아주는데, 예수 믿는 사람들은 속에 있는 이야기를 다 꺼내면 금방 정죄합니다. '너 신앙 그래 가지고 안 되겠다. 너 기도 많이 해야겠다.' 이렇게 말하면 못씁니다. 편을 들어주십시오. 따뜻한 사람이 되십시오.

디모데전서 3장 1절을 봅시다. 감독의 직분을 이야기하는데 얼마나 재미있게 말합니까.

미쁘다 이 말이여, 곧 사람이 감독의 직분을 얻으려 함은 선한 일을 사모하는 것이라 함이로다 그러므로 감독은 책망할 것이 없으며 한 아내의 남편이 되며 절제하며 신중하며 단정하며 나그네를 대접하며 가르치기를 잘하며 술을 즐기지 아니하며 구타하지 아니하며 오직 관용하며 다투지 아니하며 돈을 사랑하지 아니하며 자기 집을 잘 다스려 자녀들로 모든 공손함으로 복종하게 하는 자라야 할지며 (사람이 자기 집을 다스릴 줄 알지 못하면 어찌 하나님의 교회를 돌보리요) 새로 입교한 자도 말지니 교만하여져서 마귀를 정죄하는 그 정죄에 빠질까 함이요 또한 외인에게서도 선한 증거를 얻은 자라야 할지니 비방과 마귀의 올무에 빠질까 염려하라 (딤전 3:1-7)

여기서 제일 재미있는 것은, 신앙에는 물론 수준과 내용이 있어야 하지만, 다른 일반적인 모든 조건에서 사람들한테 칭찬을 받는, 합격점을 얻어야 한다는 것입니다. 일반 상식과 예의범절에서 말입니다. 참 재미있지 않습니까? 신앙이 좋다는 것은 어떤 초월적이고 신비하고 특별한 일에 앞서는 것이 아닙니다. 신앙이 좋으면 사람이란 이런 거구나, 하나님이 이렇게 만드는 거구나, 이렇게 달라지는 것입니다. 쓸모가 있는 것은 이차적인 것입니다. 존재의 그 빛이 다릅니다. 야, 사람이란 이렇게 멋있는 거구나 하는 생각이 든다는 말입니다. 주위에 이런 생각이 들게 하는 사람이 있습니까? 내 자신이 그런 사람이 되도록 힘쓰십시오.

누가 이런 이야기를 했습니다. 어느 장례식에 갔는데 사람들이 몇 오지 않았답니다. 그래서 이런 생각을 했답니다. 내가 죽으면 몇 명이나 올까? 이렇게 생각하고서 옆에 있는 친구에게 그 말을 했더니 그 친구가 이렇게 충고했다고 합니다. '누가 죽으면 네가 가서 울 생각을 해.' 우리는 왜 사랑을 받는 쪽으로만 생각하는지 모르겠습니다. 누가 죽으면, 내가 정말 슬퍼서 쫓아가 울까, 그 생각을 해야 합니다. 사랑할 사람이 많은 사람이 멋진 사람입니다. 우리는 사랑을 받는 데 익숙합니다. 다 이기적입니다. 우리의 신앙은 다 어쩌면 유능하고 잘나고 뽐내는 신앙이 아니겠습니까? 그러나 아닙니다. 우리의 신앙에서 누구를 위하여 안타까워하고 걱정하고 기다리고 희생하고 감싸고 하는 것이 있나 생각해 보십시오. 그런 것이 도무지 안 보입니다. 한국 교회는 여기서 탈이 나 있습니다. 너무 뽐내는 신앙이 되었습니다. 능력 위주의 신앙이 되었습니다. '저요, 저요'가 되고 말았습니다. 그래서 모두 고개를 높이 쳐드는 신앙이 되었고, 교회 안에 마땅히 있어야 할 풍성한 신자 된 인격이 드러내는 자랑들은 별로 찾아보기 어렵게 되었습니다. 에베소서 4장 25절 이하에 보면 신앙이 무엇인지 이렇게 이야기합니다.

그런즉 거짓을 버리고 각각 그 이웃과 더불어 참된 것을 말하라 이는 우리가 서로 지체가 됨이라 분을 내어도 죄를 짓지 말며 해가 지도록 분을 품지 말고 마귀에게 틈을 주지 말라 도둑질하는 자는 다시 도둑질하지 말고 돌이켜 가난한 자에게 구제할 수 있도록 자기 손으로 수고하여 선한 일을 하라 무릇 더러운 말은 너희 입 밖에도 내지 말고 오직 덕을 세우는 데 소용되는 대로 선한 말을 하여 듣는 자들에게 은혜를 끼치게 하라 (엡 4:25-29)

이 말씀이 무슨 이야기 끝에 나오는 줄 아십니까? "하나님을 따라 의와 진리의 거룩함으로 지으심을 받은 새 사람을 입으라"(엡 4:24)라고 하는 말씀 다음에 바로 나옵니다. 새 사람이 된 자에게 기도해라, 성경 봐라, 전도해라, 선교해라, 헌금 많이 해라, 나가서 구제하고 도우라고 요구하지 않습니다. 우리가 아는 것같이 명분의 싸움을 하는 것이 아니라 인간 자체가 달라져야 한다는 것입니다. '더럽히지 마라. 너희는 이제 하나님의 사람이다. 인간의 고급한 격을 놓치지 마라.' 이런 것들입니다. 다 근본으로부터 나오는 것입니다. 근본이 새 사람입니다. 우리는 다릅니다. 하나님을 따라 의와 진리의 거룩함으로 지으심을 받은 새 사람입니다. 그래서 우리의 싸움은 늘 매일 있습니다. 세상에서 내가 기대하는 자기 모습이 있지만 세상을 살면서 보는 자기 자신이 있습니다. 그것이 진실한 자기 자신입니다. 내가 어디서 모자라고, 무엇에서 실력이 없고, 무엇을 더 연습해야 하는가를 똑바로 봐야 합니다.

내용상으로 모르는 것은 말하자면 목사의 책임입니다. 목사는 설교를 해서 가르쳐야 합니다. 하지만 아는 것으로 그것이 내 것이라고 생각하지 마시고 그것을 실천하는가, 그렇게 사는가, 그렇게 세상을 이기는가를 보십시오. 하지만 우리는 그렇게 안하고 어떻게 합니까? 세상을 신앙적인 싸움을 하는 곳으로 생각하지 않고 어쩔 수 없이 먹고살기 위해서 나갔다 오는 곳으로 생각합니다. 그렇게 살다가 어느 날 날을 잡고는 기도원에 가서 소나무 뿌리를 캐고야만 말리라, 나는 앞으로 십 년 동안 할 것을 다했다고 스스로 생각합니다. 아닙니다. 기도원 같은 데 갈 필요가 없습니다. 연습하십시오.

내 손에 성경이 있고 어느 곳에서나 하나님 앞에서 무릎을 꿇어 기도할 수 있다면 연습해서 자기의 꼬락서니를 확인해야 합니다. 왜 안 합니까? 우리가 하나님의 사람으로서 싸우는 일을 포기하고 있다고 세상이 우리를 조롱하고 있고, 우리의 실력을 지적하는 것을 매일 보지 않습니까? '지난 일주일 동안도 맥 놓고 세상의 물결에 이리저리 휩쓸리다 왔습니다. 용서해 주십시오.' 이렇게 기도했다면 그다음 날은 달라져야 할 것이 아닙니까? 그런데 왜 신앙이 그런 곳에서 자라나야 한다고 생각하지 못하는 것입니까? '난 기도할 시간이 없습니다. 난 성경 볼 시간이 없습니다. 하나님 내가 이렇게 안타까워하고 좋은 신앙 갖기를 소원하고 있는데 오늘도 내 일도 계속 이렇게 먹고사는 일에 지치고 짬을 낼 틈도 없이 내버려 두십니까?' 이렇게 항의해야 하지 않겠습니까? '시간을 조금 주시면 저도 소나무 뿌리를 뽑는 멋진 신앙인이 되겠습니다.' 이것이 아닙니다.

우리에게는 매일매일 하나님의 사람으로 연습하고 나아가고 클 수 있는 시간과 기회가 열려 있습니다. 우리의 신앙이 어떻게 크는지 잘못 생각하고 있기 때문에 어디 가서 매달려 얻어낼 선물로 생각하고 있다는 것입니다. 어디서부터 그런 생각을 하게 되었습니까? 처음에 받은 구원이 은혜이었으므로, 책임져야 하고 연습해야 하고 훈련해야 하는 신앙의 내용들도 은혜로만 얻는다고 생각하여, 그 은혜를 얻으려면 몸을 더 정결히 하고 하나님께서 은혜를 주시기에 알맞은 장소에서 포즈를 취하고 있어야 한다고 생각하기 때문이 아닙니까.

은혜로 믿음을 얻는다고만 생각하는 집단에 가보십시오. 모두 한숨만 쉬고 있습니다. 곧 돌아갈 것 같습니다. '오, 주님! 나를 그냥 지나치지 마시옵소서.' 그냥 가서 뒤통수를 한 대씩 때려줘야 합니다. 우리에게 허락된 인생이 얼마나 귀한 기회이며 과정인가를 기억하고 하나님의 사람으로 자라나는 일을 게을리 하지 않아야 합니다. 믿음에 대한 오해나 무지로 인생의 귀한 시간을 그냥 넘기는 일이 없기를 바랍니다. 우리의 신앙 실력은 아는 것으로 끝나는 것이 아니라, 아는 것을 내 것으로 쓰는 것만큼, 발휘하는 것만큼 우리의 것이 됩니다. 내 신앙의 수준을 분명하게 확인한 다음에 연습하고 노력하고 더 많이 애써서 성큼성큼 빨리 크십시오. 신자의 신앙 인격의 자라남이 품어내는 향기와 멋을 좀 나타내 보여주십시오. 기대하겠습니다.

하나님 아버지, 은혜를 감사합니다. 하나님께서 우리에게 허락하신
구원이 가지는 복된 신자의 인생, 신자 된 인격이 가지는 영광을 주
께서 깨우쳐 주셨으니, 이제 우리로 놓치지 말게 하시고, 하나님을
따라 의와 진리의 거룩함으로 지으심을 받은 새 사람이 되어, 연습
하며 노력하고 훈련하여 이 모든 충만하신 것으로 채워 하나님 앞
에 칭찬받는 복된 자리로 나아가는 저희들이 되게 하여 주시옵소
서. 예수님의 이름으로 기도합니다. 아멘.

요점과 확인

1. 믿음은 성화에서 드러나야 한다. 믿음이 성화에서 잘 드러나지 못한 것은 이 땅에서 구원이 두 가지 시제로 이루어진다는 사실을 우리가 미처 바로 알지 못하는 데 있었다. 교회는 그 점을 잘 가르쳐야 한다.

2. 구원은 세 가지 시제로 표현된다. 과거 시제는 신분의 변화를, 현재 시제는 성화의 과정을, 미래 시제는 완성의 상태를 보여준다. 구원이 우리 삶의 어느 순간적인 사건에 국한되지 않고 지속적인 과정 가운데서 일어난다는 것을 바로 알고서 매일 매일의 삶 속에서 훈련하고 연습해야 한다.

3. 좋은 믿음은 매일매일 새 사람이 되어가는 것이다. 신앙은 비유컨대 피라미드처럼 밑에 넉넉한 기초가 쌓여서 위로 높이 올라가는 것이라야 한다. 벽돌을 한 장씩 높이 쌓아올린 것처럼 높이만 올리는 것은 좋은 신앙이 못 된다.

4. 능력 위주의 신앙으로 나아갔을 때 어떤 일이 벌어진다고 생각하는가?

21

교회 안에서
확인되는 믿음

… 모든 성도 중에 지극히 작은 자보다 더 작은 나에게 이 은혜를
주신 것은 측량할 수 없는 그리스도의 풍성함을 이방인에게 전하
게 하시고 영원부터 만물을 창조하신 하나님 속에 감추어졌던 비
밀의 경륜이 어떠한 것을 드러내게 하려 하심이라 이는 이제 교회
로 말미암아 하늘에 있는 통치자들과 권세들에게 하나님의 각종
지혜를 알게 하려 하심이니 곧 영원부터 우리 주 그리스도 예수
안에서 예정하신 뜻대로 하신 것이라 우리가 그 안에서 그를 믿음
으로 말미암아 담대함과 확신을 가지고 하나님께 나아감을 얻느
니라 (엡 3:1–12)

우리는 좋은 믿음, 건강한 믿음을 생각하고 있습니다. 이 좋은 믿음, 건강한 믿음을 생각하면서 우리는 적극적인 개념보다는 부정적인 개념에서 출발했습니다. 좋다고 이야기할 수 없는 믿음, 건강하다고 이야기할 수 없는 믿음, 즉 잘못된 믿음이란 공통적으로 초월에만 치중한다고 살펴봤습니다. 이 초월로만 생각한다는 것은 우리가 가진 신앙의 내용들이 전 인격과 전 삶의 영역에서 새로운 사람이 되고, 새로운 내용을 갖는 것이어야 한다고 말씀드렸습니다. 신앙이 좋다는 것은 초월적 형태 또는 종교적인 형태를 취하는 것으로 표현되는 것이 아니라, 오히려 일반과 상식에서 더 증거되어야 한다고 살펴보았습니다.

비유컨대 그것은 목욕탕에 물을 받으면 물기둥을 통해 받은 물이 욕조 전체에 차오르는 것과 같다고 할 수 있습니다. 그처럼 신앙이 좋으면 기도하고 전도하는 식으로 어떤 초월적이고 종교적인 형태를 지닌 부분에서 두드러지는 것만으로 되는 것이 아닙니다. 욕조 전체에 물이 차듯이 그 인간의 됨됨이와 인간으로서 살면서 반응해야 하는 전 부분에 걸친 그의 실력에서 드러난다는 것입니다. 그런데 초월 중심으로 가는 것은 구원을 이해할 때 은혜로 얻는 신분의 구원에만 머물러 있고, 성화 곧 책임져야 하는 믿음에 관해서는 이해가 부족하기 때문입니다.

이 장에서 우리가 생각하려는 바는 '십자가만 있고 교회는 없다'는 주제입니다. 예수 믿는 사람들은 예수 그리스도를 중심으로 한 신앙의 중요한 내용 가운데 십자가와 교회가 있다는 것을 잊지 않아야 합니다. 본문 에베소서 3장 1절에서 6절은 어떤 의미에서 십자가를 이야기하고 있습니다. 이방인이나 유대인이나 차별 없이 다 십자가로 구원을 얻습니다. 그러나 7절 이하의 말씀은 십자가를 이야기할 뿐만 아니라 예수 그리스도의 사역 중에 십자가와 방불하게 중요한 위치를 차지하는 것이 교회라고 이야기합니다.

이 복음을 위하여 그의 능력이 역사하시는 대로 내게 주신 하나님의 은혜의 선물을 따라 내가 일꾼이 되었노라 모든 성도 중에 지극히 작은 자보다 더 작은 나에게 이 은혜를 주신 것은 측량할 수 없는 그리스도의 풍성함을 이방인에게 전하게 하시고 영원부터 만물을 창조하신 하나님 속에 감추어졌던 비밀의 경륜이 어떠한 것을 드러내게 하려 하심이라 (엡 3:7-9)

영원부터 만물을 창조하신 하나님 속에 감추었던 비밀의 경륜은 다음 구절인 10절과 11절에 나옵니다.

이는 이제 교회로 말미암아 하늘에 있는 통치자들과 권세들에게 하나님의 각종 지혜를 알게 하려 하심이니 곧 영원부터 우리 주 그리스도 예수 안에서 예정하신 뜻대로 하신 것이라 (엡 3:10-11)

여기서 예수 그리스도의 사역은 십자가만이 아니라 교회에도 있다고 말합니다. 물론 예수 그리스도의 중요한 사역은 십자가입니다. 십자가는 아무리 강조한다 해도 부족합니다. 그러나 십자가로 불러낸 하나님의 백성들은 예외 없이 모두 교회로 부름을 받습니다. 십자가를 통해 죄 가운데서 불러낸 하나님의 백성들은 다 예수 그리스도를 머리로 하는 그의 몸으로, 교회로 부름을 받습니다. 교회라는 용어가 우리한테 정확하지 않은데, 성경에서 말하는 교회는 보이는 교회보다 안 보이는 교회, 즉 예수 그리스도를 머리로 하고 그의 지체된 모든 성도들을 말합니다. 교회는 구약으로 이야기하자면 이스라엘 백성이고 이는 하나님의 백성을 총칭하는 표현입니다. 하나님의 백성들은 다 예수 그리스도를 머리로 하는 그의 몸으로 부름을 받기 때문에 교회라고 하는 것입니다. 고린도전서 12장입니다.

몸은 하나인데 많은 지체가 있고 몸의 지체가 많으나 한 몸임과 같이 그리스도도 그러하니라 우리가 유대인이나 헬라인이나 종이나 자유인이나 다 한 성령으로 세례를 받아 한 몸이 되었고 또 다 한 성령을 마시게 하셨느니라 (고전 12:12-13)

'한 성령으로 세례를 받아 한 몸이 되었다'는 것은 예수 그리스도로 말미암아 구원을 얻은 자들은 다 한 성령으로 예수 그리스도의 몸으로 이전됐다는 뜻입니다. 세례의 뜻은 '물로 씻는다'라는 것이지만 더 깊은 뜻은 '물속에 잠긴다'는 것입니다. 물속에 왜 잠기느냐 하면 지금의 신분을 죽여야 하기 때문입니다.

출애굽 사건에서 이스라엘 백성들은 모세와 함께 홍해에서 세례를 받았다고 고린도전서 10장은 기록하고 있습니다. 이스라엘 백성은 애굽의 노예였습니다. 그들이 노예 된 자리를 어떻게 벗어났느냐 하면 하나님이 기적으로 모세를 통하여 그들을 이끌어낸 것입니다. 이것의 영적인 의미는 저들이 홍해로 들어가 죽음으로써 노예의 신분을 벗는 것입니다. 노예는 죽으면 신분이 벗겨집니다.

그래서 세례는 '물속에 가둔다, 물속에 잠긴다'라고 해서 그를 죽인다는 뜻이 있습니다. 새로 태어나게 하기 위해서 죽이는 것입니다. 지금의 신분이 아닌 다른 신분으로 태어나게 하기 위해서 지금 신분을 죽이는 것입니다. 그러므로 세례에는 변화시킨다는 뜻이 있고, 이전 신분에서 다른 신분으로 이전시킨다는 개념이 제일 큰 것입니다. 원래 있던 곳에서 다른 곳으로 가는 것입니다. 신분으로도 운명으로도 다른 데로 가는 것입니다. 죄인 된 자리로부터 하나님의 자녀로 가고, 자기를 자기 혼자 책임지고 자기 맘대로 살던 데로부터 그리스도를 머리로 한 그의 몸으로 가는 것입니다. 이것이 고린도전서 12장 13절의 표현입니다. 영어로는 뜻이 훨씬 더 잘 되어 있습니다. 'We were all baptized into one body.' 다 한 몸이 되었고 예수 그리스도의 몸으로 보냄을 받았다는 것입니다. 그것이 교회입니다. 우리가 지금 와 있는 자리는 신분으로는 하나님의 자녀이면서 하나님이 준비하신 교회에 와 있는 것입니다. 그리스도를 머리로 한 그의 몸으로 와 있습니다. 예수 그리스도는 이를테면 우리를 낳으셨을 뿐만 아니라 기르시는 분입니다.

신자의 정체성과 교회

우리는 머릿속에 교회라는 것이 보이는 교회, 곧 조직체로서의 교회만 가지고 있어서 신자 된 자기 확인을 십자가로만 합니다. 저들은 안 믿고 나는 믿었다라고 하는 구별만 있습니다. 이것은 '태어났다, 안 태어났다'고 하는 구별만 짓는 것입니다. 그러나 태어났으면 사람답냐 아니냐 하는 것으로 구별을 해야 맞습니다. 예를 들어 일류 대학에 들어갔다고 하면 들어간 것과 못 들어간 것은 분명한 차이인 것이지만, 실력에 있어서도 일류 대학에 들어간 표가 드러나야 하는 것입니다. 일류 대학 배지만 달고 다니지 말고 일류 대학을 다니는 다른 표, '역시 다르다'고 하는 것을 보여야 합니다.

우리나라 기독교 신앙의 분위기에서는 '믿었다, 안 믿었다'로밖에는 신자 된 정체성을 확인할 방법이 없습니다. 십자가로만 확인하지 말고 교회로 확인해 보아야 합니다. 그때 교회라는 것은 예수 그리스도의 몸으로 부름을 받아 예수 그리스도께서 지시하시고 명령하시는 대로 얼마나 컸느냐 하는 것으로 자기 확인을 하는 구별이 있어야 합니다. 얼마나 신자답냐 하는 것입니다. 우리는 이 측면이 너무 약합니다. 우리는 신자 된 것이 교회론적으로 확인되어 있지 않고, 은혜를 입었으니 이제는 갚읍시다로 되어 있습니다. 아무 것도 배우지 못한 천둥벌거숭이 같은 것이 돈 벌겠다고 나간 꼴이 된 것입니다.

에베소서 1장 17절 이하는 교회의 내용들, 즉 태어난 아기가 자라나는 부분에 해당하는 것들입니다. 에베소서는 교회론이 중요한 주제로 되어 있는 성경입니다.

우리 주 예수 그리스도의 하나님, 영광의 아버지께서 지혜와 계시의 영을 너희에게 주사 하나님을 알게 하시고 너희 마음의 눈을 밝히사 그의 부르심의 소망이 무엇이며 성도 안에서 그 기업의 영광의 풍성함이 무엇이며 그의 힘의 위력으로 역사하심을 따라 믿는 우리에게 베푸신 능력의 지극히 크심이 어떠한 것을 너희로 알게 하시기를 구하노라 (엡 1:17-19)

여기서 십자가를 말하지만 이 십자가를 십자가만으로 이야기하지 않고 십자가가 무엇을 위한 시작인지 이야기하고 있습니다. 너희를 어디로 불렀는가, 너희를 위해 어떤 계획을 갖고 계신가, 하나님이 너희의 운명에 어떤 강력한 능력과 지혜와 복으로 개입하셨는가를 보라고 합니다.

373

그의 능력이 그리스도 안에서 역사하사 죽은 자들 가운데서 다시 살리시고 하늘에서 자기의 오른편에 앉히사 모든 통치와 권세와 능력과 주권과 이 세상뿐 아니라 오는 세상에 일컫는 모든 이름 위에 뛰어나게 하시고 또 만물을 그의 발 아래에 복종하게 하시고 그를 만물 위에 교회의 머리로 삼으셨느니라 (엡 1:20-22)

너희를 구원하기 위하여 예수 그리스도를 십자가에 못 박았고 너희를 완성하기 위하여 그를 너희의 머리로 주셨다는 뜻입니다. 따라서 우리에게는 우리의 머리되신 예수 그리스도, 우리가 닮기를 원하시는 그리스도가 있습니다. 그런데 이러저러한 사람이 되라고 말씀하시는 그리스도가 우리에게는 없습니다. 우리에게는 전부 십자가만 있을 뿐이어서 다 나가서 껌 팔고 구두 닦아, 누워 계시는 하나님을 돌보는 어린아이들이 되었다는 것입니다. 그렇지 않습니다. 우리는 자라나야 합니다. 학교에 가야 합니다. 공부를 해야 합니다. 아이들이 돈 벌어 올 생각을 한다면 안 됩니다. 부모가 뭐라고 말합니까? '공부나 해, 나가서 은혜 보답할 생각하지 말고 너나 잘해.' 이것이 성경이 우리에게 가르치는 내용입니다. 에베소서 3장 14절부터 봅시다.

이러므로 내가 하늘과 땅에 있는 각 족속에게 이름을 주신 아버지 앞에 무릎을 꿇고 비노니 그의 영광의 풍성함을 따라 그의 성령으로 말미암아 너희 속사람을 능력으로 강건하게 하시오며 믿음으로 말미암아 그리스도께서 너희 마음에 계시게 하시옵고 너희가 사랑 가운데서 뿌리가 박히고 터가 굳어져서 능히 모든 성도와 함께 지식에 넘치는 그리스도의 사랑을 알고 그 너비와 길이와 높이와 깊이가 어떠함을 깨달아 하나님의 모든 충만하신 것으로 너희에게 충만하게 하시기를 구하노라 (엡 3:14-19)

이것이 교회입니다. 하나님이 우리를 예수 그리스도의 몸에 묶으시고 그리스도를 우리의 머리로 세우셔서 하나님의 모든 충만하신 것으로 우리가 충만하게 되기를 바라십니다. 이것이 십자가를 세우신 이유입니다. '십자가로 우리를 죄 가운데서 꺼내셨고 죽으면 천국에 간다.' 이렇게 간단하지 않습니다. 우리는 하나님의 사람으로서 하나님의 모든 충만하신 것으로 충만하게 되는 기간과 과정을 갖습니다. 예수 그리스도의 십자가가 중요한 것만큼 교회도 중요합니다. 예수 그리스도를 머리로 하여 그의 몸으로 부름을 받은 우리입니다. 그의 가르침을 따라 커야 합니다.

신앙의 이중적 양태

에베소서 4장 13절을 봅시다.

우리가 다 하나님의 아들을 믿는 것과 아는 일에 하나가 되어 온전

375

한 사람을 이루어 그리스도의 장성한 분량이 충만한 데까지 이르리니 이는 우리가 이제부터 어린 아이가 되지 아니하여 사람의 속임수와 간사한 유혹에 빠져 온갖 교훈의 풍조에 밀려 요동하지 않게 하려 함이라 오직 사랑 안에서 참된 것을 하여 범사에 그에게까지 자랄지라 그는 머리니 곧 그리스도라 그에게서 온 몸이 각 마디를 통하여 도움을 받음으로 연결되고 결합되어 각 지체의 분량대로 역사하여 그 몸을 자라게 하며 사랑 안에서 스스로 세우느니라 (엡 4:13-16)

우리는 어디까지 자라나야 합니까? '범사에 그에게까지 자랄지라 그는 머리니 곧 그리스도라.' 이 뒷부분이 믿는 사람들 사이에 너무 약화되어 있습니다. 왜냐하면 이쪽은 초월적이지 않기 때문입니다. 내용상으로는 초월적인데 방법상으로는 초월적이지 않습니다. 이쪽은 시간이 걸리고 연습하고 시행착오를 거쳐서 채워집니다. 십자가는 은혜와 능력으로 죄인 된 자리에서 우리로 구원을 받게 합니다. 이쪽이 더 종교적입니다. 우리가 종교라고 할 때는 그 특징으로 초월을 생각하므로 이쪽이 더 종교다운 것입니다. 연습하고 노력하는 것은 종교에 속한 것이 아닌 것만 같습니다.

이 세상에 초월이 아닌 것은 없습니다. 하나님이 신자와 불신자에게 차별 없이 주는 해와 비도 하나님의 은혜가 아닙니까? 그런데 우리는 신앙의 유무를 따지지 않고 준 것은 자연이라 하고, 신앙의 유무를 따져서 준 것은 초월이라 합니다. 그것은 우리가 받아 나눈 것입니다. 해는 하나님이 안 만들었으며 비는 하나님이 안 만들었습니까? 하나님이 아니시면 누가 인간과 세상에 필요한 것을 공급하시겠습니까? 내용상 다 초월에 속한 것입니다.

그런데 우리는 익숙하고 늘 얻을 수 있는 것은 자연이라 이야기하고, 기도해서 얻는 것만 초월이라고 해서, 그 둘을 분리시키므로 우리의 신앙을 초월로 제한하고 말았습니다. 그 탓에 신앙이란 몇 가지의 신앙 형태를 지닌 명분으로만 살아 있습니다. 범사에 관한 것, 인간의 생각과 반응과 삶의 전 영역에 속하는 하나님의 통치 그리고 그 통치를 내 안에 실현시키는 모든 문제에 대하여 우리는 별로 관심이 없는 자가 되었습니다.

모든 교회들이 신앙의 열심을 내면 다 어떤 일을 합니까? 기도를 열심히 하고, 헌금을 힘껏 바치고, 전도를 열심히 하는 이런 종교적 형태만 띨 뿐이지, 그것들이 쌓여서 하나님이 그의 형상대로 만드신 창조의 원래 모습을 드러내는 멋진 인간상을 보여주지 못하고 있습니다. 종교적 경쟁만 있고, 겸손을 가장한 자존심 대결만 있습니다. 참다운 신앙의 내용과 그 경지, 이런 것들을 찾아볼 수 없습니다. 교회는 사실 약간 이중성을 띠고 있습니다. 종교적인 행사를 할 때와 일상생활에서 드러내는 모습이 서로 전혀 다른 두 얼굴을 가지고 있습니다. 일반과 자연의 영역에서 신앙이 행사되어야 하고 그것들을 변화시켜야 하는데, 우리는 모두 일부러 외면하고 있고 아예 시도조차 안 하고 있습니다.

골로새서 1장에 가봅시다.

이로써 우리도 듣던 날부터 너희를 위하여 기도하기를 그치지 아니하고 구하노니 너희로 하여금 모든 신령한 지혜와 총명에 하나님의 뜻을 아는 것으로 채우게 하시고 주께 합당하게 행하여 범사에 기쁘시게 하고 모든 선한 일에 열매를 맺게 하시며 하나님을 아는 것에 자라게 하시고 그의 영광의 힘을 따라 모든 능력으로 능하게 하시며 기쁨으로 모든 견딤과 오래 참음에 이르게 하시고 우리로 하여금 빛 가운데서 성도의 기업의 부분을 얻기에 합당하게 하신 아버지께 감사하게 하시기를 원하노라 그가 우리를 흑암의 권세에서 건져내사 그의 사랑의 아들의 나라로 옮기셨으니 그 아들 안에서 우리가 속량 곧 죄 사함을 얻었도다 그는 보이지 아니하는 하나님의 형상이시요 모든 피조물보다 먼저 나신 이시니 만물이 그에게서 창조되되 하늘과 땅에서 보이는 것들과 보이지 않는 것들과 혹은 왕권들이나 주권들이나 통치자들이나 권세들이나 만물이 다 그로 말미암고 그를 위하여 창조되었고 또한 그가 만물보다 먼저 계시고 만물이 그 안에 함께 섰느니라 그는 몸인 교회의 머리시라 그가 근본이시요 죽은 자들 가운데서 먼저 나신 이시니 이는 친히 만물의 으뜸이 되려 하심이요 아버지께서는 모든 충만으로 예수 안에 거하게 하시고 그의 십자가의 피로 화평을 이루사 만물 곧 땅에 있는 것

들이나 하늘에 있는 것들이 그로 말미암아 자기와 화목하게 되기를 기뻐하심이라 (골 1:9-20)

예수 그리스도 안에서 하나님은 우리와 화목하기를 원하십니다. 그는 우리를 죄와 사망에서 꺼내셨고 이는 하나님의 자녀 삼으시기를 원하사 이루신 일입니다. 그러나 이 화목에는 하나님과 원수 되었던 자리에서 하나님과 화목하게 된 관계만 바뀐 것이 아니라, 자녀를 자녀답게 만드시는 부모로서의 책임도 포함되어 있습니다. 그래서 이 내용 속에는 십자가와 교회가 동시에 등장합니다. 9절 이하를 보면 그렇습니다. '이로써 우리도 듣던 날부터 너희를 위하여 기도하기를 그치지 아니하고 구하노니 너희로 하여금 모든 신령한 지혜와 총명에 하나님의 뜻을 아는 것으로 채우게 하시고 주께 합당하게 행하여 범사에 기쁘시게 하고 모든 선한 일에 열매를 맺게 하시며 하나님을 아는 것에 자라게 하시고 그의 영광의 힘을 따라 모든 능력으로 능하게 하시며 기쁨으로 모든 견딤과 오래 참음에 이르게'(골 1:9-11) 하십니다.

이런 모든 일들은, 믿지 않는 자와 동일한 환경이나 조건 속에서도 하나님의 사람들이 드러내야 하는 것들입니다. 우리가 접하는 환경과 조건이라 해서 더 개선되어 있는 것도 아니고, 일반인들이 사는 환경이나 조건과 결코 다르지 않습니다. 우리가 예수를 믿고 난 다음부터는 기도원에서만 산다든지, 어디 가서 선교만 하고 산다든지 하는 식이 아니라, 일반인과 똑같은 일상생활을 하지만 그

삶이 다르다는 것입니다. 그의 삶의 원리와 목표와 사는 방법과 생각이 전혀 다르다는 것입니다. 그런 원칙과 내용으로 인하여 신자된 표가 저들이 처한 것과 동일한 조건과 일상생활 속에서라도 다르게 나타나게 됩니다. 믿지 않는 사람과 다르지 않게 똑같이 지지고 볶는 현실 속에 동일하게 놓여 있지만 믿는 사람은 그들과 다르게 살아야 한다는 것입니다.

따라서 신앙생활을 하는 것에 대하여 지지고 볶는 일에서 손을 뗀 채 멋진 일을 하는 것이라고 생각하지 마십시오. 여기에 믿음에 관한 우리의 오해가 있습니다. 신앙의 어떤 멋진 명분과 일을 하나님이 나에게는 주시지 않아서 그냥 이렇게 산다고 생각하는 것 같습니다. 이렇게 산다고 하는 말은 세상에 나가면 세상 사람같이 살고, 주일날은 교회에 와서 예배드린다고 하는 것을 말합니다. 믿는 사람으로서 최소한의 보험료를 그런 식으로 내고서 버티며 산다는 뜻입니다. 우리는 신앙생활에 대하여 일반인이 갖는 삶과 다른 삶이 주어질 것이라고 자꾸 생각합니다. 하나님이 나를 그렇게 안 불렀으니까 나는 못하지만 내가 참여하는 신앙 인생이라는 것은 선교사나 착한 일을 하는 사람을 물질로 돕고 기도하는 것이 전부라고 생각합니다.

그렇다면 실제적인 신앙생활은 하지 않고 있는 것입니다. 실제적인 신앙생활이란 지지고 볶는 것입니다. 가정을 지키고 직장에 다니고 이웃과 함께 사는 것입니다. 콩나물 값을 깎아야 하고 아이들하고 싸워야 하는 삶을 사는 것입니다. 왜 그렇습니까? 산다는 것은 양보하고서는 살 수 없기 때문입니다. 속이라는 것이 아니고 인색하라고 하는 것이 아니라, 사는 것이란 힘을 다해서 버티고 살아갈 문제라는 것입니다. 삶이란 우리가 손쉽게 어떻게 해 볼 수 없는, 우리 앞에 턱 하니 서 있는 문제입니다. 우리는 힘을 다하여 버텨야 합니다. 그렇지만 타협하지 않는 것이라야 합니다. 속이지 않는 것이라야 합니다. 힘들지만 예수를 모른다고 할 수는 없는 노릇입니다. 그래서 우리는 울고 사는 것입니다. 그것이 신앙입니다.

삶의 현장으로 돌아가라

신앙생활을 하는 것이 매일 카퍼레이드하고 '왔노라 싸웠노라 이겼노라' 이런 것인 줄 압니까? 누가 와서 간증하는 꼴은 보기도 싫습니다. 영화 보고 잠시 자기를 잊는 것 같은, 그런 것은 좋습니다. 그러나 그것이 신앙이라고 생각하면 안 됩니다. 그 간증을 듣고 울고 감격해서 '맞아, 이게 내 신앙이야!'라고 생각하지 마십시오. 남이 받았던 은혜와 감격을 잠시 느끼고 꿈결 속에 있다가 다시 현장으로, 내 싸움터로, 내 책임 있는 자리로 돌아가야 합니다. 골로새서 1장 24절 이하부터 보면 교회에 관한 이야기가 나옵니다.

나는 이제 너희를 위하여 받는 괴로움을 기뻐하고 그리스도의 남은 고난을 그의 몸된 교회를 위하여 내 육체에 채우노라 내가 교회의 일꾼 된 것은 하나님이 너희를 위하여 내게 주신 직분을 따라 하나님의 말씀을 이루려 함이니라 이 비밀은 만세와 만대로부터 감추어졌던 것인데 이제는 그의 성도들에게 나타났고 하나님이 그들로 하여금 이 비밀의 영광이 이방인 가운데 얼마나 풍성한지를 알게 하려 하심이라 이 비밀은 너희 안에 계신 그리스도시니 곧 영광의 소망이니라 우리가 그를 전파하여 각 사람을 권하고 모든 지혜로 각 사람을 가르침은 각 사람을 그리스도 안에서 완전한 자로 세우려 함이니 이를 위하여 나도 내 속에서 능력으로 역사하시는 이의 역사를 따라 힘을 다하여 수고하노라 (골 1:24-29)

그리스도 안에서 각 사람을 완전한 자로 세우려 하면 먼저 그리스도로 말미암아 구원이 일어나야 합니다. 그러나 그것은 시작일 뿐입니다. 그 시작의 근거는 십자가이고 교회를 통해 그가 완성되는 것입니다. 사도 바울의 사역은 십자가로 죄인들을 하나님의 백성으로 부르고 그들을 교회 안에서 완성시키는 것이었습니다. 바울은 24절에서 이렇게 이야기합니다. '그리스도의 남은 고난을 그의 몸 된 교회를 위하여 내 육체에 채우노라.' 그는 키우는 일에서 가정교사와 보모의 역할을 한 것입니다.

미국에 이민 간 친구가 있는데 십년이 넘었는데도 영어를 못합니다. 한국 사람이 많은 데 가서 살면 그렇습니다. 할 일이 없어서 매일 골프만 칩니다. 골프를 치러 갈 때 같이 갈 사람이 없으면 대학에 다니는 딸을 데리고 갑니다. 그 딸이 영어를 잘합니다. 골프

장에 가면 카운터에서 물어봅니다. '몇 명 왔냐?' '두 명 왔다.' '멤버가 누구냐?' '멤버 하나에 게스트 하나다.' 'One-member, one-guest.' 그 말을 외웠다가 다음에 혼자 갔습니다. '어떻게 왔냐?' 'One-member, one-guest.' 그 다음부터는 이 사람이 오면 웃고 그냥 들여보냅니다. 영어라는 것은 안 해보면 못 고치는 것입니다.

신앙상의 문제에서 이런 과정을 겪어 보셨습니까? 이런 연습을 해본 적도 없을 것입니다. 여러분은 왜 'One-member, one-guest'라는 실수를 하지 않은지 아십니까? 미국 사람을 만나지 않았기 때문입니다. 미국 사람을 만나면 도망갔고, 딸을 앞장 세웠기 때문입니다. 우리의 신앙도 다 그렇습니다. 실제적인 신앙의 삶을 한 것이 아니라 신앙적인 문제가 있을 때는 목사를 내세우고 선교사를 내세운 채 뒤에서 돈만 댔다는 것입니다. 그렇게 해놓고 내 신앙이 좋다고 이야기하면 안 됩니다. '우리 아빠 훌륭한 사람이에요. 내 동생 공부 잘해요.' 이것으로는 자기 증명이 되지 않습니다. '내 동생이 공부할 때 내가 용돈 줬어!' 이것으로 본인의 실력이 증명되지 않습니다. 그렇지 않습니까? 지금 우리는 그 시점에 와 있습니다.

우리의 신앙이 왜 크지 않느냐 하면 시작을 안 해서 그렇습니다. 무엇이 신앙인지를 모르는 것입니다. 신앙에서 무엇을 연습해야 되는지 모르는 것입니다. 성경에 나와 있는 것은 다 무엇입니까? '남 욕하지 마라. 더러운 말을 하지 마라. 나쁜 생각 갖지 마라. 약한 자를 놀리지 말고 받아 줘라. 남 앞에 짐이 될 것이나 걸려 넘어질 올무를 놓지 마라.' 이런 연습을 해본 적이 있습니까? 어떻게 하면 한 건을 해서 선교헌금을 한 번 내나. 그것이 신앙의 모든 것인 줄 알았잖습니까? 우리 스스로 자신의 삶의 현장에서, 인생을 걸어 놓고 연습하고 싸우고 매달리고 절망하고, 이런 일을 한 적이 없지 않습니까? 이것을 하지 않으면 신앙이 아닌 것입니다.

우리에게는 십자가가 있습니다. 우리는 분명히 다시 태어났습니다. 그런데 올챙이가 크기는 컸는데 개구리는 못 되고 논두렁에 누워 있는 것입니다. 모두 십자가는 너무나 잘 압니다. 그런데 십자가 밑에 질펀하게 앉아서 고스톱만 치고 있고, 자기 삶의 현장으로 가지를 않습니다. 각자가 신앙생활을 하는 영역이 없습니다. 신자의 인생이 없습니다. '예수 믿는 사람 모여!'라고 하면 십자가 밑에만 모이고, 보이는 조직된 교회 안에만 모입니다. 자기들끼리 모여서 종교적인 행사를 할 때는 잘하는데, 신자로서 자기 앞에 주어진 삶의 현장에서는 신자 노릇을 못하고 있습니다. 무엇을 해야 되는지를 모릅니다. 왜 이렇게 됐는지 잘 생각해 보십시오. 우리는 자기 십자가를 지는 싸움, 자기를 부정하는 싸움, 남을 나보다 낮게 여기는 싸움, 덕을 세우기 위하여 애쓰는 싸움, 선한 일을 위해서 유익하게 사는 싸움, 이런 모든 일에 우리는 신앙이라는 이름으로 한 번도 책임을 느껴보지 못했던 것입니다. 이런 일들을 하십시오.

저는 명분을 내세우는 사람을 만나면 아주 심한 알레르기 반응을 보입니다. 뻥을 치는 것도 아니고 사기를 치는 것도 아닌데 성질이 납니다. 아무것도 안하고 있는데 서로 잘하고 있다고 믿고 있으니까 미치겠다는 말입니다. 모두 그것이 신앙인 줄 착각하고 그렇게 하고 있습니다. 그런데 이제는 좀 고쳐졌으면 좋겠습니다.

_____ 기도

하나님 아버지, 하나님의 사람으로 거듭났다는 것이 무엇을 뜻하는지 생각해 보았습니다. 우리는 십자가로 말미암아 하나님의 백성이 되었고 그리스도 예수를 머리로 하는 그 몸으로 부름을 받았음을 확인했습니다. 주께서 하시는 말씀에 귀 기울이고 그 말씀을 따라 하루하루 살게 하옵소서. 내일 하루 세상에 나가 살 때 말씀을 따라 사는 싸움을 시작하게 하시고, 그때 우리가 도대체 어떠한 실력을 갖고 있는지 확인하고, 우리가 지금 명분을 내걸고 큰소리치고 사람을 모을 때가 아니라, 각자가 자기 신앙의 싸움과 책임을 져야 할 때임을 알게 하십시오. 부디 하나님께서 은혜를 베푸시고 그토록 간섭하시며 복 주신 이 나라와 이 교계 위에 주의 베푸신 은혜가 열매를 맺게 하여 주시옵소서. 더 이상 명분을 걸고 자랑과 능력으로 가는 경쟁을 할 때가 아니라, 참다운 하나님의 백성으로서 싸움을 시키는 교회, 그 싸움을 하는 하나님의 백성들이 자리 잡는 이 사회, 하나님이 복 주신 이 나라가 되게 하여 주시옵소서. 예수님의 이름으로 기도합니다. 아멘.

요점과 확인

1. 성도는 그리스도의 몸 안으로 부름을 받는다. 많은 성도가 구원의 신앙에만 치중되어 있고 그리스도의 몸 안으로 부름을 받는다는 교회관을 이해하지 못한다.

2. 신자됨은 교회론적으로 확인되는 것이다. 우리가 구원을 받았으니 이제 은혜를 갚자는 식으로 표현되는 신앙은 태어난 아기가 자라나야 한다는 교회론적 내용이 무엇인지 아직 잘 모르는 처사다.

3. 신앙은 일상생활에서 일반인과는 다르게 사는 것이다. 실제적인 신앙생활이란 가정을 지키고, 직장에 다니고, 이웃과 함께 사는 현장에서 힘들지만 예수를 모른다고 부인할 수 없는 버티는 삶이요, 그래서 울고 사는 것이다.

4. 삶의 현장에 가 있지 않은 신앙생활의 대표적인 사례에 대하여 저자가 지적한 것 두 가지를 찾아보시오.

22

성령 충만을 받으라

술 취하지 말라 이는 방탕한 것이니 오직 성령으로 충만함을 받으라 시와 찬송과 신령한 노래들로 서로 화답하며 너희의 마음으로 주께 노래하며 찬송하며 범사에 우리 주 예수 그리스도의 이름으로 항상 아버지 하나님께 감사하며 그리스도를 경외함으로 피차 복종하라 (엡 5:18-21)

기독교의 신앙에서 초월을 앞세우고 초월로만 편중되는 것은 우리의 종교적 본능 때문입니다. 성경은 초월을 그 중심에 놓지 않고 계시를 중심에 놓고 있습니다. 이런 사실들은 여러 차례 강조해 왔습니다. 성경에는 우리가 기대하는 바와 달리 모범 답안들이나 금과옥조들이 들어 있지 않고, 인간과 인생에 관한 아주 생생한 이야기들이 들어 있습니다.

우리는 종교라는 것을 손에 흙을 묻히지 않는 그런 경지에 이르는 것으로 생각합니다. 따라서 세상적인 방법이나 세상적인 노력에 의한 것이 아닌 천상으로부터 주어지는 은총에 의한 것, 초월적 능력에 의한 것에 기대를 갖고 있습니다. 그렇지 않다는 것은 아니지만 초월과 자연이 서로 다른 근원에서 나온 것처럼 생각하지 말고, '자연과 초월이 다 하나님 손에 있다. 자연도 하나님이 주신 은총임을 기억하자'라고 말씀드렸습니다. 초월에 관한 편중은 구원에서 드러난 은총 때문에 나타난 것이요, 교회론에 대한 무지 때문에 생겨난 것입니다. 그리고 이 장에서 우리는 성령론에 대한 무지 때문에 그런 현상이 일어난다는 점을 다루려고 합니다.

성령 충만에 대한 오해

성령님은 하나님의 크신 은총을 우리에게 주기 위해서 오십니다. 성령님은 우리에게 강하게 간섭하사 우리를 돌이키시며 새로 빚으시며 몰랐던 것을 우리로 알게 하십니다. 이때 여러 가지 초월적인 내용과 방법을 동원하십니다. 그러나 요한복음에서 밝히 말한 것과 같이 성령께서 오시는 첫 번째 이유는 예수 그리스도께서 가르치고 말씀하신 모든 진리 가운데로 우리를 인도하는 데에 있습니다. 성령께서는 우리를 그리스도에게로 인도하며, 그리스도를 통해서 우리에게 주어진 것을 생각나게 하며, 그것을 우리의 것이 되게 합니다. 그렇게 하시는 일에 초월적인 방법을 쓰시는 경우도 있지만, 자연적인 방법을 동원하실 때도 있습니다. 우리는 이 후자에 대해서 너무 점수를 주지 않고 있습니다.

성령 충만에 대해서 우리가 어느 한쪽으로 치우친 것은 사도행전 초반부에 등장하는 성령강림과 성령의 사역에 너무 크게 영향을 받아서 그 후에 하신 성령의 사역들은 주목을 받지 못했기 때문이 아닌가 합니다. 초반에 일어났던 일, 예컨대 성령께서 마가의 다락방에 강림하시고, 모두가 방언을 하고, 제자들이 담대하게 예수 그리스도를 전하고, 하루에 회심하는 자가 삼천 명이나 생기고, 성전 미문에서 구걸하던 앉은뱅이가 일어나는 일이 있었습니다. 그 일로 인하여 사로잡혀 갔지만 기탄없이 당시의 권력자들 앞에서 예수 그리스도를 주라 시인하고, 매 맞는 것이나 감옥에 갇히는 것을 두려워하지 아니하고, 감옥에 갇혔지만 천사가 문을 열어줘서 석방이 되고, 또 다시 잡혀가서 매를 맞지만 매 맞은 것도 기뻐합니다.

이런 일들로 인해서 우리는 성령의 간섭에 대한 폭발적인 능력이 너무 인상 깊게 각인되어 있는 것 같습니다. 그러나 동일한 성령의 사역에도 불구하고 사도행전에서 주목받지 못한 것들이 있습니다. 사도 바울이 예루살렘으로 돌아가겠다고 하자 성령의 가르치심으로 인하여 여러 사람이 바울을 말리는 사건입니다. '성령께서 내게 밝히 말씀하시기를 당신이 예루살렘에 들어가면 결박되어 감옥에 갇힐 것이라고 하더이다.' 이런 말에도 불구하고 바울은 예루살렘으로 돌아갑니다. 이것도 성령께서 가르치신 일이지만 우리가 기대하는 성령의 특별한 개입은 없었습니다. 이런 일들을 우리가 놓치고 있습니다. 사도 바울만 해도 그렇습니다. 고린도후서 12장 7절 이하를 보겠습니다.

여러 계시를 받은 것이 지극히 크므로 너무 자만하지 않게 하시려고 내 육체에 가시 곧 사탄의 사자를 주셨으니 이는 나를 쳐서 너무 자만하지 않게 하려 하심이라 이것이 내게서 떠나가게 하기 위하여 내가 세 번 주께 간구하였더니 나에게 이르시기를 내 은혜가 네게 족하도다 이는 내 능력이 약한 데서 온전하여짐이라 하신지라 그러므로 도리어 크게 기뻐함으로 나의 여러 약한 것들에 대하여 자랑하리니 이는 그리스도의 능력이 내게 머물게 하려 함이라 그러므로 내가 그리스도를 위하여 약한 것들과 능욕과 궁핍과 박해와 곤고를 기뻐하노니 이는 내가 약한 그 때에 강함이라 (고후 12:7-10)

우리는 성령께서 오셔서 강하게 붙잡고 일하게 하시는 쪽은 성령의 충만 혹은 성령의 개입이라 해서 감동하고 또 그런 기대도 합니다. 그런데 같은 성령께서 사도 바울을 예루살렘으로 보내어 그를 묶어 죄수로 감옥에 갖다 가두는 일, 사도 바울을 하나님의 사람으로 쓰기 위하여 사탄의 가시가 박히도록 놓아두는 일, 이러한 일들에 대해서는 왜 우리가 고려하지 않느냐 하는 것입니다. 우리가 갖는 성령 충만의 개념은 즉각적이고 완전한 기대 같은 것입니다. 노력과 과정이 없이 하나님 앞에 내 진심이 전달되어 하나님이 '이제 그만하면 됐다'고 말씀할 것이라고 기대하는 그런 것입니다. 그냥 단숨에 다시는 손 볼 것 없는, 영원히 완전한 상태로 만들어주는 것을 성령 충만으로 단언합니다. 우리는 그런 기대를 많이 합니다. 그러나 성경에서는 그런 약속을 한 적이 없습니다. 에베소서 5장 8절부터 보겠습니다.

삶 속에서 드러나는 성령 충만

너희가 전에는 어둠이더니 이제는 주 안에서 빛이라 빛의 자녀들처럼 행하라 빛의 열매는 모든 착함과 의로움과 진실함에 있느니라 주를 기쁘시게 할 것이 무엇인가 시험하여 보라 너희는 열매 없는 어둠의 일에 참여하지 말고 도리어 책망하라 그들이 은밀히 행하는 것들은 말하기도 부끄러운 것들이라 그러나 책망을 받는 모든 것은 빛으로 말미암아 드러나나니 드러나는 것마다 빛이니라 그러므로 이르시기를 잠자는 자여 깨어서 죽은 자들 가운데서 일어나라 그리스도께서 너에게 비추이시리라 하셨느니라 그런즉 너희가 어떻게 행할지를 자세히 주의하여 지혜 없는 자 같이 하지 말고 오직 지혜 있는 자 같이 하여 세월을 아끼라 때가 악하니라 그러므로 어리석은 자가 되지 말고 오직 주의 뜻이 무엇인가 이해하라 (엡 5:8-17)

여기서 바울은 성도들에게 신앙의 진전에 대하여 말하고 있습니다. 이런 일을 놓고서 그는 어떤 특별한 비방을 제시하지 않습니다. 노력하고 연습하고 분별하고 지혜를 동원해야 한다는 일반적인 방법으로 권면하고 있을 뿐입니다. 어떤 초월적인 약속이 없습니다. 그리고서 나오는 말씀이 '술 취하지 말라. 이는 방탕한 것이다. 오직 성령의 충만을 받으라'로 이어집니다.

사도 바울은 우리에게 그 뜻이 무엇인지를 이해시키기 위해서 성령 충만을 '술 취하지 말라'와 대비합니다. 술 취한다는 것은 술에 의해서 제어되는 것을 말합니다. 이 말은 술 먹은 사람이 분별과 책임에서 이탈된다는 뜻입니다. 사람은 술을 먹으면 평상시에 가졌던 절제하는 마음과 분별하는 마음들을 놓아버립니다. 그래서 혹자들은 술을 먹으면 담대해진다고 하는데 담대해지는 것이 아니라 분별이 없어지는 것입니다. 술을 먹으면 눈에 두꺼비가 씌어서 절벽이 계단인 줄로 알고 밑으로 뛰어내리고 맙니다. 이것은 담대한 것이 아니라 돌아버린 것입니다.

그래서 성경에서는 '이는 방탕한 것이다'라고 말합니다. 이 말은 낭비하는 것을 말합니다. 그것이 왜 낭비입니까? 본인이 마땅히 해야 될 분별과 책임을 갖지 못하기 때문입니다. 술에 의해서 뇌가 마취되었습니다. 마땅히 해야 될 일을 하지 못합니다. 술 먹고 집에 들어온 아버지가 초등학교 다니는 자녀들을 다 불러 모아놓고 수표 십만 원짜리 한 장씩을 줍니다. 이 액수가 어떤 것인지를 모르는 것입니다. 말하자면 술에 취했다는 것은 정상적인 생각을 못하는 것이요, 책임을 지지 않는 것이요, 분별하지 못하는 것이요, 자기 자리를 지키지 못하는 것입니다.

이것과 대비되는 성령 충만은 성령이 나를 장악해서 내가 연습하고 노력하고 애쓴 것이 아닌 것들을 하늘로부터 받는다는 개념이 아닙니다. 그것은 내가 지키고 노력해서 가야 하는, 책임을 져야 하는 시간과 과정이 필요하다는 것입니다. 그래야만 앞에 있는 말씀들과 맞아떨어집니다. '주께 기쁘시게 할 것이 무엇인가 시험하여 보라. 어떻게 행할 것을 자세히 주의하여 지혜 없는 자같이 말고 오직 지혜 있는 자같이 하여 세월을 아끼라.' 이런 것들은 전부 생각해야 되는 것이고, 그렇게 생각해서 분명해진 것들을 연습하고 노력하고 애써서 책임져야 하는 것들입니다. 이것이 바로 성령 충만입니다. 하지만 우리가 생각하는 성령 충만은 그런 것이 아닙니다.

잘못된 신앙의 양태들

이 문제에 대해서 제일 크게 오해했고 우리에게 많은 영향을 끼친

4부 | 좋은 믿음이란 무엇인가

사람이 있습니다. 그가 워치만 니라는 사람입니다. 그의 책인《영에 속한 사람》은 우리에게 가장 나쁜 영향을 끼쳤습니다. 어떤 경지에 도달하면 다시는 죄악된 것이 생각나지도 않고, 다시는 죄를 짓는 일에 대한 감각도 없게 된다고 말합니다. 그러나 그런 완벽한 상태는 죽는 날까지 우리에게 오지 않습니다. 우리가 이 육체를 갖고 있는 한 그런 상태에 이르지 못합니다. 이 몸이 영화롭게 변해야 그것이 가능합니다.

우리 마음에 일어난 죄에 대한 유혹과 반응에 대해서 놀라면 안 됩니다. 우리는 그 죄에 대한 감각과 반응이 어떤 결과를 낳지 못하게 해야 합니다. 서양 속담 식으로 이야기해 보자면 이렇습니다. '머리에 비둘기가 내려오는 것을 막을 수는 없다. 그러나 집을 짓게는 하지 말라.' 우리 마음에는 아직도 죄에 대한 본성이 있고 뿌리가 남아 있습니다. 그 도전을 받고 유혹을 받습니다. 그러나 노력하고 애쓰고 분별해서 그것을 쫓아내야 합니다. 그 뿌리가 뽑히지 않았으므로 열매가 맺히지 못하게 해야 합니다.

성령 충만을 잘못 이해하면 성령께서 이 뿌리 자체를 뽑아주셔서, 다시는 죄가 생각나지도 않고, 죄에 대한 감각도 없는 자가 될 것으로 생각하는데 그렇지 않습니다. 이런 일들은 초월에 대한 기대가 크기 때문에 생긴 오해입니다. 여기에서 우리가 분별해야 하는 것은 책임과 노력이 없이, 다시 말해 과정이 없이 완전한 경지에 도달하려는 도둑놈 심보를 가려내어 그것을 몰아내야 합니다. '나은혜 받았어요.' 이렇게 큰소리치는 사람은 '나는 은혜 받아서 이제 완전하게 됐으니까 이제부터 내가 잘못을 하면 그것은 네가 워낙 나쁜 놈이라서 그렇다. 내 안에는 이제 죄의 뿌리가 남아 있지 않다'는 것입니다. 면죄부를 받은 것처럼 굽니다. '나 은혜 받았어요. 나 이제 겁 안 나요.' 이렇게 떠드는 사람은 실력이 없습니다. 은혜 받았으면 지금 할 일이 생각나야 합니다. 오른편 뺨을 맞았으면 왼편 뺨을 대는 것, 내가 서 있는 자리에서 하나님의 사람으로 서 있어야 합니다.

국가와 세계와 미래를 위해서 선교하겠다고 이야기하는 것은 거의 다 사기입니다. 저녁밥을 하기 싫으니까 모여서 그 이야기하는 것입니다. 집에 가서 저녁밥을 하십시오. 저녁밥을 해놨는데도 아이들과 남편이 안 들어오면 교회에 오지 말고 집에서 기다리십시오. 자기가 해야 할 일을 먼저 하십시오. 우리가 다 자기의 일을 해야 합니다. 고린도전서 4장입니다.

사람이 마땅히 우리를 그리스도의 일꾼이요 하나님의 비밀을 맡은 자로 여길지어다 그리고 맡은 자들에게 구할 것은 충성이니라 너희에게나 다른 사람에게나 판단 받는 것이 내게는 매우 작은 일이라 나도 나를 판단하지 아니하노니 내가 자책할 아무것도 깨닫지 못하나 이로 말미암아 의롭다 함을 얻지 못하노라 다만 나를 심판하실 이는 주시니라 그러므로 때가 이르기 전 곧 주께서 오시기까지 아무것도 판단하지 말라 그가 어둠에 감추인 것들을 드러내고 마음의 뜻을 나타내시리니 그 때에 각 사람에게 하나님으로부터 칭찬이 있고린도 교회 교인들은 기독교 신앙을 가장 고급한 철학적 사상이라고 이해했습니다. 예수를 믿는 자들은 이 사상을 깨달은 지적 수준이 높은 자들이라고 스스로 생각해서 예수 믿은 것이 큰 자랑이었습니다. 예수를 믿는다는 것은 본인의 정신세계의 높이를 반증하는 것이었습니다. 그리고 그것은 사회적인 면에서도 나타나는 것이었습니다. 예수를 믿는 사람들은 사회에서도 지위가 있고, 남에게 존경을 받는 잘난 사람들이었습니다.

그런데 이들이 사도 바울을 보니까 생긴 것으로나 말하는 것으로나 경제적인 형편으로나 사회적인 지위로나 전혀 그렇게 보이지 않았습니다. 그래서 고린도 교회에서 그에 대한 의문이 제기되었습니다. 온 천하를 지으시고 최고의 신이라는 하나님의 종이 정말 맞느냐? 하나님이 가장 높은 신이라면 어떻게 이런 사람을 졸병으로 쓰겠느냐? 그래서 바울이 한 이야기가 이것입니다. "사람이 마땅히 우리를 그리스도의 일꾼이요 하나님의 비밀을 맡은 자로 여길지어다 그리고 맡은 자들에게 구할 것은 충성이니라." 그 증거의 표지는 충성이지 겉으로 보이는 치장이 아니라는 것입니다. '너희는 우리를 판단하지도 말라. 나도 나를 판단하지 않는다. 나중에 하나님 앞에서 다 심판 받는 날이 온다. 그 전에 섣불리 사람을 판단하지 말라.' 그는 이 이야기를 쓸 수밖에 없었습니다. 이것을 뒤집어서 보자면, 가장 고급하고 귀한 하나님의 일을 맡아 하는 사도 바울에게서 성령 충만의 외형적인 모습은 보이지 않았다는 것입니다.

그런데 우리는 왜 외형적인 데에 치중하려고 합니까? 앞서 이야기했던 것과 같이 신앙의 목적지에 쉽게 도달하려고 하기 때문입니다. 노력하고 애써서 도달해야 한다는 것을 외면하고 있습니다. 그럴 리가 없다고 스스로를 기만하고, 그저 언제 한번 날 받아서 일주일 금식하고, 며칠 밤을 철야해서 앙심 먹고 쌓아놨던 것을 단번에 해치우려고 합니다. 아닙니다. 평생에 걸쳐서 매일매일 삶에서 하나하나 쌓아야 합니다. 하루에 하지 못한 것만큼 지는 것입니다. 그 하루는 다른 하루로도 때울 수가 없습니다. 그 하루에만 할 수 있는 것을 평생에 걸쳐서 쌓아가야 합니다. 그렇게 이어가야 합니다.

그런데 우리는 그렇게 하지 않으려고 합니다. 그래서 우리는 자꾸 감정적으로 갑니다. 제가 제일 싫어하는 것인데, 제발 울먹거리지 좀 마십시오. 예수 믿는 것은 신앙의 고급한 인격으로 나타나야 하는 것인데, 그렇지 나타나지 못하니까 '하나님 나 좀 봐 달라'라고 울먹거리는 것입니다. 감동을 표현하지 마시고 냉정해지십시오. 눈 똑바로 뜨고 쌓아 나가야 합니다. 권투 선수가 제일 먼저 배우는 훈련은 눈뜨고 맞는 것입니다. 눈을 뜨고 맞아야 어떤 펀치를 맞는지 알게 됩니다. 스트레이트를 맞았는지 훅을 맞았는지 눈으로 봐야 그 다음에 피할 수 있지 않겠습니까? 신앙은 그렇게 쌓는 것입니다.

저한테 와서 매달리지 마십시오. 제가 대신해 줄 수 있는 것이 없습니다. 저한테 위로를 받는 것으로 해야 되는 일이 면제되는 것은 아닙니다. 오해 없이 들으십시오. 저를 위해서 기도하지 마시고 자신들을 위해서 기도하십시오. 왜 나를 위해서 기도합니까? 내 걱정할 틈이 어디 있습니까? 나야 어련히 알아서 잘하지 않겠습니까? 세상에 이것보다 웃기는 일은 없다고 생각합니다. 스스로 자신을 책임지지 못하면서 감히 누구를 위해서 기도한다는 말입니까? 이것이 말이나 됩니까? 제자가 스승을 위해서 걱정해야 할 것이 있겠습니까? 자신을 위해서 걱정하고 연습해야 될 것이 무엇인지 모르니까 기도하는 데 시간이 남는 것입니다. 그러니까 국가와 민족과 이북과 세상 걱정까지 하는 것 아닙니까? 그럴 틈이 어디 있습니까? 나 하나도 하나님의 사람으로 사는데 하루가 모자랄 지경입니다. 고린도후서 4장 7절 이하입니다.

안이한 신앙 태도

우리가 이 보배를 질그릇에 가졌으니 이는 심히 큰 능력은 하나님께 있고 우리에게 있지 아니함을 알게 하려 함이라 우리가 사방으로 욱여쌈을 당하여도 싸이지 아니하며 답답한 일을 당하여도 낙심하지 아니하며 박해를 받아도 버린 바 되지 아니하며 거꾸러뜨림을 당하여도 망하지 아니하고 우리가 항상 예수의 죽음을 몸에 짊어짐은 예수의 생명이 또한 우리 몸에 나타나게 하려 함이라 우리 살아 있는 자가 항상 예수를 위하여 죽음에 넘겨짐은 예수의 생명이 또한 우리 죽을 육체에 나타나게 하려 함이라 그런즉 사망은 우리 안에서 역사하고 생명은 너희 안에서 역사하느니라 (고후 4:7-12)

하나님은 예수 믿는 사람을 성공한 모습으로 쓰지 않으십니다. 질그릇 안에 보배를 갖게 하십니다. 질그릇을 보배로 바꿔주지 않습니다. 보배를 갖고 있지만 우리는 질그릇입니다. 질그릇 안에 보배가 있는 것입니다. 우리는 성령께서 개입하시면 질그릇이 금으로 바뀔 것이라고 생각합니다. 아닙니다. 우리가 예수를 믿고 주님 앞에 진심을 가지고 헌신함에도 불구하고 우리는 삶의 피해자 같은 꼴에서 면제받지 못합니다. 주를 위하여 목숨까지 버릴 각오를 하고 있는데도 주를 위해서 무엇을 할 돈이 생기는 것은 고사하고 먹고살기조차도 바쁩니다. 신자들에게 다 있는 일입니다. 그런 일이 생기지 않는 사람은 그가 어렵게 되면 예수를 믿지 않을까봐 한번 봐주시는 것이고, 하나님의 진실한 자녀인 신앙인에게는 대부분 다 이런 일이 일어납니다.

왜 그렇습니까? 하나님은 우리가 이 세상 인생살이의 혜택을 받기 때문에 주를 믿는 것이 아님을 분명히 하시고 싶어 합니다. 그래서 사망은 늘 우리 안에서 역사합니다. 우리는 예수를 믿고 있고, 온 천하 만물을 지으시고 통치하시는 분의 자녀임에도 불구하고 밤낮 사망에 넘겨지는 자 같습니다. 그럴 때에만 그 질그릇 안에 있는 보배가 구별되어 증거됩니다. 그가 죽음을 각오하고 세상에서의 모든 어려움을 감수하고 주를 섬길 때 보배가 질그릇과 구별됩니다. 우리가 사망에 넘겨질 때만 생명이 상대방 안에서 역사합니다. 우리가 믿는 신앙의 본질이 상대에게 전달됩니다.

믿음이 좋다는 것은 믿음이라는 이름으로 쉽게 살게 되는 것을 말하지 않습니다. 믿음이 좋다는 것은 세상의 모든 위협과 유혹과 시험을 당하고, 아무런 면제도 받지 못하고, 혜택도 받지 못한 상황에서 세상과 타협하지 않으므로 모든 일을 감수하고 예수만 붙잡겠다고 하는 것입니다. 뭐든지 내가 요구하는 대로 받는 것은 좋은 신앙이 아닙니다. 우리가 원하고 기도한 대로 받았다면 하나님이 우리를 어린아이 취급했다는 것입니다.

부모가 부도를 맞고 내일 이민을 갈까, 모레 이민을 갈까, 어떻게 도망갈까 하고 궁리하고 있는데, 철딱서니 없는 아이가 들어와서는 초콜릿을 사달라고 합니다. 그래서 만원을 주자 아이가 초콜릿을 손에 들고서 '우리 아빠가 초콜릿을 만원 어치나 사줬다'라고 자랑하고 다닙니다. 철 좀 드십시오. 그런 것은 신앙이 좋은 것이 아닙니다. 오죽하면 하나님이 그랬겠습니까? '너는 이거나 먹고 입 다물고 있어라. 널 어디다 쓰겠니? 나중에 천국의 독도에다 살게 해주마!' 왜 그런 사람들이 자랑하고 다니는지 모르겠습니다. '난 기도해서 성령 충만 받았어. 내 마음에서 사이다가 터져요.' 신앙은 그렇게 들뜨는 것이 아닙니다.

오늘 할 일을 하지 않고 있는 사람들은 다 사기꾼입니다. 어떤 감동과 어떤 헌신과 어떤 명분을 갖고 있다 해도 그런 사람들은 다 사기꾼에 불과합니다. 자기 할 일을 하십시오. 특별한 몇몇의 부름을 받은 사람만이 선교도 하고 나라도 책임지고 미래도 준비하는 것입니다. 우리가 할 일이란 그런 사람들이 가르치는 것에 따라 우리가 할 수 있는 일을 하는 것입니다. 우리는 신명기 8장에 나타난 유명한 사건을 압니다.

네 하나님 여호와께서 이 사십 년 동안에 네게 광야 길을 걷게 하신 것을 기억하라 이는 너를 낮추시며 너를 시험하사 네 마음이 어떠한지 그 명령을 지키는지 지키지 않는지 알려 하심이라 너를 낮추시며 너를 주리게 하시며 또 너도 알지 못하며 네 조상들도 알지 못하던 만나를 네게 먹이신 것은 사람이 떡으로만 사는 것이 아니요 여호와의 입에서 나오는 모든 말씀으로 사는 줄을 네가 알게 하려 하심이니라 (신 8:2-3)

우리는 이 사건에서 무엇을 보았습니까? 하나님이 우리에게 무엇을 가르치실 때, 권위와 힘으로 누르시는 것이 아니라, 우리로 하여금 이해하고 확인하게 하는 과정을 주신다는 사실을 봤습니다. 자신을 조작해달라는 목적으로 하나님께 성령 충만을 구하는 것이라면 그것은 믿음의 본질에서 떠나 있는 것입니다. 믿음이란 인격과 인격과의 관계입니다. 인격과 인격의 대등한 관계에서 조작이라니요? 어떻게 그런 일이 있을 수 있습니까? 그런데 우리는 성령 충만을 하나님이 자신을 조작해주는 것쯤으로 생각하고 있습니다. 단숨에 죄가 생각나지도 않고, 오직 하나님의 뜻대로 움직이는 거룩한 로봇이 된다고 말입니다. 하나님은 우리를 당신의 형상으로 만드셨을 때나 예수 그리스도를 십자가에 못 박으심으로 우리를 구원하셨을 때도 그런 의도를 가지신 적이 없습니다. 우리를 향한 하나님의 대접은 그런 것이 아닙니다. 왜 그런 대접을 스스로 포기하십니까? 신앙이 좋다는 것은 그런 싸움이 아닙니다.

고린도전서 13장은 사랑장이고 12장과 14장은 은사에 관한 장입니다. 은사를 가지고 자랑들을 하니까 사도 바울이 13장을 가운데 끼워 두었습니다. 거기서 무엇을 말합니까? '사랑이 최고다. 우리가 다 부족한 상태에 있기 때문에 사랑해야 한다. 우리 스스로 우리의 신앙 인생을 지켜낼 수 없기 때문에, 그냥 스스로 책임지도록 놔두지 않고 하나님이 간섭해서 우리에게 주신 것이 은사다. 은사는 우리의 유익을 위해서 준 것이다. 그러므로 너희가 생각해야 할 바는 은사를 가지고 자신의 우월감을 증명할 것이 아니다. 은사를 주신 하나님의 뜻, 즉 우리를 복되게 하고 우리에게 유익을 주기 위하여 하나님이 개입하신 손길에 발맞춰 사랑하는 그 마음을 가져라.'

이 은사는 우리가 부족한 상태에 있다는 것을 전제합니다. 그래서 어떤 은사를 갖더라도 사랑을 가지라는 것입니다. 우리는 다 거울로 보는 것 같고, 지금 꿈꾸는 것 같고, 그림자를 보는 것 같은 상태에 있기 때문입니다. 우리는 완전하지 않습니다. 성령 충만으로 신앙을 쉽게 생각하지 마십시오. 성령님은 그런 일에는 응답하시지 않습니다. 우리는 신자 된 자신의 처지와 받은 은혜와 주어진 성경 말씀을 통한 책임이 무엇인지 분별해서 그것을 연습하고 노력해야 합니다. 그렇게 하루하루 이어 가야 합니다. 과정도 없고 연습도 없고 책임도 없는, 그런 꿈같은 기대를 갖지 마십시오. 그것은 성경이 분명히 우리에게 가르치는 바요, 우리가 외면해서도 안 되고 몰라서도 안 되는 신자 된 자들의 근본적인 책임입니다.

_____ **기도**

하나님 아버지, 은혜를 감사합니다. 우리의 신앙 연습이 성령님을 기만하여 얻는 것들이 아님을 확인해 보았습니다. 우리는 성령님께 가르침을 구할 수 있습니다. 도우심을 구할 수 있습니다. 그러나 내가 책임져야 한다는 것을 절대 놓지 말게 하셔서, 말씀을 통하여 가르치시는 성령님의 개입과, 우리의 영혼을 잠자는 자리에 내버려두시지 않고 일깨우시는 성령님의 음성에 대하여 반응하고 책임지는 자리에 서게 하여 주시옵소서. 하루하루 하나님의 사람으로 살게 하시옵소서. 연습하고 노력하고 애써서 책임 있게 하나님의 사람으로 하루하루를 쌓아가게 하셔서 하나님이 우리에게 베푸신 모든 은혜들이 결실하는, 그런 복된 승리와 증언할 것이 있는 인생이 되게 하여 주시옵소서. 예수님의 이름으로 기도합니다. 아멘.

요점과 확인

1. 성령 충만은 초월적인 방식으로만 드러나지 않는다. 성령 충만
   은 일반적인 방식에서도 드러나는데 그것은 내가 지키고 노력
   해서 가야 하는, 책임을 져야 하는 시간과 과정에서도 필요하기
   때문이다.

2. 성령 충만은 우리가 로봇처럼 되는 것이 아니다. 단숨에 죄가
   생각나지도 않고, 단숨에 다시는 손 볼 것 없는, 영원히 완전한
   상태가 되는 것도 아니다.

3. 믿음은 자신이 원하는 것을 다 받았다는 것이 아니다. 그것은
   세상과 타협하지 않은 까닭에, 모든 일을 감수하고 예수만 붙잡
   겠다고 하는 것이다. 기도한 대로 우리가 다 받는다면 하나님이
   우리를 어린아이로 취급하는 것이다.

4. 우리는 왜 마음에 일어난 죄의 유혹과 반응에 대해서 놀라지 않
   아야 합니까? 그리고 그것을 어떻게 처리해야 합니까?

23

믿음에서 의심과 절망의 문제

나의 힘이신 여호와여 내가 주를 사랑하나이다 여호와는 나의 반석이시요 나의 요새시요 나를 건지시는 이시요 나의 하나님이시요 내가 그 안에 피할 나의 바위시요 나의 방패시요 나의 구원의 뿔이시요 나의 산성이시로다 (시 18:1-2)

이제 적극적인 차원과 부정적인 차원에서 믿음의 본질들에 대하여 훈련하는 방법을 살펴본 후에, 최종적으로 좋은 신앙은 어떤 것인가에 대한 결론을 내리려고 합니다.

하나님을 의존함

먼저 말씀드리자면 좋은 신앙이란 결국 얼마나 하나님께 의존적이 되느냐 하는 문제입니다. 하나님께 의존적이 된다는 것은 근본적으로 내가 하나님을 위해서 무엇을 한다는 것보다도 하나님이 없으면 내가 아무것도 할 수 없다는 뜻입니다. 즉 능력과 방법의 차원에서만이 아니라 근본적으로 그렇다는 인식을 갖는 것입니다. 하나님은 우리의 생명과 우리의 삶에 필요한 모든 것의 근원이실 뿐 아니라 모든 가치 있는 것, 모든 의미 있는 것, 모든 진리와 생명과 영원에 속한 것의 근원이십니다. 그런 차원에서 하나님께 의존적이 되어야 하는데 우리는 너무 서둘러서 하나님을 부양하려고 하지 않나 하는 생각이 듭니다.

'하나님 아버지' 하면 어떤 이미지가 떠오릅니까? 보통 남자들은 하나님 아버지 하면 사무적인 이미지가 떠오른답니다. 그러나 여자들은 하나님 아버지 하면 아버지에 대한 이미지가 겹쳐져 있답니다. 그런데 한 분이 이런 이야기를 해서 웃었습니다. 자기 아버지는 소실을 얻어서 나가셨답니다. 그래서 자기는 힘을 다해서 하나님께 예쁘게 보이려고 애를 쓴답니다. 하나님이 첩을 얻어서 나가실까 봐! 그분은 신앙에 굉장히 열심을 내는 분입니다. 그래서 제 딸한테 도 물어봤습니다. 하나님은 어떤 분이라고 생각하니, 이렇게 물었 더니 우리 딸이 복을 내려 주시는 분이라고 대답했습니다.

우리의 정서와 문화 속에 이런 것이 있는 것 같습니다. 신을 섬 긴다고 하면 공짜로 받는다는 생각이 없고 무엇을 해서 보상으로 받겠다, 혹은 받았으면 갚아야 한다는 생각입니다. 이것은 아마도 모든 인간의 본성일 수 있겠습니다. 여하튼 성도들이 갖는 신앙의 정서랄까, 본능이랄까, 일종의 인간적인 발상이랄까 싶은데 우리는 하나님께 무엇을 해서 갚으려고 합니다. 그리고 그런 것을 좋은 신 앙이라고 생각하는데 그렇지가 않습니다. 좋은 신앙이란 하나님께 의존적이 되는 것이고, 그 의존성 중에는 모든 것이 포함됩니다.

우리가 하나님께 감히 갚겠다고 생각하는 것은 하나님께 의존 할 것이 몇 가지로 제한되어 있다고 생각하기 때문입니다. 그 나머 지는 자기 홀로 할 수 있다고 생각하는 것입니다. 하나님이 해주실 수 있는 것으로는 구원, 천국에 가는 것, 생명을 구해 주시는 것 이 런 몇 가지뿐이고, 나머지는 하나님과 상관없이 자기가 알아서 할 수 있고, 또 해서 갚아야 한다고 생각합니다. 물론 우리가 져야 할 책임이 있는 것이 분명하지만 그것과는 전혀 다른 것입니다. 시편 18편 1, 2절의 표현이 그렇습니다. 다윗의 고백입니다.

나의 힘이신 여호와여 내가 주를 사랑하나이다 여호와는 나의 반석

이시요 나의 요새시요 나를 건지시는 이시요 나의 하나님이시요 내
가 그 안에 피할 나의 바위시요 나의 방패시요 나의 구원의 뿔이시
요 나의 산성이시로다 (시 18:1-2)

하나님은 보호자십니다. 지켜주시는 분입니다. 그러나 하나님은 그
정도에 그치는 분이 아닙니다. 시편 18편 30절부터 봅시다. 하나
님에 대한 다윗의 이해는 보호뿐 아니라 좀 더 근본적인 모든 것에
있어서 하나님이 근원이시라는 것을 알고 있습니다.

하나님의 도는 완전하고 여호와의 말씀은 순수하니 그는 자기에
게 피하는 모든 자의 방패시로다 여호와 외에 누가 하나님이며 우
리 하나님 외에 누가 반석이냐 이 하나님이 힘으로 내게 띠 띠우시
며 내 길을 완전하게 하시며 나의 발을 암사슴 발 같게 하시며 나를
나의 높은 곳에 세우시며 내 손을 가르쳐 싸우게 하시니 내 팔이 놋
활을 당기도다 (시 18:30-34)

다윗은 자신을 반석 위에 서게 하고, 그의 길을 완전하게 하는 모든
것이 하나님의 도에 있다고 합니다. 하나님만이 길을 만드시며 하
나님만이 복을 주시며 하나님만이 우리에게 모든 의로운 것과 선
한 것과 영원한 것에 대하여 가르쳐 주시고 채워 주시는 유일한 분
이시라고 다윗은 고백하고 있습니다. 좋은 신앙은 바로 이런 차원
에서 하나님께 의존적인 것입니다. 참다운 신앙은 언제나 그의 행

동으로나 생각으로나 그 맨 밑바닥의 근거를 하나님으로 삼고 있습니다. 하나님의 권위, 하나님의 근원되심, 하나님의 은혜, 자비하심을 그 근거로 삼고 있습니다.

그러나 잘못된 신앙은 하나님과 그의 영광과 감사 등 기독교 신앙의 용어로 채색은 되어 있지만 그 근원은 언제나 자기 자신입니다. 자신의 똑똑함, 자신의 남다름, 자신의 우월감, 이런 것들이 그 근원을 이루고 있습니다. 따라서 신앙마저도 하나님을 앞세워 자신이 남과 다르고, 다른 모든 인간과 비교할 수 없는 자라는 치장으로 쓰고 있습니다.

하나님을 의존한다는 것은 우리에게 있는 어떤 가치조차도 다 하나님께로부터 나온 것이요, 나는 그 은혜를 입은 사람으로서 그 은혜 없이는 살 수 없다는 것을 아는 것입니다. 이것이 좋은 신앙입니다.

믿음에서 의심의 문제

그런데 여기에서 꼭 확인하고 넘어가야 할 것이 있습니다. 하나님께 전적으로 온전히 의존하는 것이 좋은 신앙이지만 그것 자체로 다 되는 것이 아닙니다. 하나님께 모든 것을 맡기면 모든 문제가 자동으로 해결되고, 더 이상 걱정할 일이 없고, 애쓰고 노력할 일이 전혀 없는 상태가 되는 것이 아닙니다. 그런 인생이 되는 것이 아닙니다. 예수를 믿는 신앙인들이 신앙의 현실 속에서 가장 당황해하는 신앙상의 의문점으로 두 가지가 있습니다. 즉 의심하는 것과 절망하는 것인데 그것을 어떻게 이해해야 할 것인가 하는 문제입니다. 의심하는 것과 절망하는 것이 그때마다 물론 그것의 의미는 조금씩 다르겠지만 일반적으로 말해서 의심과 절망은 당연히 일어나는 것입니다. 그런 것들이 없어야 하는 것이라고 알고 있다면 신앙을 잘못 이해하고 있는 것입니다.

좋은 신앙을 가지고 있으니까 '나는 아무런 의심도 없다, 나는 아무런 걱정도 없다'라고 쉽게 이야기하는 사람은 현실에 몸담고 있지 않아서 그렇게 말하는 것입니다. 강 건너 불구경하고 있는 것입니다. 실제로 인생은 의심할 것과 걱정할 것과 절망할 것이 없는 날이 하루도 없습니다. '나는 아무런 의심도 없다. 나는 하나님을 믿고 모든 것을 다 하나님 앞에 맡겼기 때문에 나는 늘 편하다.' 이렇게 말하는 사람은 아이큐가 75 이하이거나 아니면 믿음을 잘못 이해하고 있는 것입니다. 믿는 자에게 의심과 걱정이 없는 순간이란 있을 수 없습니다. 아무 의심도 없다고 하는 것은 본인이 얼마나 신앙이 좋은지를 자랑하는 마음에서 나오는 것이지, 현실에서는 그런 상태가 있을 수 없는 법입니다. 물론 감격의 순간은 있겠지요. 신앙의 확신이 두드러지게 넘쳐나는 희열의 순간도 있겠지요. 하지만 이런 것들로 현실이 바뀌지는 않습니다. 걱정거리가 없어지는 것도 아닙니다. 히브리서 3장 1절에 흥미로운 말씀이 있습니다.

그러므로 함께 하늘의 부르심을 받은 거룩한 형제들아 우리가 믿는 도리의 사도이시며 대제사장이신 예수를 깊이 생각하라 그는 자기를 세우신 이에게 신실하시기를 모세가 하나님의 온 집에서 한 것과 같이 하셨으니 그는 모세보다 더욱 영광을 받을 만한 것이 마치 집 지은 자가 그 집보다 더욱 존귀함 같으니라 (히 3:1-2)

히브리서는 예수를 믿는 유대인들에게 쓴 서신입니다. 당시 유대인들은 거의가 예수를 배척했고, 예수 믿는 자들을 자기네 민족 종교인 유대교를 떠난 이단자로 취급했습니다. 로마 정부로부터 핍박을 받을 뿐 아니라 동족들에게까지 매국노, 이단자, 배신자로 몰려서 참으로 저들의 처지가 어려웠습니다. 이 서신의 저자가 저들에게 하는 이야기는 이렇습니다. '함께 하늘의 부르심을 입은 거룩한 형제들아 우리의 믿는 도리의 사도시며 대제사장이신 예수를 깊이 생각하라.' 우리의 믿음의 모범이며 앞선 모델인 예수를 깊이 생각하라고 합니다. 그는 하나님의 아들이신 성자 하나님이심에도 불구하고 이 세상에 종의 모습으로 오셔서 십자가를 지시기까지 하나님 앞에 충성했다. 그가 얼마나 억울하고 고통스러운 길을 걸었는지를 생각해 보라는 것입니다.

예수께서 잡히시던 밤에 겟세마네 동산에서 '아버지여 할 수 있거든 이 잔을 내게서 비켜 주시옵소서'라고 기도할 때 그 흐르는 땀이 피와 같았습니다. 십자가상에서 '나의 하나님, 나의 하나님, 어찌하여 나를 버리시나이까'라고 기도하셨습니다. 예수께서 그 십

411

자가를 흔쾌히 지셨지만 아무 고통도 없고, 아무 갈등도 없었던 것이 아닙니다. 고통 속에 있었고 수모 가운데 있었습니다. 치욕과 고통을 친히 감수하고 계셨던 것입니다. 그렇다고 당신이 하셔야 할 일을 포기하거나 불평하지 않으셨습니다.

우리는 좋은 믿음을 가지면 걱정, 근심, 의심, 고통, 이런 모든 어려움들이 없고 무슨 약 먹고 구름 타고 다니는 것 같은 상태에 있을 것이라고 생각합니다. 아닙니다. 좋은 믿음은 '하나님을 놓지 않겠다, 하나님이 주시는 것만으로 힘을 삼겠다, 하나님이 인정하는 것만으로 내 발걸음을 옮겨놓겠다'라고 하는 각오이며 순종입니다. 그것이 좋은 믿음입니다. 그런데 누군가가 '봐라, 이렇게 형통한 길이 됐다'라고 하는 것은 좋은 믿음이 아니라는 것입니다. 그것은 믿음을 빙자하여 나는 너와 다르다고 자랑하는 것입니다. 거기에는 십자가가 없고 예수 그리스도가 등장할 이유가 없습니다. 십자가를 지시는 예수님이 없습니다.

우리를 향하여 가지신 하나님의 뜻과 그의 인도하심이 우리의 생각보다 훨씬 크고 높아서 이해가 되지 않기 때문에 우리는 의심하게 됩니다. 의심이란 부정하고 거부해서만 생기는 것이 아니라, 확신을 요구하는 데에서 나오기도 합니다. 하나님을 믿는 내 믿음이 더 크고 더 분명해지기를 바라는 까닭에 의심이 생기는 법입니다. 그래서 정당한 신앙을 소유한 자는 언제나 그 의심을 하나님 앞에 가서 털어놓습니다. '하나님, 하나님이 계신가요, 안 계신가요?' 이렇게 투덜거린다는 말입니다.

그러나 정말 객관적으로 의심을 하는 자들은 하나님 앞에 와서 불평하지 않습니다. 믿지 않는 사람들은 '하나님이 존재할까, 존재하지 않을까'라고 하는 것이 아니라, 하나님이 없다는 전제 하에 의심합니다. 이에 반해 신앙인들은 하나님이 계신 것을 전제하고 의심합니다. 무엇을 의심합니까? '하나님이 계시느냐, 안 계시느냐'가 아니라 '왜 하나님이 내 기대와 내 요구와 내 입맛에 맞게 안 해주시느냐'로 하나님을 붙잡고 '하나님 정말로 계세요'라고 묻는 것입니다. 우리는 이것을 믿음의 근본 자체가 흔들리는 것으로 오해한 나머지 '나는 아닌가 봐!'라고 할 수 있습니다. 그러나 그렇게 생각해서는 안 됩니다. 의심이 없는 사람은 그 믿음이 결코 깊어지거나 자라날 수가 없습니다. 그래서 정당한 신앙을 소유한 자들에게는 늘 의심이 찾아옵니다. 그 의심은 더 알고 싶은 욕구이며 하나의 동기인 것입니다.

믿음에서 절망의 문제

또 하나 생각해야 할 것은 절망입니다. 절망이 왜 일어납니까? 하나님이 우리에게 요구한 것을 이루어야 하는데 우리에게 여러 가지 제한 조건이 있기 때문입니다. 하나님이 뜻하시는 것과 하나님이 목표하시는 것에 우리가 이해로만 미치지 못하는 것이 아니라, 그것을 이룰 수 없는 여러 가지 나쁜 조건을 본성적으로 가지고 있

4부 | 좋은 믿음이란 무엇인가

다는 것입니다.

우선적으로 우리는 못났습니다. 이 못났다는 말이 얼마나 무서운 말인지 아십니까? 더 이상 나쁜 표현을 할 수 없는 정도가 못났다는 말입니다. 우리는 못났습니다. 우리는 의에 대하여 거룩함에 대하여 생명에 대하여 진리에 대하여 관심이 없는 자들이요, 우리는 언제나 이해관계와 자존심과 눈앞에 있는 이익에 현혹되는 자들입니다. 불속으로 뛰어드는 불나방 같고 철로 위에 누워 잠든 메뚜기 같습니다. 우리는 못났습니다. 못난 것 위에 우리는 힘겨운 짐도 지고 있습니다. 생각이 짧고 본성이 비뚤어진 데다 그 일을 해내야 하는 우리의 책임, 우리에게 요구된 하나님의 목표, 이런 것들이 너무나 힘에 부친다는 것입니다. 이런 이유로 정신이 늘 가물가물하고, 예수를 믿을까 말까, 잠시 쉬었다가 나중에 믿을까 하는 생각이 드는 것입니다.

올림픽이나 아시안게임 등이 시작되면 간간이 텔레비전 뉴스에 태릉선수촌에서 훈련하고 있는 선수들의 모습이 나옵니다. 그것을 보고 있으면 이 세상에서 제일 쉬운 것이 공부인 것 같습니다. 운동은 참 못할 짓입니다. 지도자들이 선수들을 가만히 놔두질 않습니다. 선수들이 태릉선수촌 뒷산에서 뛰는 것을 보셨습니까? 자기 몸무게의 십분의 일 정도 되는 모래주머니를 차고 뜁니다. 다섯 명 선착순으로 해서 늦게 들어오는 사람은 또 뛰어야 합니다. 그렇게 안하면 상대를 이길 수 없기 때문입니다. 뛰다보면 뭐가 제일 싫은 줄 아십니까? 무거운 머리가 싫습니다. 탁구 선수들이 사용하는 탁구

공의 무게가 2.5그램인데, 그 탁구공에 힘을 싣기 위해서 역기를 들고 매일 육상 선수들 이상으로 뛰고 줄을 탑니다. 참 무섭게 연습합니다. 그래야만 좋은 성적을 거둘 수 있기 때문입니다.

우리는 죄인으로 태어나서 하나님이 그의 자녀로 불러서 거룩하고 영광된 자리로 갑니다. 그 과정이 어찌 쉽겠습니까? 아무 연습도 없이 하루아침에 '열려라 참깨' 하고 외치면 문이 열리듯 열릴 것 같습니까? 어림도 없습니다. 이 세상에 가치 있는 것치고 연습하지 않고 되는 것은 하나도 없습니다. 구구단을 외울 때도 며칠을 고생했나 생각해 보십시오. 영어 단어 하나 외우는데 어떻게 했나 보십시오. 요새 스포츠계의 최고의 영웅은 타이거 우즈입니다. 그가 샷 하나를 자기 것으로 완벽하게 만들려고 삼만 번을 쳤답니다. 삼만 번은 엄청난 운동량입니다. 히브리서 12장을 봅시다.

이러므로 우리에게 구름 같이 둘러싼 허다한 증인들이 있으니 모든 무거운 것과 얽매이기 쉬운 죄를 벗어 버리고 인내로써 우리 앞에 당한 경주를 하며 믿음의 주요 또 온전하게 하시는 이인 예수를 바라보자 그는 그 앞에 있는 기쁨을 위하여 십자가를 참으사 부끄러움을 개의치 아니하시더니 하나님 보좌 우편에 앉으셨느니라 너희가 피곤하여 낙심하지 않기 위하여 죄인들이 이같이 자기에게 거역한 일을 참으신 이를 생각하라 (히 12:1-3)

성경은 성도들이 신앙 인생을 사는 데 있어서 낙심하는 일이 당연

4부 | 좋은 믿음이란 무엇인가

히 있다고 인정하고 있습니다. 그리고 그 일에서 먼저 승리한 자로서 예수 그리스도를 제시하고, 히브리서 11장에서는 믿음의 영웅들도 제시한 바 있습니다. 저들도 너희와 동일한 시험을 받았고 동일한 어려운 길을 걸었느니라, 그러나 지지 않았느니라, 너희도 할 수 있느니라, 이렇게 이야기하고 있습니다.

절망할 일은 우리에게 생길 수밖에 없습니다. 절망은 언제나 자기 힘의 한계를 벗어날 때 생깁니다. 그러나 사람이 발전하려면 그 한계를 넘어서야 합니다. 신앙이 더 강하고 풍성하게 되는 유일한 방법은 연습하여 그 한계를 좁히는 것입니다. 그렇게 되려면 죽을 것 같은 훈련을 받아야 합니다. 그 일에 예수 그리스도께서 지신 십자가를 제시하고 있습니다.

히브리서 4장에는 이런 말씀도 나옵니다. 지금까지 한 이야기들로 인하여 혹 부담을 느끼고 너무 외롭다고 생각하거나 마음이 무거워질까봐 성경에 이런 위로도 있습니다.

그러므로 우리에게 큰 대제사장이 계시니 승천하신 이 곧 하나님의 아들 예수시라 우리가 믿는 도리를 굳게 잡을지어다 우리에게 있는 대제사장은 우리의 연약함을 동정하지 못하실 이가 아니요 모든 일에 우리와 똑같이 시험을 받으신 이로되 죄는 없으시니라 그러므로 우리는 긍휼하심을 받고 때를 따라 돕는 은혜를 얻기 위하여 은혜의 보좌 앞에 담대히 나아갈 것이니라 (히 4:14-16)

좋은 신앙은 하나님을 의존하는 것이고, 여기에는 도우심을 구하는 것까지 포함됩니다. 좋은 신앙은 하나님께서 우리의 모든 것이 된다는 것을 믿는 것입니다. 하나님은 우리의 보호자시요 우리의 인도자시요 우리를 위하여 선하고 의롭고 영광된 목표를 가지고 계신 분이라고 믿는 것입니다. 우리가 그 자리에 가려면 노력하고 인내해야 합니다. 나 혼자 이 일을 책임지도록 버려두시지 않고 하나님이 도와주십니다. 이 도와주심은 우리의 책임을 면하게 하려고 주어진 것이 아닙니다. 우리가 그 목적지에 이를 수 있도록 우리홀로 버려두시지 않는다는 그의 자비하심과 간섭하심입니다. 하나님께 의존한다는 말에는 그런 약속도 들어 있습니다.

그래서 우리의 연약함을 체휼하신 우리를 돕는 대제사장 예수그리스도가 언급되는 것입니다. '낙심하지 말라. 네 혼자 책임지도록 버려두신 것이 아니다. 네가 실패치 않도록 하나님이 간섭하실 것이다.' 그러나 이런 약속을 이유로 핑계 대고 외면하고 게으르지는 말라는 것입니다. 이 균형을 이루어야 합니다. 하나님이 베푸시는 은혜와 나의 책임 간의 균형을 잘 이해하면 가장 확실하고 분명한 신앙이 될 것입니다. 종교라는 이름을 동원하여 자신을 자랑하려고 하지 말고, 모든 것이 하나님으로부터 온다는 것을 인정하고, 거기에 우리의 힘과 소망과 위로가 있음을 알아야 합니다. 그것이 우리로 게으르게 하지 않고 책임 있게 할 것입니다. 이것이 건강하고 좋은 신앙입니다.

하나님 아버지, 은혜를 감사합니다. 하나님의 자녀로 부름 받은 복과 그 영광을 알게 하시고, 하나님이 간섭하사 이 일을 이루신다는 것을 또한 알게 하셨으니 감사합니다. 그러므로 힘을 다하고 진심을 바쳐 우리가 당하는 일에서 믿음의 경주를 하도록 결심하게 하옵소서. 순종하게 하옵시고 승리하게 하시옵소서. 예수님의 이름으로 기도합니다. 아멘.

요점과 확인

1. 좋은 믿음은 하나님께 의존하는 것이다. 거짓된 믿음은 종교적인 색채로 위장하며 그 근거를 언제나 자기 자신으로 삼지만, 좋은 믿음은 하나님만이 삶의 유일한 원천임을 인정하고 하나님께 모든 것을 의탁하는 것이다.

2. 믿음은 의심이 없는 것을 전제하지 않는다. 불신자의 의심은 하나님의 존재를 부정하는 데서 나오지만 성도의 의심은 하나님의 존재를 인정한 토대 위에서 나온다.

3. 믿음은 절망이 없는 것을 전제하지 않는다. 절망은 하나님께서 요구하시는 거룩함과 진리와 생명의 기준에 턱없이 모자라는 성도의 실존적 상황 때문에 발생하는 것이다. 따라서 연습과 훈련을 통해서 절망의 한계를 좁혀나가야 한다.

24

인내를 온전히 이루라

내 형제들아 너희가 여러 가지 시험을 당하거든 온전히 기쁘게 여기라 이는 너희 믿음의 시련이 인내를 만들어 내는 줄 너희가 앎이라 인내를 온전히 이루라 이는 너희로 온전하고 구비하여 조금도 부족함이 없게 하려 함이라 (약 1:2–4)

우리는 앞에서 믿음의 본질을 살펴보면서 초월을 종교의 중심에 놓는 사람들이 갖는 종교적 본성에 대하여 생각해보았습니다. 성경이 믿음을 이야기할 때 인내하라고 가르치는데, 그것은 이 종교적 본성이 우리의 신앙을 왜곡하는 문제가 거기 있다는 것을 지적하기 위함입니다. 우리가 기대하는 바대로 믿음이라는 것이 하나님께 전심으로 매어 달려서 초월적인 것으로 그 답을 받아내는 것이라면 거기에는 시련이나 인내가 필요 없게 됩니다.

기독교를 표방하는 이단들이나 사이비 종교들은 바로 이런 초월을 앞세워서 제대로 된 믿음을 갖게 되면 모든 것이 단번에 해결된다고 가르칩니다. 병이 낫고 실패한 인생이 회복되고 원하는 대로 돈을 벌게 된다고 말합니다. 이렇게 말하는 것은 성경이 가르치는 믿음의 본질과는 달리 사람들이 소원하는, 사람들이 만들어 가진 종교에 대한 본성에 기초를 둔 것입니다. 그런데 우리 모두에게도 이런 것이 하나의 본능으로 우리 마음속에 자리를 잡고 있어서, 진심과 확고한 믿음을 가지고 하나님께 간절히 매어 달리면 필요한 모든 것이 즉각적으로 해결될 것으로 기대한다는 것입니다.

하지만 성경은 야고보서에서 본 바와 같이 '너희 믿음의 시련이 인내를 만들어 낸다'라고 자주 이야기합니다. 로마서 5장에도 나옵니다. "다만 이뿐 아니라 우리가 환난 중에도 즐거워하나니 이는 환난은 인내를, 인내는 연단을, 연단은 소망을 이루는 줄 앎이로

421

다"(롬 5:3-4). 소망을 이루는 방법은 능력이나 믿음이나 기도가 아니며, 환난, 인내, 연단이라고 말합니다. 하나로 묶어 이야기하자면 '시련을 통하여, 고난을 통하여 소망이 이루어진다'는 것입니다.

우리의 생각에는 우리가 소원하는 목표와 보상을 얻는 것을 믿음으로 알고 있는데 성경은 '시련을 견디는 것'을 믿음이라고 말합니다. 그것은 초월적인 보상을 받아내는 어떤 신비한 형태가 아닙니다. 세상적인 모든 일들을 일시 중단하고 식음을 전폐하고 하나님 앞에 나아가 엎드리는 것이 소망을 이루는 방법일 것 같지만, 성경은 그와 달리 시련과 고난과 환난을 이야기합니다.

여기서 약속이나 소망이 믿음의 내용이요 목표인 것은 두말할 필요가 없습니다. 그러나 이 약속과 소망이 믿음이라는 이름으로 허락될 때에는 그 믿음이 초월적인 방법을 끌어내는 어떤 신비한 종교적 행사가 아니라, 인내라는 이름으로 소개되는 어떤 과정, 곧 시련과 환난의 과정이라고 성경은 이야기합니다. 요한계시록 3장은 빌라델비아 교회에 보낸 편지입니다. 10절입니다.

네가 나의 인내의 말씀을 지켰은즉 내가 또한 너를 지켜 시험의 때를 면하게 하리니 이는 장차 온 세상에 임하여 땅에 거하는 자들을 시험할 때라 (계 3:10)

'네가 믿음을 가졌다. 네가 믿음을 지켰다'는 이야기입니다. 이 믿음을 지켰다는 것을 풀어서 '인내의 말씀을 지켰다'라고 말합니다.

여기서 말씀은 의미상 약속이요 소망에 속하는 내용들일 것입니다. 그 약속과 소망을 인내로 지키고 있다고 말하고 있고, 인내로 지키고 있다는 것은 그 약속과 소망이 지금 결실을 맺거나 보상되는 것이 아니라는 이야기를 내포합니다. 우리가 지금 다루려고 하는 것은 바로 이 대목입니다.

인내를 적극적으로 설명하기에 앞서서 먼저 확인해야 할 것이 있습니다. 믿음이란 세상적인 어떤 과정이나 노력도 필요 없이 초월을 통해 획기적이고 즉각적이고 완벽하게 어떤 결과를 얻어내는 신비한 방법이라고 기대하고 있는데 그런 생각을 제발 부서달라는 것입니다. 그런 식으로 말하고 그런 식으로 기대하는 것을 믿음이 좋다고 이야기하지 말라는 것입니다. 믿음이 좋다는 것은 그와 매우 다른 것입니다. 시편 13편의 식으로 이야기하자면 '여호와여 어느 때까지니이까 영영히 나를 잊으시나이까', 이런 기가 막힌 고백을 하는 과정이 따른다는 것입니다. 우리는 신앙이 좋다고 하면 의심도 없고 부정적인 어떤 것도 없는, 그냥 전심으로 하나님을 찾고 하나님께 의존함으로써 그냥 받는 불꽃놀이 같은 감격이라고 생각하는데, 그렇지 않습니다.

데살로니가전서 1장에 가봅니다. 성경에 이런 표현이 많다는 것을 우리로 확인하게 하는 근거 구절입니다. 바울이 데살로니가 교회에 보낸 편지입니다.

우리가 너희 모두로 말미암아 항상 하나님께 감사하며 기도할 때에

423

너희를 기억함은 너희의 믿음의 역사와 사랑의 수고와 우리 주 예수 그리스도에 대한 소망의 인내를 우리 하나님 아버지 앞에서 끊임없이 기억함이니 (살전 1:2-3)

그리스도에 대한 소망이 인내로 나타난다고 합니다. 그리스도에 대한 소망의 인내는 다른 말로 그리스도에 대한 믿음이라고 이야기해도 됩니다. 이 믿음을 소망의 인내라고 이야기하고 있습니다. '소망과 보상, 목표, 이런 것들은 인내라는 과정과 기간을 필요로 합니까?' 이 물음은 우리가 생각해야 될 신앙의 본질과 잘못된 신앙관을 교정하는 데 필요합니다. 인내라는 것은 목표를 알고 있고, 약속을 알고 있으며, 소망의 내용을 확인하고 있으되, 그것이 현실로 아직 나타나지 않았다는 것을 함축하고 있습니다. 하나님에 대한 이해, 즉 하나님이 우리에게 약속한 인생과 역사에 대한 모든 궁극적인 결과는 알고 있지만, 그것이 현실로 허락되지 않았다는 것 때문에 인내라는 말이 성경에 쓰여 있습니다.

왜 인내가 필요합니까? 예를 들자면 이렇습니다. 어떤 면적이 길이를 갖게 될 때 커다란 부피를 형성하게 되듯이 인내라는 것도 시간을 요합니다. 2차원의 평면이 세로의 길이를 갖게 되면, 즉 시간이라는 길이를 갖게 되면 그 부피가 커지는 것과 같습니다. 하나님이 우리에게 인내를 요구하십니다. 우리가 아는 소망, 우리가 받은 약속의 내용이 풍성하게 실체화되려면 그 과정이 필요하므로 인내가 요구된다는 것입니다.

욥을 생각해 보십시오. 욥은 성경에서 가장 믿음이 좋은 사람으로 이해되고 있습니다. 성경은 욥을 믿음의 위인으로 이야기합니다. 그것은 그가 인내한 자로서 믿음의 최고의 모델로 여겨지기 때문입니다. 야고보서 5장에 그렇게 등장합니다.

그러므로 형제들아 주께서 강림하시기까지 길이 참으라 보라 농부가 땅에서 나는 귀한 열매를 바라고 길이 참아 이른 비와 늦은 비를 기다리나니 너희도 길이 참고 마음을 굳건하게 하라 주의 강림이 가까우니라 형제들아 서로 원망하지 말라 그리하여야 심판을 면하리라 보라 심판주가 문 밖에 서 계시니라 형제들아 주의 이름으로 말한 선지자들을 고난과 오래 참음의 본으로 삼으라 보라 인내하는 자를 우리가 복되다 하나니 너희가 욥의 인내를 들었고 주께서 주신 결말을 보았거니와 주는 가장 자비하시고 긍휼히 여기시는 이시니라 (약 5:7-11)

이 말씀을 음미해서 보면 인내의 최고 모델로 욥이 등장하고 있습니다. 욥은 인내한 자로서 하나님이 어떤 분인지를 압니다. 욥은 하나님이 의로운 분이시며 선한 분이라고 알고 있었습니다. 그런데 그는 범죄하지 않았음에도 불구하고 부당한 대접을 받았습니다. 그래서 하나님 앞에 불만을 토로합니다. 계속 하나님께 따집니다.

425

'하나님, 한 번만 만나 주십시오. 하나님 왜 이런지 제발 설명해 주십시오.' 이것이 욥기입니다.

그런데 잘 보십시오. 그 기간을 통해서 결론이 어떻게 납니까? '내가 예전에는 주께 대하여 귀로 듣기만 하였삽더니 이제는 눈으로 봅니다.' 그 시련의 시기 동안에, 하나님의 공의로움과 선하심에 대하여 본인이 알고 있다고 생각한 것들이 현실로 실체화되지 않습니다. 이를 통해 그는 본인 자신이 하나님에 대해서 안다고 생각했던 것이 초보적인 수준에 불과했고, 비교할 수 없이 높은 하나님의 하나님 되심을 더욱 아는 경지로 나갈 수 있게 됐다고 고백하게 됩니다.

성경에서 이런 문제에 대한 더 귀한 모범을 찾자면 하박국 선지자일 것입니다.

여호와여 내가 부르짖어도 주께서 듣지 아니하시니 어느 때까지리이까 내가 강포로 말미암아 외쳐도 주께서 구원하지 아니하시나이다 어찌하여 내게 죄악을 보게 하시며 패역을 눈으로 보게 하시나이까 겁탈과 강포가 내 앞에 있고 변론과 분쟁이 일어났나이다 이러므로 율법이 해이하고 정의가 전혀 시행되지 못하오니 이는 악인이 의인을 에워쌌으므로 정의가 굽게 행하여짐이니이다 (합 1:2-4)

하박국이 하나님 앞에 한 불평은 이것입니다. '온 우주를 다스리시는 이는 하나님이 아닙니까? 그런데 세상에서는 공의가 시행되지 않고 악행과 불의가 횡행하고 악한 자들이 선한 자들을 못살게 구는데 하나님은 왜 가만히 보고만 계십니까?' 이것이 하박국 선지자의 불만입니다. 그가 알고 있는 것은 하나님이 공의로우신 분이라는 것입니다. 그런데 현실은 그렇지 않습니다. 그가 아는 것이 실현되지 않고 보상되지 않는 현실입니다. 이 현실의 부조리가 도대체 왜 나타나는가 하는 것이 그의 불만입니다. 그런데 5절 이하에서 하나님이 대답하시기를 '야, 너 그것 때문에 놀랐냐? 앞으로 더 놀라운 일들이 생긴다. 세상은 더 악해지고 더 불의한 자들이 활개를 칠 것이다. 너 지금까지 본 것보다 더 놀라운 일이 생길 것이다'라고 하십니다. 이 말씀의 의미가 그렇습니다.

선지자가 이르되 여호와 나의 하나님, 나의 거룩한 이시여 주께서는 만세 전부터 계시지 아니하시니이까 우리가 사망에 이르지 아니하리이다 여호와여 주께서 심판하기 위하여 그들을 두셨나이다 반석이시여 주께서 경계하기 위하여 그들을 세우셨나이다 주께서는 눈이 정결하시므로 악을 차마 보지 못하시며 패역을 차마 보지 못하시거늘 어찌하여 거짓된 자들을 방관하시며 악인이 자기보다 의로운 사람을 삼키는데도 잠잠하시나이까 주께서 어찌하여 사람을 바다의 고기 같게 하시며 다스리는 자 없는 벌레 같게 하시나이까 그가 낚시로 모두 낚으며 그물로 잡으며 투망으로 모으고 그리고는 기뻐하고 즐거워하여 그물에 제사하며 투망 앞에 분향하오니 이는 그것을 힘입어 소득이 풍부하고 먹을 것이 풍성하게 됨이니이다 (합 1:12-16)

하박국 선지자가 놀랐습니다. '아니, 하나님! 하나님은 온 천하 만물의 유일한 통치자가 아니십니까? 하나님은 의로우신 분이 아니십니까? 그런데 왜 이런 일이 생긴다고 하시는 겁니까?' 바로 이것입니다. 욥의 경우나 하박국의 경우에서 이것이 무엇을 뜻하는지 분명히 알아야 합니다. 그 문제로 그들의 믿음이 넘어진 것은 아니었습니다. 그들의 믿음은 견고합니다. 하나님이 누구인지를 알고 하나님만이 결국 그의 백성들에게 공의를 베풀며 복을 베풀리라는 것을 압니다.

그런데 그 복과 보상이 현실에 나타나지 않으니까 가서 물어보는 것입니다. 하나님의 전능하심과 약속을 근거로 하여 우리가 하나님의 백성이 되었으며 하나님을 믿고 의지하며 살고 있는데, 왜 나타나는 것이 아무것도 없습니까? 이것이 시련입니다. 그런데 하나님은 더 기다려야 된다고 하십니다. 무엇 때문에 그렇게 하시는 것입니까? 그것이 있어야 부피가 생기기 때문입니다. 원통의 부피를 올리려면 높이가 있어야 되는 것과 마찬가지입니다. 길이가 있어야 그 내용이 풍성해지는 것이기 때문입니다.

믿음의 시련이 주는 유익

시련이란 '하나님을 믿는다, 안 믿는다' 하는 문제에서 발생하는 것이 아니라, 하나님을 믿고 하나님의 백성 된 자의 복, 약속과 소망을 갖고 있는데, 이것이 내가 기대하는 때에 허락되지 않는다고 생각하기에 때문에 발생하는 문제입니다. 예수를 믿었는데, 도대체 믿은 효과가 없다는 것입니다. 다시 말해서 '하나님이 정말 계시는가, 내 기도를 들어주시는가'라는 문제가 아니라, '아니, 믿은 게 이게 뭐야?'라고 드는 의문과 관계가 있습니다. 우리는 믿음이 무엇이냐 하는 문제를 분명히 해야 합니다. 우리는 자칫 잘못하면 다음과 같은 근본적인 시험에 빠질 수 있습니다. '정말, 하나님이 내 기도를 들으시는가? 정말 하나님을 믿고 사는 것이 복이라는 말이 맞는가?'

그런데 시험은 하나님에 대해서 있는 것이 아니라 믿음에 대해서 있는 것입니다. 하나님의 백성으로 가진 바, 하나님의 허락하신 약속들이 도대체 어떻게 해야 실현되는가? 이 문제에서 우리는 많은 시험을 당하게 됩니다. 그리고 우리 주변에 '이렇게만 하면 당장 결과를 볼 수 있다'라고 유혹하는, 잘못된 신앙을 전하는 자들이 있습니다. 그래서 우리는 '아, 이렇게 해서 안 되었나 보다!' 하고 다른 방법, 더 지독한 방법, 더 열심인 방법, 더 극단적인 방법을 자꾸 쓰지만 답은 오지 않습니다. 시간이 필요하고 긴 과정이 필요합니다. 우리가 알고 있다고 생각하는 것들, 하나님에 대한 지식, 하나님이 우리에 대하여 갖고 계시는 어떤 약속들, 소망과 복들은 사실 다 알고 있는 것이 아닙니다. 우리가 욥에서 봤습니다. 우리가 안다고 하는 것이 지금은 귀로 듣는 정도에 불과하지만, 그때 가서야 눈으로 볼 것입니다. 이렇게 되기까지 어떤 과정이 필요한 것입니다.

그래서 이 하박국서가 어디로 가는지 보십시오. 하박국 선지자의 이 놀라운 부르짖음과 하나님 앞에 가서 한 기도는 이렇습니다. '하나님, 하나님은 공의로우신 분이 아닙니까. 어찌하여 불의한 자들이 의로운 자들을 핍박하는 공의를 굽게 하는 것을 그냥 두고만 보신다는 말입니까?' 이때 그에게 어떤 답을 주셨습니까? "보라 그의 마음은 교만하며 그 속에서 정직하지 못하나 의인은 그의 믿음으로 말미암아 살리라"(합 2:4). 이런 답을 주십니다.

그런데 '믿음으로 산다'라는 표현에서 그 믿음은 굉장히 많은 내용을 가지고 있습니다. 이 믿음은 하나님과의 인격적인 교제라는 본질을 가지며, 거기에는 과정과 시간이 필요한 것입니다. 그래서 '의인은 믿음으로 말미암아 산다'라고 하는 실현이 언제 이루어졌는지를 로마서 1장에서 사도 바울이 이렇게 적고 있습니다.

내가 복음을 부끄러워하지 아니하노니 이 복음은 모든 믿는 자에게 구원을 주시는 하나님의 능력이 됨이라 먼저는 유대인에게요 그리고 헬라인에게로다 복음에는 하나님의 의가 나타나서 믿음으로 믿음에 이르게 하나니 기록된 바 오직 의인은 믿음으로 말미암아 살리라 함과 같으니라 (롬 1:16-17)

'의인은 믿음으로 산다'라고 하였을 때 여기에 그 답이 나옵니다. 하박국서를 다시 한 번 생각해 봅시다. 하박국 선지자의 불만이 무엇이었습니까? '하나님은 온 우주 만물의 유일한 통치자이십니다.

하나님은 공의로운 분이십니다. 그런데 왜 현실은 그렇지 않습니까?' 하나님의 답은 이렇습니다. '의인은 믿음으로 산다. 나는 네가 믿는 하나님이 맞다. 지금 현실적인 보상과 답이 없다고 해서 하나님이 믿을 만한 분이 아니라는 것이냐?'

하나님이 얼마나 믿을 만한 분인가는 어디서 실체화됩니까? 온역사와 온 인류 앞에 예수 그리스도를 십자가에 못 박는 장면에서 실체화됩니다. 이 하나님은 얼마나 믿을 만한 분입니까! 하나님은 공의로우신 분입니다. 하나님의 공의로우심은 하박국 선지자가 기대했던 공의로움보다 더 나아갑니다. 그는 의로운 자에게 보상하고 불의한 자를 심판하는 하나님만을 기대하고 있었습니다. '하나님, 하나님은 의로우신 분입니다.' '그렇다! 너 잘 믿고 있다. 걱정하지 마라. 난 네가 믿을 만한 하나님이니라.' 하나님은 십자가를 통하여, 예수 그리스도를 십자가에 못 박으심으로, 죄지은 모든 인류를 예수 그리스도로 말미암아 값없이 구원하시는 의로우신 하나님으로 당신의 의를 선포하십니다.

십자가에 예수를 못 박는 공의를 선포하시는 하나님과 하박국이 기대했던 하나님과는 한참 거리가 있습니다. 그러나 하박국이 믿었던 그 하나님이 바로 이 하나님입니다. 이것이 하나님의 통치에 대한 그의 기대보다 더 크게 보상받지 못한 것입니까? 하나님의 백성으로서 받아야 하는 보상들을 더 기다려서 손해 본 것이 있습니까? 더 크게 보상을 받습니다. 하박국 자신이 하나님에 대해 전부라고 생각했던 정도가 아닙니다.

431

하나님이 왜 믿음에 인내라는 단어를 붙이게끔 요구하십니까? 왜 시련과 연단이 필요합니까? 왜 한숨과 체념과 낙심까지도 허용하십니까? 왜 그렇습니까? 지금 우리가 알고 있는 것은 평면에 그린 둥근 원에 불과하고, 하나님이 믿음의 시련이라는 과정을 통하여 그 원을 원통으로 만들어 주실 것이기 때문입니다. 지금 우리에게 그렇게 다 해주신다는 것이 아니라 인류와 역사에 개입하시는 하나님의 손길이 그렇다는 말입니다.

바로 이런 차원에서 말하는 진정한 믿음을 가져야 합니다. 누가 얼마나 빨리 하나님 앞에서 그분의 맘에 들게 되어 용돈을 타 가느냐, 자기가 필요한 결과를 얻어 가느냐로 믿음을 논하지 마십시오. 더 깊은 경지로 가야 합니다. 이 깊은 하나님, 이 높은 하나님, 이 넓은 하나님을 배워야 합니다. 내 자신이 크는 차원에서 믿음의 시련이 필요합니다. 하나님이 인류와 역사에 베푸시는 은혜와 자비와 긍휼이 더 크고 더 놀랍고, 온 우주 만물에 하나님의 베푸시는 은혜가 충만하다는 것을 배우기 위하여 믿음이 필요한 것입니다.

그런데 우리는 왜 믿음에 대하여 즉각적인 보상을 요구합니까? 잘난 척하려고 즉각적인 보상을 요구하는 것입니다. 거기에는 배우려는 마음과 하나님의 은혜와 긍휼이 더 풍성하기를 바라는 사랑도 없고 남을 위한 배려도 없습니다. '나는 너보다 잘났다'는 자랑 외에는 아무 생각이 없어서 '이렇게 해봐, 난 이렇게 하니까 되던데' 이런 식의 자랑과 경쟁만 있을 뿐입니다. 이러한 믿음을 경계해야 하고 그렇게 유혹하는 자들에게 넘어가지도 말아야 합니다.

우리가 믿음의 인내를 지키면, 하나님이 긍휼과 자비와 은혜를 더 많이 베푸실 것이요, 기적을 베푸실 것이요, 그 십자가를 더 빛나게 하실 것입니다. 믿음의 인내를 지킴으로써 우리는 하나님의 충만에 참여할 것입니다.

기도

하나님 아버지, 은혜를 감사합니다. 우리 믿음의 정수가 무엇입니까? 하나님을 닮는 것입니다. 하나님의 자녀라는 이름에 부합하는 것입니다. 그러기 위하여 하나님을 알며 하나님의 긍휼과 자비와 사랑에 동참해야 할 것입니다. 우리는 그저 조금만 곁눈질해서라도 그 모든 것을 동원하여 믿음이든 하나님의 영광이든 다 자신의 자랑으로 쓰기에 바쁜 못난 자들입니다. 주여, 우리를 이기심과 남 정죄하기를 좋아하는 자랑에서 구원하사 십자가를 가장 기뻐하는 하나님의 자녀로 부끄럽지 않은, 믿음의 인내를 달게 받는 신자로 세워 주시옵소서. 예수님의 이름으로 기도합니다. 아멘.

요점과 확인

1. 믿음은 당장의 결과를 얻어내는 신비한 방법이 아니다. 믿음이 하나님께 전심으로 매어달려 초월적으로 해답을 받아내는 것이라면 시련이나 인내는 필요가 없을 것이다. 이런 생각은 산산이 부서져야 한다.

2. 믿음의 인내로 하나님을 깊고 풍부하게 배운다. 약속과 소망의 내용이 궁극적으로 이루어질 것은 알고 있지만 그것이 지금 현실에서는 허락되지 않는다. 따라서 성경은 모든 시련과 연단을 참고 견디라는 믿음의 인내를 요구한다.

3. 우리는 믿음의 인내로 하나님을 깊고 풍부하게 배우게 된다. 믿음의 인내가 없이는 진정한 믿음을 소유할 수 없다. 온 우주 만물에 베푸시는 하나님의 충만한 은혜를 배우려면 믿음이 필요하다.

25

말씀과 기도

모든 성경은 하나님의 감동으로 된 것으로 교훈과 책망과 바르게 함과 의로 교육하기에 유익하니 이는 하나님의 사람으로 온전하게 하며 모든 선한 일을 행할 능력을 갖추게 하려 함이라 (딤후 3:16-17)

이제까지 믿음이 무엇인가, 믿음은 어떻게 생기며 어떻게 자라는가, 좋은 믿음은 어떤 믿음인가 하는 것들을 염두에 두고서, 믿음을 온전히 이해하고 제대로 실천하기 위해 우리가 수정하고 교정해야 할 것들을 생각해 보았습니다. 이렇게 살피는 가운데 우리는 하나님이 요구하시는 것과 의도하시는 것들을 임의로 생각하는 건전하지 못한 신앙이 무엇인지도 살펴보았습니다. 그런 건전하지 못한 신앙은 사실 동일한 표현을 쓰고 있지만 진정한 신앙의 길과 거리가 먼 것이었습니다. 좋은 신앙, 건강한 신앙, 깊고 높은 신앙에 이르는 길은, 결국 말씀과 기도가 유일한 방법입니다. 그것은 성경을 통해서 알 수 있습니다.

그런데 '말씀과 기도뿐'이라는 이 표현도 종교적 부적의 의미로 이해하지 않아야 합니다. 하나님이 기적을 베푸시고 우리가 소원하는 것을 이루어주시는 어떤 패스포트를 가진 것으로 생각하지 말아야 합니다. 말씀과 기도만이 하나님의 백성된 성도들의 신앙의 내용과 크기와 건강함을 만들어내는 유일한 길이라고 말하는 것은 하나님만이 그 근거이시요 공급자이시기 때문입니다. 말씀을 보고 상고한다는 것은 하나님만이 모든 존재와 생명과 가치와 질서와 진리의 창조자시요, 권위자시요, 지시자라는 것을 받아들이는 것입니다. 그분만이 가치 있는 것과 복된 것의 공급자라고 인정하는 것입니다. 좋은 신앙은 말씀과 기도밖에 없다고 함으로써 결국 하나님의 뜻대로 살아가겠다는 당연한 결론에 이르게 할 것입니다.

말씀을 본다는 것의 핵심

이런 결론을 내리는데 긴 설명과 여러 가지 예를 들어야만 했던 것
은 말씀을 본다는 그 자체가 이미 본인의 신앙을 다 완수한 모습으
로 오해되고 있었기 때문입니다. 말씀을 보는 것 자체가 어떤 의미
를 갖는 것이 아니라, 말씀을 보고 듣는 것이 무슨 의미인지 아는
것이 중요합니다. 마태복음 7장에서 우리는 이미 이런 일에 관한
아주 대표적인 경고를 보았습니다.

나더러 주여 주여 하는 자마다 다 천국에 들어갈 것이 아니요 다만
하늘에 계신 내 아버지의 뜻대로 행하는 자라야 들어가리라 그 날
에 많은 사람이 나더러 이르되 주여 주여 우리가 주의 이름으로 선
지자 노릇 하며 주의 이름으로 귀신을 쫓아 내며 주의 이름으로 많
은 권능을 행하지 아니하였나이까 하리니 그 때에 내가 그들에게
밝히 말하되 내가 너희를 도무지 알지 못하니 불법을 행하는 자들
아 내게서 떠나가라 하리라 (마 7:21-23)

'선지자 노릇하고 귀신을 쫓아내고 권능을 행했으나 그것들이 아
버지의 뜻에 부합한 것이었느냐' 하는 점에 있어서는 서로 사뭇 다

를 수 있습니다. 본인이 종교적인 형태와 명분을 취한 것으로 스스로 신앙인이라고 생각했고 충성스럽다고 생각했는데, 주님이 판정하실 때는 아니라고 하는 일이 생겨날 수 있다는 것입니다. 말씀을 본다는 것이 전부가 아니라 말씀을 보고 듣는 것이 갖는 진정한 핵심이 무엇이냐는 것입니다. 그것은 아버지의 뜻대로 행해야 한다는 것입니다. 그래서 뒤이어 '반석 위에 지은 집과 모래 위에 지은 집'이라는 비유가 나오는 것입니다. 반석 위에 지은 집이어야 합니다. 주의 말씀을 듣고 행해야 합니다. 그렇지 않고 혼자 집을 짓는 사람은 모래 위에 집을 짓는 자입니다. 자기 마음대로 기초를 세운 어리석은 자입니다.

이런 일에 대하여 성경이 대표적으로 꾸중한 사례를 보겠습니다. 사무엘상 15장에 보면 사울 왕이 하나님의 말씀대로 순종하지 않자 사무엘이 하나님의 꾸중을 전하는 장면이 소개됩니다.

사무엘이 이르되 여호와께서 번제와 다른 제사를 그의 목소리를 청종하는 것을 좋아하심 같이 좋아하시겠나이까 순종이 제사보다 낫고 듣는 것이 숫양의 기름보다 나으니 이는 거역하는 것은 점치는 죄와 같고 완고한 것은 사신 우상에게 절하는 죄와 같음이라 왕이 여호와의 말씀을 버렸으므로 여호와께서도 왕을 버려 왕이 되지 못하게 하셨나이다 하니 (삼상 15:22-23)

거역하고 불순종하는 것은 결국 자기 마음대로 하는 것입니다. 자기가 목표를 정하고 내용을 정하고 자기가 소원하는 것을 자기 마음대로 정하는 것입니다. 우리가 하나님의 말씀에 착념해야 하는 이유가 무엇입니까? 하나님만이 모든 것의 통치자시요 유일한 권위자시요 주인이시요 우리를 인도하시는 분이기 때문입니다. 말씀을 본다는 것에는 이런 차원이 들어 있기 때문에, 말씀을 본다는 그 자체로는 신앙을 대신할 수가 없습니다. 이런 문제에 관하여 저촉한 유대인의 실상이 로마서 2장에 잘 묘사되어 나타납니다.

율법을 자랑하는 네가 율법을 범함으로 하나님을 욕되게 하느냐 기록된 바와 같이 하나님의 이름이 너희 때문에 이방인 중에서 모독을 받는도다 네가 율법을 행하면 할례가 유익하나 만일 율법을 범하면 네 할례는 무할례가 되느니라 그런즉 무할례자가 율법의 규례를 지키면 그 무할례를 할례와 같이 여길 것이 아니냐 또한 본래 무할례자가 율법을 온전히 지키면 율법 조문과 할례를 가지고 율법을 범하는 너를 정죄하지 아니하겠느냐 무릇 표면적 유대인이 유대인이 아니요 표면적 육신의 할례가 할례가 아니니라 오직 이면적 유대인이 유대인이며 할례는 마음에 할지니 영에 있고 율법 조문에 있지 아니한 것이라 그 칭찬이 사람에게서가 아니요 다만 하나님에게서니라 (롬 2:23-29)

할례를 받은 이유는 무엇이며, 율법을 외운 이유가 무엇입니까? 하나님의 뜻대로 살겠다는 신앙적인 고백인 것입니다. 그렇다면 그렇게 살아야 합니다. '공부를 열심히 하자!'라고 머리를 깎고 혈서를 썼다면 공부를 열심히 해야 맞습니다. '난 공부 열심히 하기로 결심하고 머리를 깎았다'라고 자랑하면서 공부는 안하고 잠만 잔다면 머리를 깎고 혈서를 쓴 것이 무슨 소용이겠냐는 것입니다. 얼마나 당연하고 쉬운 논리입니까? 말씀을 보았으면 말씀대로 살아야 합니다. 그런데 말씀을 봤다는 것이 전부라면 그것을 어디에 쓰겠습니까?

저는 회사 내에 신우회를 만드는 것에 반대합니다. 왜냐하면 신우회를 만든 것으로 신앙생활을 대신하기 때문입니다. 직장에 나가서 성경책을 보지 말라고 말씀드렸습니다. 그 이유는 성경책을 보는 것으로 자기가 할 신앙의 책임을 다한 것처럼 생각하기 때문입니다. 그것이 왜 잘못하는 것이겠습니까? 그러나 우리는 보통 하루에 성경을 열 장씩 읽은 것으로 그날 할 일을 다 했다고 생각합니다. 유대인들은 할례 받은 것으로 자기의 할 일을 다 했다고 생각해서 하나님의 백성답게 사는 일은 하지 않았습니다. 그들이 할례를 받고 율법을 외우고 성전을 지은 것을 자랑으로 삼고서, 이방인들을 다 개로 취급하고 헛된 자만심에 빠진 나머지 하나님의 이름을 가리는 생활들만 했습니다. 그것과 똑같은 이야기입니다.

우리가 말씀을 읽고 깨우치려 하는 것은 말씀대로 살기 위함입니다. 그렇게 산다는 것은 하나님만이 우리의 하나님이시며, 하나님이 기뻐하시는 것으로 나의 소원을 삼으며, 나의 가장 큰 목표로 삼는다는 고백입니다. 이렇게 하는 것이 참된 신앙을 공급받는 유일한 길이요 공급받아야 할 내용이요 또 이렇게 해서 공급을 받아야 실력을 쌓아 갈 수 있습니다. 이것이 말씀을 읽는다는 것의 진정한 의미라는 것입니다. 마찬가지로 기도도 그렇습니다.

기도를 한다는 것의 핵심

기도하는 것은 하나님 앞에 나아가 도우심을 구하는 것이며, 어떤 필요를 아뢰고 청하는 것이지만, 하나님의 뜻대로 살게 해달라는 것이 기도의 중요한 본질입니다. '내 소원을 이루어주십시오'가 아니라, '하나님의 뜻대로 살게 해주십시오. 하나님의 뜻을 알게 하시고 그 뜻대로 살 수 있도록 도와주십시오'라고 하는 것이 기도입니다. 그러나 이 기도를 드리고 가만히 있으면 그는 사기꾼에 불과합니다. 모든 복된 것, 신령한 것은 하나님으로부터만 나옵니다. 이것들은 세상이 줄 수도 없고 내가 만들어낼 수도 없습니다. 하나님만이 이것들의 근원이십니다. 여기에 우리가 기도하는 중요한 이유가 있습니다.

마가복음 9장에 보면, 예수님이 변화산에 올라가 계시는 동안에 귀신 들린 아이 하나를 제자들 앞에 데려왔지만 그들이 고치지 못한 사건이 나옵니다. 변화산에서 내려오신 예수님이 아이를 고쳐주시자 제자들이 묻습니다.

집에 들어가시매 제자들이 조용히 묻자오되 우리는 어찌하여 능히 그 귀신을 쫓아내지 못하였나이까 이르시되 기도 외에 다른 것으로는 이런 종류가 나갈 수 없느니라 하시니라 (막 9:28-29)

여기서 기도는 어떤 수단으로 등장하지 않습니다. '이런 일이 기도 외에 다른 방법으로는 불가능하다'는 것은 이런 일은 하나님만 하실 수 있다는 뜻입니다. 귀신을 내쫓는 것이 단지 능력에 관한 문제가 아니라, 하나님만이 더럽고 죄악된 것을 쫓아내는 유일한 분이심을 뜻한다는 것입니다. 신령한 것, 거룩함에 속한 것, 영혼에 속한 것은 하나님으로부터만 나온다는 것입니다. 우리가 기도하는 것은 이런 이유 때문입니다. 하나님에게만 그 모든 것이 있습니다. 우리는 이런 일들에 관하여 아무런 권리도 없고 분깃도 없습니다. 우리는 늘 도움을 청해야 합니다. 기도가 바로 그런 것입니다. 따라서 기도한 것으로 잰다는 것은 말이 안 됩니다.

예수님이 가르쳐주신 주기도문을 보십시오. "하늘에 계신 우리 아버지여 이름이 거룩히 여김을 받으시오며 나라가 임하시오며 뜻이 하늘에서 이루어진 것같이 땅에서도 이루어지이다." 이것이 다 하나님이 얼마나 높으신가, 하나님이 어떤 분인가에 관한 것입니다. 하나님은 하늘에 계시며, 우리의 아버지시며, 온 땅의 창조주요 통치자이시고, 그분만이 존재하는 모든 것에게 필요한 것을 공급해 주시는 유일한 분이시라는 것입니다. 이것이 주기도문 앞부분의 내용입니다.

그다음에는 앞의 내용과 전혀 다른 이야기가 나옵니다. "오늘 우리에게 일용할 양식을 주시옵고 우리가 우리에게 죄 지은 자를 사하여 준 것같이 우리 죄를 사하여 주시옵고 우리를 시험에 들게 하지 마시옵고 다만 악에서 구하시옵소서." 이것은 다 무엇을 말하는 것입니까? 우리가 얼마나 형편없는 자리에 있는가, 즉 매일 먹을 것을 스스로 해결 못하는 존재요, 서로가 서로에게 죄를 짓는 존재요, 실수하는 존재요, 시험을 당하면 백발백중 넘어지는 존재요, 악한 것을 만나면 참패할 수밖에 없는 무능한 존재라는 것입니다. 기도가 무엇인가를 이보다 더 잘 가르쳐주는 것은 없습니다. 하나님이 누구이시며 하나님 앞에 매달리는 우리는 그분에게 무엇을 요구해야 되는지를 알려주는 것이 주기도문입니다.

기도의 가치, 기도의 의미, 기도에 대한 우리의 이해가 이래야 합니다. '말씀과 기도밖에 없어'라고 할 때, 이마에다 말씀과 기도를 붙이고 다니라고 이야기하는 것이 아닙니다. 말씀과 기도라는 표현을 쓰는 순간 우리는 누구의 명령 아래 있으며, 누구의 요구에 부응해야 하며, 그 모든 것을 누구로부터 공급받아야 하는가를 알아야 한다는 것입니다. 그래서 말씀과 기도라는 표현을 쓴 그대로 말씀을 연구하고 하나님 앞에 들어가 기도하여, 어찌하든지 이 죄악된 시험과 유혹을 물리치고, 하나님이 명령하시는 말씀을 따라 순종하여, 하나님의 사람으로 자신을 훈련하고 연습해야 합니다. 자신을 하나님의 사람으로 새로 만들어가며 쌓아온 내용이 있어야 합니다. 이것이야말로 말씀과 기도를 말할 수 있는, 하나님의 자녀

443

된 내용을 갖추는 것이지, 이것이 없는데도 말씀과 기도를 말하는 것은 삼가야 합니다.

존재 자체의 요소이자 본질인 믿음

우리는 믿음의 본질을 공부하면서 좋은 믿음이란 연습해야 한다는 것임을 알았습니다. 좋은 신앙은 하늘로부터 뚝 떨어지지 않습니다. 하나님이 공급해주시지만 그것을 받아, 내 것으로 만들기 위해 훈련하고 연습해야 합니다. 하나님이 허락하신 것이 나의 신앙적인 인격과 버릇과 제2의 본성이 되도록 노력을 기울여야 합니다. 이렇게 하지 않고 다만 울고불고 매달려 어떤 신비한 체험을 요구해서 단번에 믿음이라는 이름으로 어떤 완벽한 체제에 들어가려고 망상하는 순간 우리는 믿음의 자리에서 미혹된 길로 빠져들게 됩니다.

이런 훈련과 노력을 다하는 신앙의 과정을 외면했기 때문에 그 많은 열심과 행동과 업적에도 불구하고 성도된 연륜의 증거가 오래 믿은 성도들에게 부족합니다. 신앙생활을 오랫동안 해온 자만이 갖는 그런 무게, 많은 날들을 지내면서 쌓아온 연륜의 가치, 신앙이 쌓여진 깊이와 넓이를 찾아보기가 어렵습니다. 그렇게 된 것은 성경을 읽고 매일 무릎 꿇고 하나님 앞에서 묻고 반성하고 그분의 도우심을 구하고 다시 현실로 나와서 새로 연습하는 하루하루가 없었기 때문입니다. 시험을 보고 채점하지 않은 것 같아서 무엇이 정답인지, 무엇이 틀렸는지, 왜 틀렸는지 모르는 학생과 같다고 할 수 있습니다. 매일 그저 '오늘 하루도 신앙생활을 하지 못했습니다. 용서해주십시오. 내일은 잘 살게 해주십시오'라고 할 뿐 그 다음 날은 잘 살 수 없었습니다. 그것은 신앙의 삶을 채점해 보지 않은 탓에 있습니다. 할례를 받고 율법을 외운 것은 있지만 율법을 행하거나 하나님을 따르는 실천과 연습이 없었던 유대인과 다를 바 없습니다. 아무리 믿음의 사람이라는 이름으로 긴 나날들을 보냈다 할지라도 자신의 신앙이 어디에 구멍이 났는지, 어디에서 균형이 깨졌는지, 어디에서 길을 잃었는지, 어디를 보수해야 하는지, 무엇을 더 어떻게 연습해야 하는지 점검하지 못한 데 있었다는 것입니다.

지금도 우리는 능력 있는 하나님의 종이 나타나서 전부 불러 모아놓고 통성기도 한 번 시키면 좋은 신앙이 하늘로부터 뚝 떨어질 것이라는 기대를 가지고 있습니다. 그렇지 않습니다. 연습해야 합니다. 노력해야 합니다. 이런 차원에서 믿음은, 생기는 것이 아니라 만들어지는 것이라고 성경은 가르치고 있습니다. 믿음이 만들어져야 하는 가장 큰 이유는 그것이 주고받을 수 있는 소유물과 같은 것이 아니라 우리의 본질이 되어야 하기 때문입니다. 믿음은 주머니에 넣고 다니는 것도 아니요, 냉장고 속에 보관하는 것도 아니요, 광속에 넣어놓은 비장의 무기도 아닙니다. 그것은 '나'라는 존재 자체의 요소요 내용이요 본질이요 뼈요 살이요 생각이요 모양이기 때문입니다.

그래서 신앙이 좋다는 것은 몇몇 종교적인 형태로만 표출되는 것이 아니라, 사람이라는 인격적 존재가 접하는 모든 상황과 모든 형편에 반응하는 모든 모습에서, 모든 생각에서, 심지어 상식과 문화 이런 모든 면에서 그의 신자된 수준을 드러내는 것이라고 할 수 있습니다. 이 점을 깊이 명심하여서 세상 사람들로부터 듣는 힐문 중에 제일 가슴이 아픈 '하나님이 있으면 보여 봐' 하는 소리를 듣지 않는 신자들이 되었으면 좋겠습니다. '저 사람을 보면 하나님이 있는 것이 분명해! 저 사람을 봐. 기독교는 뭔가 달라.' 저 사람은 우리와 달라. 모든 면에서 이런 항복을 받아내기 바랍니다.

이제까지 신앙의 본질에 관한 문제를 놓고 많이 생각하고, 하나님의 말씀으로 우리의 신앙을 점검하고 분석해 보았습니다. 살펴본 대로 신앙에 관한 결론을 갖기를 바라며 분발하고 노력하여 하나님의 자녀로 부름을 받은 인격적 존재답게 책임을 지는 자들이 다 되기를 바랍니다.

_____ 기도

하나님 아버지, 은혜를 감사합니다. 하나님이 우리에게 구원을 주시고 새 생명을 허락하시고 하나님의 자녀라는 운명을 주셨습니다. 우리를 하나님의 자녀로 대하시고 우리에게 가르치십니다. 우리에게 말씀하시며 우리 인생에 간섭하셔서 우리가 경험하는 모든 삶의 현장에서, 하나님이 우리에게 명령하신 것의 가치와 필요성을 일깨우십니다. 우리는 더 깊이 우리의 인생과 하나님의 간섭에 대하여 생각해야겠고 그 생각에 마땅한 책임 있는 신앙의 반응을 해야 옳습니다. 혹 믿음이라는 이름으로 우리가 좋아하는 몇 가지 종교적인 행사에 몰두하여 가장 중요한 믿음의 책임을 외면하고 있었던 것은 아닌지 그동안 우리에게 주신 말씀으로 돌아보게 하옵소서. 우리의 영광이며 특권이며 하나님의 자녀된 자랑으로서 마땅히 져야 할 책임을 져서 하나님의 형상을 따라 지음 받은 인간의 고급한 내용들을 놓치지 않게 하여 주시옵소서. 예수님의 이름으로 기도합니다. 아멘.

요점과 확인

1. 말씀과 기도는 온전한 믿음에 이르는 유일한 방법이다. 말씀과 기도는 인간의 소원을 이루기 위한 수단이나 방편이 아니라, 하나님의 자녀가 하나님의 뜻을 알고 하나님의 뜻대로 살기 위한 유일한 은혜의 통로이다.

2. 말씀 읽기는 하나님의 뜻에 복종하려는 데 그 목적이 있다. 말씀을 본다는 것 자체가 신앙을 완수한 모습일 수는 없다. 그것의 핵심은 하나님의 뜻을 따라 행해야 한다는 데 있다.

3. 기도는 하나님의 뜻대로 살게 해달라는 것이 핵심이다. 기도하는 것 자체를 자랑으로 삼거나, 기도를 자신의 소원을 이루는 수단으로 여겨서는 안 된다. 기도는 하나님만이 우리에게 필요한 모든 것을 공급해 주실 유일한 분이라고 고백하는 행위요 우리의 무능함을 알게 해줄 은혜의 방도이다.

4. 믿음이란 주고받을 수 있는 소유물 같은 것이 아니라 만들어지는 것이다. 믿음은 신자의 무엇과 같은 것이기 때문인가?